#상위권_정복
#신유형_서술형_고난도

일등전략

Chunjae
Makes
Chunjae

▼

[일등전략] 중학 영어 장문 독해

개발총괄   김덕유
편집개발   김창숙, 박효정
영문교열   Ryan P. Lagace
디자인총괄 김희정
표지디자인 윤순미, 권오현
내지디자인 박희춘, 안정승
제작   황성진, 조규영
조판   동국문화

발행일   2022년 6월 15일 초판 2022년 6월 15일 1쇄
발행인   (주)천재교육
주소   서울시 금천구 가산로9길 54
신고번호   제2001-000018호
고객센터   1577-0902
교재 내용문의 02)3282-1711

특목고 대비
읽응
전략

시험에 꼭 나오는
대표 구문 ZIP

시험에 꼭 나오는
대표 구문 ZIP

중학 영어 장문 독해
BOOK 1

천재교육

특목고 대비
읽응
전략

대표 구문 17

36~37쪽

구문 연습

간단 체크 1 be told 2 being destroyed

1 The profits from reselling them / will be used / to build schools / in Africa.
그것들을 재판매한 수익금은 아프리카에 학교를 짓는 데 쓰일 것입니다.

2 The facial muscular pattern produced by the smile / is linked to all the "happy networks" / in your brain.
미소에 의해 만들어지는 안면 근육의 형태는 뇌의 모든 '행복 연결망'과 연결되어 있다.

3 In contrast, / a desktop / was selected the least / as their most important device / for Internet access in 2016.
대조적으로, 2016년에는 인터넷 접속을 위해 가장 중요한 장치로 데스크탑이 가장 적게 선택되었다.

대표 구문 18

38~39쪽

구문 연습

간단 체크 1 to 2 to laugh

1 All the participants / will be given a free T-shirt.
모든 참가자들은 무료 티셔츠를 받을 것입니다.

2 A free bluetooth headset / that works perfectly with the TV / will be given / to every buyer.
모든 구매자에게 TV와 완벽하게 호환되는 무료 블루투스 헤드셋이 주어집니다.

3 At 2:00 p.m. during the weekend, / one winner of the quiz / will be given a real fossil / as a prize.
주말 동안 오후 2시에, 퀴즈의 우승자 한 명은 진짜 화석을 상품으로 받을 것입니다.

중학 영어 장문 독해

BOOK 1

이 책의 **차례**

대표 구문 15

간단 체크
1 have gone   **2** has been

구문 연습

1 If you study Spanish / for an hour tonight, / you still haven't learned the
                                        S   V(현재완료–결과)
language.
오늘 밤에 스페인어를 한 시간 동안 공부해도, 여러분은 여전히 그 언어를 익힌 것은 아니다.

2 You've written to our company complaining / that your toaster, / which you
  S V(현재완료–완료)
bought only three weeks earlier, / doesn't work.
귀하는 불과 3주 전에 구입한 토스터가 작동하지 않는다고 저희 회사에 불평하는 편지를 쓰셨습니다.

3 Human beings have long depended / on the cooperation of others / for the
  S   V(현재완료–계속)
supply of food, / protection from predators, / and the gaining of essential
knowledge.
인간은 식량의 공급, 포식자로부터의 보호, 그리고 필수적인 지식의 습득을 위해 타인들의 협력에
오랫동안 의존해 왔다.

대표 구문 16

간단 체크
1 had begun   **2** will have gone

구문 연습

1 It had been / my best friend / since then. 그때 이후로 그것은 내 가장 친한 친구였다.
  S V(과거완료)

2 Leaving a store, / I returned to my car / only to find / that I'd locked my car
              S V   S' V'(과거완료)
key and cell phone / inside the vehicle.
가게를 떠난 뒤, 나는 내 차로 돌아와 차안에 차 열쇠와 휴대 전화를 넣고 잠갔다는 것을 알게 되었다.

3 If you're interested in science news, / you will have noticed / that
                                            S   V(미래완료)
cooperation among animals / has become a hot topic / in the mass media.
만약 여러분이 과학 뉴스에 관심이 있다면, 여러분은 동물들 사이의 협동이 대중 매체에서 뜨거운
화제가 되어 왔다는 것을 알아차리게 될 것이다.

대표 구문 13

간단 체크
1 dance　　2 recall

구문 연습

1 That ability let our ancestors / outmaneuver and outrun prey.

그런 능력은 우리 조상들이 먹잇감을 이기고 앞질러서 달리게 했다.

2 It can help you / escape uncomfortable social situations / and make friends with honest people.

그것은 여러분이 불편한 사회적 상황에서 벗어나고 정직한 사람들과 친구가 될 수 있도록 도울 수 있다.

3 It's as if / they are afraid to do anything / that might make them / fail and lose your high appraisal.

그것은 마치 그들이 자신들을 실패하게 만들고 당신의 높은 평가를 잃게 할지도 모를 어떤 것을 하길 두려워하는 것과 같다.

28~29쪽

대표 구문 14

간단 체크
1 scared　　2 glittering

구문 연습

1 This leaves kids / feeling helpless / when they make mistakes.

이것은 아이들이 실수했을 때 무기력하게 느끼도록 만든다.

2 If you want the TV / installed, / we provide installation services / for an additional $50 fee.

TV 설치를 원하시면, 50달러 추가 비용으로 설치 서비스를 제공해 드립니다.

3 When I got into the back seat, / I saw a brand new cell phone / sitting right next to me.

내가 뒷좌석에 앉았을 때, 바로 내 옆에 새로운 최신 휴대 전화기 놓여 있는 것을 보았다.

30~31쪽

대표 구문 학습으로
빠르고 정확하게 문장을
파악하는 연습을 해봐!

대표 구문 1 문장의 기본 구조 – 1~4형식

- 1형식 문장은 주어와 동사만으로 완전한 문장이 될 수 있다.
- 2형식 문장은 「주어+동사+주격 보어」로 구성된다. 주격 보어는 주어를 보충 설명하며 명사 또는 ❶ 를 사용한다.
- 3형식 문장은 「주어+동사+목적어」로 구성된다.
- 4형식 문장은 「주어+동사+간접목적어(I·O)+직접목적어(D·O)」로 구성된다.
- 4형식 문장을 3형식 문장으로 바꾸기 위해서는 간접목적어와 ❷ 의 위치를 바꾼다.

이때 동사에 따라 사용되는 전치사가 다르다.

답 ❶ 형용사 ❷ 직접목적어

These flowers / smell good. 이 꽃들은 냄새가 좋다.
S   V   S·C

I made a cake / for your birthday. 나는 너의 생일을 위해 케이크를 만들었다.
S V   O

He sent me some books / last Sunday. 지난 일요일에 그가 나에게 몇 권의 책을 보냈다.
S V I·O   D·O

간단 체크

다음 문장의 형식을 쓰시오.

1 She arrived at the airport.

2 My dad bought me a brand new smartphone.

Mom **made** me some cookies.

대표 구문 11

간단 체크 1 embarrassed   2 satisfying

구문 연습

1 Instead, / you would be confused.
S V S·C(과거분사)
대신에, 너는 혼란스러울 것이다.

2 It feels good for someone / to hear positive comments, / and this feedback /
가주어 V1 진주어   S2
will often be encouraging.
V2 S·C(현재분사)
누구든 긍정적인 말을 듣는 것은 기분이 좋고, 이런 피드백은 종종 고무적일 것이다.

3 Since a great deal of day-to-day academic work / is boring, / you need to be
S' V' S·C(현재분사) S V
well motivated / to keep doing it.
날마다 해야 하는 많은 학업이 지루하기 때문에, 여러분은 그것을 계속하기 위해 많은 의욕이 필요하다.

대표 구문 12

간단 체크 1 to ride   2 to be

구문 연습

1 I / urge / you and other city council members / to cancel the plan / and to
O   O·C1   O·C2
keep libraries open!
저는 귀하와 다른 시 의회 의원들이 이 계획을 취소하고 도서관을 계속 열 것을 촉구합니다!

2 If, / however, / you want people / to read and understand what you write. /
O   O·C
write it in spoken language.
하지만, 만약 사람들이 당신이 쓴 것을 읽고 이해하기를 원한다면, 구어체로 글을 써라.

3 We are asking you / to look around your house / and donate any instruments /
O·C
/ that you may no longer use.
저희는 여러분이 집을 둘러보고 더 이상 사용하지 않을지도 모르는 악기를 기부하기를 요청합니다.

>> 정답과 해설 40쪽

구문 연습　S, V, S·C 또는 O(I·O/D·O)에 표시한 뒤, 문장을 끊어 읽고 해석하시오.

1
BOOK 1 p.8

Consumers like some products because of their feel.

2
BOOK 1 p.74

She was a professor of Environmental Studies at Dartmouth College from 1995 to 2002.

> 문장은 주어와 동사만으로 완전한
> 문장이 되지만 뒤에 전치사구
> 수식어가 올 수 있어.

3
BOOK 1 p.66

After her first novel, *The Valley of Decision*, was published in 1902, she wrote many novels and some gained her a wide audience.

대표 구문 9　20~21쪽

간단 체크　　1 it useless　　2 it suspicious

구문 연습

1 The slow pace of change / also makes it difficult / to break a bad habit.
　　　　　　　　　　　　　　　　　가목적어　　　　　진목적어
변화의 느린 속도는 또한 나쁜 습관을 버리기 어렵게 만든다.

2 These students were victims of distractions / who found it very difficult / to
　　　　　　　　　　　　　　　　　　　　　　　　　　　　가목적어　　　　진목적어
study anywhere / except in their private bedrooms.
이 학생들은 개인 침실을 제외하고는 어디에서도 공부하는 것이 매우 어렵다는 것을 알게 된 집중
에 방해가 되는 것들의 희생자였다.

3 FOBO, or Fear of a Better Option, is the anxiety / that something better will
come along, / which makes it undesirable / to focus on existing choices /
　　　　　　　　　　　　　　가목적어　　　　　　　진목적어
when making a decision.
FOBO 혹은 더 나은 선택에 대한 두려움은 더 나은 어떤 것이 생길 것이라는 불안감인데, 이것은
결정을 내릴 때 기존의 선택지에 집중하는 것을 탐탁지 않게 한다.

대표 구문 10　22~23쪽

간단 체크　　1 to cool other things down　　2 that I forgot to bring my wallet

구문 연습

1 The purpose of building systems / is / to continue playing the game.
　　　　　　　S　　　　　　　　V　　　S·C(to부정사구)
시스템을 구축하는 목적은 게임을 계속하기 위한 것이다.

2 The important thing is / to find a way to have proper expectations.
　　　　　　　S　　　　V　　　S·C(to부정사구)
중요한 것은 적절한 기대감을 가지는 방법을 찾는 것이다.

3 The reality is / that most people will never have enough education / in their
　　　　　S　　　V　　S·C(명사절)
lifetime.
실상은 대부분의 사람은 평생 아무리 많은 교육을 받아도 지나치지 않을 거라는 것이다.

대표 구문 7

간단 체크　　1 to travel　　　2 making

구문 연습

1 We often ignore small changes / because they don't seem to matter very much / in the moment.
우리는 흔히 작은 변화들이 당장은 크게 중요한 것 같지 않아서 그것들을 무시한다.

2 After the war, / she settled in Provence, France, / and she finished writing *The Age of Innocence* there. 전쟁 후 그녀는 프랑스의 Provence에 정착했으며 거기에서 〈The Age of Innocence〉의 집필을 끝마쳤다.

3 If you want to protect yourself / from colds and flu, / regular exercise / may be the great immunity-booster. 만약 여러분이 자신을 감기와 독감으로부터 보호하고 싶다면, 규칙적인 운동이 훌륭한 면역력 촉진제가 될 수도 있다.

대표 구문 8

간단 체크　　1 what　　　2 that

구문 연습

1 Please reconsider / whether the proposed walking trail is absolutely necessary. 제안된 산책로가 정말로 필요한지 재고해 주시기 바랍니다.

2 But Amy wondered / if Mina chose her / because she had felt sorry for the new kid. 그러나 Amy는 Mina가 전학생을 안쓰럽게 여겨서 자신을 선택한 것이 아닌지 궁금했다.

3 For example, / if you have failed in a certain area before, / when the same situation happens, / you anticipate / what might happen in the future, / and thus / fear traps you / in yesterday.
예를 들어, 만약 여러분이 전에 특정 분야에서 실패한 적이 있다면, 같은 상황이 발생할 때, 여러분은 미래에 무슨 일이 일어날지 예상하게 되고, 그래서 두려움이 여러분을 과거에 가두어 버린다.

대표 구문 2　문장의 기본 구조 – 5형식 (지각동사, 사역동사)

- 5형식 문장은 「주어+동사+목적어+목적격 보어」로 이루어져 있다.
- 지각동사는 감각기관을 통해 상황을 인식하는 동사로 see, watch, look at, hear, feel, listen to 등이 있으며, 목적격 보어로 ① 이나 현재분사를 쓴다.
- 사역동사는 '…로 하여금 ~하게 하다'라는 의미로 make, have, ② (~하도록 하다)이 있으며, 목적격 보어로 동사원형을 쓴다.

답 ① 동사원형　② let

She heard someone / call her name.
S 　V 　　O 　　O·C(동사원형)
그녀는 누군가 그녀의 이름을 부르는 것을 들었다.

They saw some boys / playing soccer.
S 　V 　　O 　　　O·C(현재분사)
그들은 몇몇 소년들이 축구하는 것을 보았다.

My mom made me / mow the lawn.
S 　　V 　O 　O·C(동사원형)
엄마는 내가 잔디를 깎도록 하셨다.

> A man **let** his child **run** around in the snow.

간단 체크

괄호 안에서 알맞은 것을 고르시오.

1 I felt my cat (rubbing / rubbed) her head.

2 The police didn't let me (to enter / enter) the building.

구문 연습

S, V, O, O 에 표시한 뒤, 문장을 끊어 읽고 해석하시오.

1 BOOK 1 p.58

Don't let them sit idly in your shoe closet.

2 BOOK 1 p.19

Every event that causes you to smile makes you feel happy and produces feel-good chemicals in your brain.

목적격 보어 자리에 어떤 형태의
품사가 오는지 주의해.

3 BOOK 1 p.19

The researchers had participants perform stressful tasks while they were not smiling, smiling, or holding chopsticks crossways in their mouths (in order to force the face to form a smile).

대표 구문 5   12~13쪽

간단 체크

1 for   **2** of

구문 연습

1 It will also be more difficult / for others / to manipulate you.
　　　　　　　　　　　　　　　　　　　　　　진주어
그것은 또한 다른 사람이 여러분을 조종하는 것도 더 어렵게 할 것이다.

2 In conclusion, / it's better / to avoid praising children for their intelligence or
　　　　　　　　　 가주어 　　진주어
talent / in order not to undermine their motivation.
결론적으로, 아이들의 동기를 약화시키지 않기 위해 지능이나 재능에 대해 칭찬하는 것을 피하는 것이 좋다.

3 The latter students / could not concentrate / because even in the library, /
it was impossible / to get the type of complete silence / which they sought.
　　　　　　　　 진주어
후자의 학생들은 도서관에서조차 그룹이 추구하는 유형의 완전한 침묵을 얻는 것이 불가능했기 때문에 집중할 수 없었다.

대표 구문 6   14~15쪽

간단 체크

1 비인칭 주어   **2** 비인칭 주어

구문 연습

1 It was too hot / even for a sheet. 심지어 홑이불 한 장조차 너무 덥은 날이었다.
　 비인칭 주어

2 It was an ordinary morning / and people were gradually starting to show up
　 비인칭 주어
for work / at a large company.
평범한 아침이었고 한 대기업에서 일을 하기 위해 서서히 나타나기 시작했다.

3 This is because / pupils dilate / when it is dark, / allowing more light to get
　　　　　　　　　　　　　비인칭 주어
inside the eye / and producing a larger red-eye effect.
이는 어두울 때 동공이 팽창하여, 더 많은 빛이 눈 안쪽으로 들어오게 하면서 더 큰 적목 현상을 일으키기 때문이다.

대표 구문 3 주어로 쓰이는 명사구

- '주어'는 두 개 이상의 ❶□□가 모여 만들어진 말로 '주어+동사'가 없다.
- 「동사원형+-ing」 형태의 동명사(구)와 「to+동사원형」 형태의 to부정사(구)는 주어로 쓰일 수 있으며 '~하는 것'으로 해석한다.
- 주어로 쓰인 to부정사(구)와 동명사(구)는 ❷□□ 취급하여 뒤에 단수 동사가 온다.

답 ❶ 단어 ❷ 단수

Many children / like to eat ice cream.
S(명사구)   V
많은 아이들은 아이스크림 먹는 것을 좋아한다.

Exercising regularly / is good for your health.
S(동명사)   V
규칙적으로 운동하는 것은 네 건강에 좋다.

To meet faithful friends / is extremely important in life.
S(to부정사구)   V
참된 친구를 만나는 것은 삶에서 굉장히 중요하다.

간단 체크

다음 문장의 주어에 밑줄을 치시오.

1 The smart astronomers are studying to uncover secrets of the universe.

2 Spending time with a dog is one of my favorite hobbies after work.

Santa Claus with his white beard comes on Christmas Eve.

대표 구문 3

간단 체크 1 The smart astronomers 2 Spending time with a dog
구문 연습

1 Human beings / are driven by a natural desire / to form and maintain
S(명사구)   V
interpersonal relationships.
인간은 대인 관계를 형성하고 유지하려는 타고난 욕구에 의해 움직인다.

2 To take risks / means / that you will succeed sometime / but never to take a
S1(to부정사구)   V1
risk / means / that you will never succeed.
V2
위험을 무릅쓴다는 것은 언젠가 성공할 것이라는 것을 의미하지만 위험을 전혀 무릅쓰지 않는 것은 결코 성공하지 못할 것임을 의미한다.

3 Climbing stairs / is a good workout, / and people / who walk or ride a bicycle
S1(동명사구)   V1   S2(명사구)
for transportation / most often meet their needs for physical activity.
V2
계단을 오르는 것은 좋은 운동이고, 이동 수단으로 걷거나 자전거를 타는 사람들은 대개 신체적 활동에 대한 필요을 충족시킨다.

대표 구문 4

간단 체크 1 That the earth goes around the sun 2 Whether she passed the exam or not
구문 연습

1 What I don't know / is where I'm going.
S(명사절)   V
내가 모르는 것은 내가 어디로 가는가 하는 것이라네.

2 What kept all these people going in their work / when things were going
S(명사절)
badly / was their passion for their subject.
V
상황이 악화되고 있을 때 이 모든 사람들을 계속하게 했던 것은 자신들이 주제에 대한 열정이었다.

3 What's interesting / is that the company turned down over 95 percent of
S(명사절)   V
those offers / and began serving only four new locations. 흥미로운 것은 회사는
그 제안들 중 95퍼센트 넘게 거절했고 네 개의 새로운 지역만 취급을 시작했다는 점이다.

구문 연습 S와 V에 표시한 뒤, 문장을 끊어 읽고 해석하십시오.

1
BOOK 1
p. 18
Human beings are driven by a natural desire to form and maintain interpersonal relationships.

2
BOOK 1
p. 13
To take risks means that you will succeed sometime but never to take a risk means that you will never succeed.

주어로 쓰인 명사구에 복수명사가 쓰여도 단수로 취급해.

3
BOOK 1
p. 30
Climbing stairs is a good workout, and people who walk or ride a bicycle for transportation most often meet their needs for physical activity.

대표 구문 1 　　4~5쪽

간단 체크　1 1형식　2 4형식

구문 연습

1 Consumers like some products / because of their feel.
　　　　 S　　 V　　　 O
소비자들은 어떤 제품을 그것의 감촉 때문에 좋아한다.

2 She was a professor of Environmental Studies / at Dartmouth College / from
　　 S 　V 　　　　 S·C
1995 to 2002. 그녀는 1995년부터 2002년까지 Dartmouth 대학의 환경학과 교수였다.

3 After her first novel, / The Valley of Decision, / was published in 1902, / she
　　　　　　　　　　　　　　　　　　　　　　　　　　　　　　　　　　　 S1
wrote many novels / and some gained her a wide audience.
V1　　　　　　　　　　 S2　 V2　 I·O 　　D·O
그녀의 첫 번째 소설인 〈The Valley of Decision〉이 1902년에 출판된 후, 그녀는 많은 소설을 집필했고 몇몇 그녀에게 폭넓은 독자층을 가져다주었다.

대표 구문 2 　　6~7쪽

간단 체크　1 rubbing　2 enter

구문 연습

1 Don't let them / sit idly / in your shoe closet. 그것들을 신발장에 가만히 두지 마세요.
　 V　 O　 O·C(동사원형)

2 Every event / that causes you to smile / makes you / feel happy / and
　　　　　　　　　　　　　　　　　　　　　　　　V1　　 you　 O1·(동사원형)
produces feel-good chemicals / in your brain.
V2
여러분을 미소 짓게 만드는 온갖 사건들은 여러분이 행복감을 느끼게 하고, 여러분의 뇌에서 기분을 좋게 만들어주는 화학 물질을 생산해내도록 한다.

3 The researchers had participants / perform stressful tasks / while they were
　 S　　　　 V　　 O　　　　　　 O·C(동사원형)
not smiling, / smiling, / or holding chopsticks crossways in their mouths (in
order to force the face / to form a smile).
연구자들은 참가자들이 미소 짓지 않거나, (억지 미소를 짓게 하기 위해) 입에 젓가락을 옆으로 물고서 스트레스를 수반한 과업을 수행하도록 했다.

대표 구문 4 | 주어로 쓰이는 명사절

- 절은 두 개 이상의 단어가 모여 만들어진 말로 '주어+동사」를 포함한다.
- 「That+주어+동사 ~」 명사절이나 that 뒤에는 완전한 문장이 오고, 「What+주어+동사 ~」 명사절이나 what 뒤에는 ① 문장이 온다.
- 「Whether+주어+동사」 명사절은 '~인지 아닌지'로 해석하며 절 끝에 '② not'이 올 수 있다.

정답 ① 불완전한 ② or

<u>That I found the fossil</u> / was unbelievable.
   S(명사절)   V
내가 화석을 발견했다는 것이 믿을 수 없었다.

<u>What I want to drink now</u> / is a cup of coffee.
   S(명사절)   V
내가 지금 마시고 싶은 것은 커피 한 잔이다.

<u>Whether he comes to the party or not</u> / is the problem.
     S(명사절)   V
그가 파티에 올지 안 올지가 문제이다.

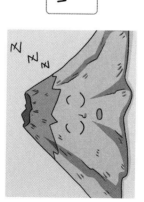

**Whether a volcano will erupt
or not** is uncertain.

간단 체크

다음 문장의 주어에 밑줄을 치시오.

1 That the earth goes around the sun is an undeniable fact.

2 Whether she passed the exam or not matters so much to me.

구문 연습 S와 V에 표시한 뒤, 문장을 많이 읽고 해석하시오.

1 BOOK 1 p. 54

All the participants will be given a free T-shirt.

2 BOOK 1 p. 46

A free bluetooth headset that works perfectly with the TV will be given to every buyer.

4형식 문장의 수동태에서 직접목적어가 주어로 쓰이면 간접목적어 앞에 전치사가 와.

3 BOOK 1 p. 43

At 2:00 p.m. during the weekend, one winner of the quiz will be given a real fossil as a prize.

대표 구문 18

4 · 5형식 문장의 수동태

- 4형식 문장은 간접목적어와 직접목적어를 주어로 하는 두 종류의 수동태 문장을 쓸 수 있다.
- 직접목적어가 주어로 쓰이면 간접목적어 앞에 ❶ ②　 가 온다.
- 5형식 문장은 수동태로 바꿀 때 목적어를 수동태의 주어로 쓰고, 목적격 보어는 동사 뒤에 쓴다.
- 5형식 문장의 동사가 지각동사나 사역동사 make이고 목적격 보어가 동사원형이면 수동태 문장에서는 동사원형을 to부정사로 바꾸어 쓴다.

답 ❶ 전치사 ❷ 뒤

Some questions were asked of him / by the reporter. (4형식 문장의 직접목적어가 주어가 된 수동태 문장)
　S　　　　V(수동태)
기자에 의해 몇 가지 질문들이 그에게 주어졌다.

The cat was named Coco / by my husband.
　S　　V(수동태)　　(5형식 문장에서 목적격 보어였던 명사)
그 고양이는 내 남편에 의해 코코라고 이름 붙여졌다.

He was seen / to enter the building / late at night.
　S　V(수동태)　　(5형식 문장에서 목적격 보어였던 동사원형이 to부정사로 바뀜)
그는 밤늦게 건물 안으로 들어가는 것이 목격되었다.

The customer **was shown** the latest laptop by a clerk.

간단 체크

괄호 안에서 알맞은 것을 고르시오.

1 A package was sent (to / of) Ms. Ellen.

2 The children were heard (laugh / to laugh) out loud.

구문 연습

S와 V에 표시한 뒤, 문장을 끊어 읽고 해석하시오.

1
BOOK 2
p. 14

What I don't know is where I'm going.

관계대명사 what이 이끄는 명사절은 문장에서 주어로 쓰일 수 있어.

2
BOOK 2
p. 28

What kept all these people going in their work when things were going badly was their passion for their subject.

3
BOOK 2
p. 25

What's interesting is that the company turned down over 95 percent of those offers and began serving only four new locations.

대표 구문 5 가주어 it

- 주어로 쓰인 구나 절이 길 경우, 가주어 **①** □ 을 주어 자리에 쓰고 긴 주어는 뒤로 보낸다.
- 가주어 it, 진주어 to부정사(구)가 쓰인 문장에서 일반적으로 to부정사의 의미상 주어는 to부정사 앞에 「**②** □ +목적격」으로 나타낸다.
- 사람의 성격을 나타내는 형용사 다음에는 to부정사의 의미상 주어를 「of+목적격」으로 나타낸다.

정답 **①** it **②** for

It is interesting / to learn foreign languages.
가주어 ——— 진주어
외국어를 배우는 것은 흥미롭다.

It is impossible / for us / to breathe underwater.
가주어 ——— 의미상 주어 ——— 진주어
우리가 물속에서 숨 쉬는 것은 불가능하다.

It was rude / of her / to ignore her uncle's advice.
가주어 ——— 의미상 주어 ——— 진주어
그녀가 삼촌의 조언을 무시한 것은 무례했다.

구문 연습 S와 V에 표시한 뒤, 문장을 끊어 읽고 해석하시오.

1
BOOK 1
p. 58

The profits from reselling them will be used to build schools in Africa.

수동태의 시제는 be동사의 시제 변화로 나타내.

2
BOOK 1
p. 19

The facial muscular pattern produced by the smile is linked to all the "happy networks" in your brain.

3
BOOK 1
p. 48

In contrast, a desktop was selected the least as their most important device for Internet access in 2016.

It is hard to tell the twins apart.

간단 체크

괄호 안에서 알맞은 것을 고르시오.

1 It was not easy (for / of) him to memorize all of the words.

2 It is smart (for / of) you to solve this difficult math problem.

수동태

>> 정답과 해설 42쪽

- 주어가 어떤 일을 당하거나 행동의 대상이 될 때 **①** 로 표현한다.
- 수동태는 「주어+be동사+p.p.(+by+행위자) ~」의 형태이며 '···에 의해 ~되다[받다]'라고 해석한다.
- 행위자가 일반적인 사람이거나 분명하지 않을 때, 또는 문맥으로 알 수 있을 때 「 **②** + 행위자」를 생략하기도 한다.

📝 **①** 수동태 **②** by

The light bulb was invented / by Thomas Edison.
  S   V(수동태)
전구는 Thomas Edison에 의해 발명되었다.

Dessert will be served / in a moment.
  S   V(미래시제 수동태)
디저트가 곧 준비될 것이다.

Devices should be switched to airplane mode / on the plane.
  S   V(조동사의 수동태)
비행기에서 전자기기는 비행기 모드로 전환되어야 한다.

That book is currently sold out.

굵게 인쇄된 알맞은 것을 고르시오.

1 A fairy tale will (tell / be told) by my grandmother.
2 Forests are (destroying / being destroyed) with population growth.

가주어와 진주어에 표시한 뒤, 문장을 끊어 읽고 해석하시오.

1
BOOK 1
p. 52

It will also be more difficult for others to manipulate you.

의미상 주어는 「for+목적격」으로 나타내
는데, 사람의 성격을 나타내는 형용사
다음에는 for 대신 of를 사용해.

2
BOOK 1
p. 70

In conclusion, it's better to avoid praising children for their intelligence or talent in order not to undermine their motivation.

3
BOOK 1
p. 29

The latter students could not concentrate because even in the library, it was impossible to get the type of complete silence which they sought.

구문 연습 S와 V에 표시한 뒤, 문장을 끊어 읽고 해석하시오.

1 BOOK 2 p.16

It had been my best friend since then.

2 BOOK 2 p.13

Leaving a store, I returned to my car only to find that I'd locked my car key and cell phone inside the vehicle.

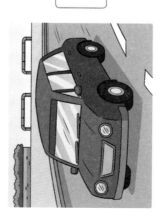

과거보다 더 이전 시점의 일을 '대과거'라고 불러.

3 BOOK 2 p.18

If you're interested in science news, you will have noticed that cooperation among animals has become a hot topic in the mass media.

대표 구문 6 비인칭 주어 it

- 비인칭 주어 ❶ [   ] 은 시간, 날짜, 요일, 계절, 날씨, 거리 등을 나타낼 때 쓴다.
- 비인칭 주어 it은 해석하지 ❷ [   ].
- it이 지시대명사로 쓰이면 '그것'이라고 해석한다.

답 ❶ it ❷ 않는다

It is February 24.
비인칭 주어(날짜)
2월 24일이다.

It is winter now.
비인칭 주어(계절)
지금은 겨울이다.

It is cloudy and windy.
비인칭 주어(날씨)
흐리고 바람이 분다.

It takes 20 minutes to get there by car.

간단 체크

밑줄 친 it의 쓰임으로 알맞은 것을 고르시오.

1 It was warm and sunny yesterday. (비인칭 주어 / 지시대명사)

2 How far is it from here to the subway station? (비인칭 주어 / 지시대명사)

대표 구문 16 동사의 시제 – 과거완료 / 미래완료

- 과거완료는 과거보다 더 이전에 일어난 일이 과거의 어느 시점까지 영향을 줄 때 사용하며 「❶ [ ] +p.p.」의 형태로 쓴다.
- 미래완료는 현재부터 미래의 어느 시점까지 영향을 주는 일을 나타낼 때 사용하며 「will have+p.p.」의 형태로 쓴다.
- 미래완료와 함께 자주 쓰이는 표현은 until, 「❷ [ ] +미래시점」 등이 있다.

정답 ❶ had ❷ by

She finally found the wedding ring / that she / had lost.
그녀는 마침내 잃어버린 결혼반지를 찾았다.
<u>과거완료</u>

When we arrived at the airport, / the airplane had taken off.
우리가 공항에 도착했을 때, 비행기는 이미 이륙해있었다.
<u>과거완료</u>

By next year, / I will have been married / for 15 years.
내년이면 내가 결혼한 지 15년이 된다.
<u>미래완료</u>

By this time tomorrow, my story **will have been aired** on the radio.

구문 연습 비인칭 주어에 표시한 뒤, 문장을 끊어 읽고 해석하시오.

1
It was too hot even for a sheet.

BOOK 2
p. 64

비인칭 주어 it은 '그것'이라고 해석하지 않아.

2
It was an ordinary morning and people were gradually starting to show up for work at a large company.

BOOK 2
p. 26

3
This is because pupils dilate when it is dark, allowing more light to get inside the eye and producing a larger red-eye effect.

BOOK 2
p. 60

간단 체크

밑줄 안의 단어를 빈칸에 알맞은 형태로 쓰시오.

1 Tony arrived at the classroom after the exam _____. (begin)

2 By next week, they _____ to Singapore. (go)

대표 구문 7 목적어로 쓰이는 명사구

- 목적어는 '~을/를로 해석하며 명사(구), 대명사, to부정사(구), 동명사(구) 등이 목적어로 쓰일 수 있다.
- to부정사만을 목적어로 쓰는 동사(decide, expect, plan 등)와 동명사만을 ❶ 목 쓰 는 동사(enjoy, finish, quit 등)가 있다.
- remember, forget, regret과 같은 동사는 목적어가 동명사일 때와 to부정사일 때 ❷ 가 다르다.
  - remember＋동명사: ~했던 것을 기억하다 / remember＋to부정사: ~할 것을 기억하다
  - forget＋동명사: ~했던 것을 잊다 / forget＋to부정사: ~할 것을 잊다
  - regret＋동명사: ~했던 것을 후회하다 / regret＋to부정사: ~하게 되어 유감이다

답 ❶ 목적어 ❷ 의미

I will eat some waffles. 나는 와플을 먹을 것이다.
S V O(명사구)

My father quit smoking. 나의 아버지는 담배를 끊으셨다.
S V O(동명사)

Millie forgot to send him a reply. Millie는 그에게 답장 보내는 것을 잊었다.
S V O(to부정사구)

She is planning **to go to Paris** for vacation.

간단 체크

괄호 안의 단어를 빈칸에 알맞은 형태로 쓰시오.

1 I hope _____ abroad soon. (travel)

2 She remembers _____ a snowman with Jim last winter. (make)

구문 연습 S와 V에 표시한 뒤, 문장을 끊어 읽고 해석하시오.

1
BOOK 1
p.39

If you study Spanish for an hour tonight, you still haven't learned the language.

2
BOOK 1
p.69

You've written to our company complaining that your toaster, which you bought only three weeks earlier, doesn't work.

3
BOOK 1
p.18

Human beings have long depended on the cooperation of others for the supply of food, protection from predators, and the gaining of essential knowledge.

현재완료는 특정 과거 시점을 나타내는 yesterday, last month, when 등과 함께 쓸 수 없어.

대표 구문 15

동사의 시제 – 현재완료

- 현재완료는 「have[has]+p.p.」의 형태로 과거에 일어난 일이 ❶ 까지 영향을 줄 때 사용한다.
- 현재완료는 완료(벌써 ~했다), 경험(~한 적이 있다), 계속(계속 ~해 왔다), 결과(~해 버렸다) 의 의미를 나타낸다.
- 특정한 과거 시점을 나타내는 yesterday, ago, last, then 등의 표현은 현재완료와 함께 사용할 수 ❷ .

❶ 현재 ❷ 없다

She **has broken** her leg.

Tony has lived / in Toronto for 8 years.
　　현재완료 - 계속
Tony는 8년 동안 토론토에 살고 있다.

The child has already read / the entire *Harry Potter* series.
　　현재완료 - 완료
그 아이는 이미 《해리포터》 시리즈를 다 읽었다.

Disneyland is the best place / I have been to / in Los Angeles.
　　　　　　　　　　　　　현재완료 - 경험
디즈니랜드는 로스앤젤레스에서 내가 가 본 곳 중 최고의 장소이다.

간단 체크

괄호 안에서 알맞은 것을 고르시오.

1 I (will go / have gone) bowling two times before.

2 He (was / has been) a professor at Cornell University since 2012.

구문 연습

S, V, O에 표시한 뒤, 문장을 끊어 읽고 해석하시오.

1
BOOK 1
p.39

We often ignore small changes because they don't seem to matter very much in the moment.

2
BOOK 1
p.66

After the war, she settled in Provence, France, and she finished writing *The Age of Innocence* there.

동사에 따라 목적어의 형태가 달라지니까 잘 구분해서 기억해.

3
BOOK 1
p.15

If you want to protect yourself from colds and flu, regular exercise may be the great immunity-booster.

대표 구문 8 목적어로 쓰이는 명사절

- that절이 목적어로 쓰일 때 접속사 that은 **①**   할 수 있다.
- 접속사 if 또는 whether가 이끄는 절이 목적어로 쓰일 때, if는 'if or not' 형태로 붙여 쓸 수 없다.
- 목적어로 쓰이는 의문사절은 「**②**   +주어+동사 ~」의 어순으로 쓴다.
- 목적어로 쓰이는 관계대명사 what은 '~하는 것'으로 해석하고, 의문사 what은 '무엇을'로 해석한다.

답 ① 생략 ② 의문사

She found / that the news was astonishing.
—S——V——————O(명사절)——————
그녀는 그 소식이 놀랍다는 것을 알게 되었다.

I'm not sure / if it will rain in Seoul tomorrow.
—S—V——————O(명사절)———————
나는 내일 서울에 비가 올지 안 올지 잘 모르겠다.

We couldn't understand / what she wanted to say.
—S——————V——————————O(명사절)————
우리는 그녀가 말하고자 했던 것을 이해할 수 없었다.

I don't know **who broke the window**.

간단 체크
괄호 안에서 알맞은 것을 고르시오.

1 I don't remember (what / that) I was writing.

2 Tom realized (what / that) she had left him forever.

구문 연습 O와 O·C에 표시한 뒤, 문장을 많이 읽고 해석하시오.

1
BOOK 1
p. 70

This leaves kids feeling helpless when they make mistakes.

2
BOOK 1
p. 46

If you want the TV installed, we provide installation services for an additional $50 fee.

3
BOOK 2
p. 12

When I got into the back seat, I saw a brand new cell phone sitting right next to me.

목적어와 목적격 보어가 능동·진행의 관계이면 목적격 보어로 현재분사를 쓰는 것을 잊지 마.

대표 구문 14 목적격 보어로 쓰이는 현재분사 / 과거분사

- 목적어와 목적격 보어의 관계가 능동·진행이면 ❶ _____. 수동·완료이면 과거분사를 쓴다.
- 지각동사가 쓰인 5형식 문장에서 ❷ _____의 의미를 강조할 때는 목적격 보어로 현재분사를 쓴다.

답 ❶ 현재분사 ❷ 진행

He had his hair / dyed.
S　V　O　O·C(과거분사)
그는 머리를 염색했다.

I will get the wall / painted / this weekend.
S　V　O　O·C(과거분사)
나는 이번 주말에 (다른 사람을 시켜서) 벽에 페인트를 칠할 것이다.

I saw several cats / running across the garden.
S　V　O　O·C(현재분사)
나는 몇 마리의 고양이들이 정원을 가로질러 뛰어가는 것을 보았다.

She watched her son **riding** his bicycle.

간단 체크
괄호 안의 단어를 빈칸에 알맞은 형태로 쓰시오.

1 The horror movie made me _____. (scare)

2 I found something _____ in the sand. (glitter)

구문 연습　S, V, O(명사절)에 표시한 뒤, 문장을 끊어 읽고 해석하시오.

1
Please reconsider whether the proposed walking trail is absolutely
necessary.
BOOK 1 p. 21

2
But Amy wondered if Mina chose her because she had felt sorry for
the new kid.
BOOK 2 p. 7

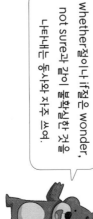

whether절이나 if절은 wonder,
not sure과 같이 불확실한 것을
나타내는 동사와 자주 쓰여.

3
For example, if you have failed in a certain area before, when the
same situation happens, you anticipate what might happen in the
future, and thus fear traps you in yesterday.
BOOK 1 p. 10

대표 구문 9 가목적어 it

- 목적어로 쓰인 구나 절이 길 경우, 가목적어 ❶[it] 을 목적어 자리에 쓰고 긴 목적어는 뒤로 보낸다.
- 가목적어 it은 해석하지 ❷ .
- 가목적어 it은 「주어+동사+가목적어 it+목적격 보어(형용사/명사)+진목적어 ~」 형태의 5형식 문장에서 사용한다.

답 ❶ it ❷ 않는다

Daniel found it difficult / to turn her down.
　　　가목적어　　　　　　진목적어
Daniel은 그녀를 거절하는 것이 어렵다고 느꼈다.

I believe it necessary / to learn about economics.
　　　가목적어　　　　　　진목적어
나는 경제학에 대해 배우는 것이 필요하다고 생각한다.

The boy thought it interesting / that giraffes sleep while standing.
　　　　가목적어　　　　　　　진목적어
소년은 기린이 서서 잠을 잔다는 것이 흥미롭다고 생각했다.

I make it a rule to jog every day.

간단 체크

괄호 안에서 알맞은 것을 고르시오.

1 Jay found (it useless / useless it) to stay up all night before an exam.

2 We considered (it suspicious / suspicious it) that she didn't show up at the meeting.

구문 연습 O와 O·C에 표시한 뒤, 문장을 많이 읽고 해석하시오.

1 BOOK 2 p. 9
That ability let our ancestors outmaneuver and outrun prey.

make, have, let과 같은 사역동사가 쓰이면 목적격 보어로 원형부정사가 와.

2 BOOK 1 p. 52
It can help you escape uncomfortable social situations and make friends with honest people.

3 BOOK 1 p. 70
It's as if they are afraid to do anything that might make them fail and lose your high appraisal.

대표 구문 13
목적격 보어로 쓰이는 원형부정사

> • make, have, let 등의 사역동사는 목적격 보어로 ❶ ☐ (동사원형)를 쓴다.
> • see, watch, look at, feel, hear, listen to 등의 지각동사는 목적격 보어로 원형부정사 또는 현재분사를 쓴다.
> • 동사 ❷ ☐ 는 목적격 보어로 원형부정사와 to부정사를 둘 다 쓸 수 있다.

답 ❶ 원형부정사 ❷ help

She let her son / play in the mud.
S　　V　O　　O·C(원형부정사)
그녀는 그녀의 아들이 진흙에서 노는 것을 허락했다.

Jimin felt the ground / shake.
S　　V　　O　　　O·C(원형부정사)
지민이는 땅이 흔들리는 것을 느꼈다.

He helped me / fix my computer.
S　V　　O　　O·C(원형부정사구)
그는 내가 컴퓨터 고치는 것을 도와줬다.

The boy had the dog **bring** back a frisbee.

간단 체크
밑줄 안에서 알맞은 것을 고르시오.
1 I saw you (dance / to dance) on the stage.
2 That picture made me (recall / to recall) last summer.

구문 연습
가목적어와 진목적어에 표시한 뒤, 문장을 끊어 읽고 해석하시오.

1 BOOK 1 p.39

The slow pace of change also makes it difficult to break a bad habit.

> 목적어가 길면 가목적어 it을 목적어 자리에 쓰고 진목적어는 문장의 뒤로 보내.

2 BOOK 1 p.29

These students were victims of distractions who found it very difficult to study anywhere except in their private bedrooms.

3 BOOK 1 p.24

FOBO, or Fear of a Better Option, is the anxiety that something better will come along, which makes it undesirable to focus on existing choices when making a decision.

구문 연습

1
BOOK 1 p.25

I urge you and other city council members to cancel the plan and to keep libraries open!

2
BOOK 1 p.20

If, however, you want people to read and understand what you write, write it in spoken language.

3
BOOK 1 p.27

We are asking you to look around your house and donate any instruments that you may no longer use.

동사에 따라 목적격 보어로 to부정사 또는 원형부정사를 쓸 수 있어.

대표 구문 10 주격 보어의 다양한 형태 – to부정사, 동명사, 명사절

• 2형식(주어+동사+주격 보어) 문장에서 to부정사(구), 동명사(구)는 ❶ [　] 로 쓰일 수 있으며 '~하는 것'으로 해석한다.
• 접속사 that과 whether, 관계대명사 what, 의문사가 이끄는 명사절도 be동사 ❷ [　] 에 서 주격 보어로 쓰인다.

[정답] ❶ 주격 보어 ❷ 뒤

My only goal is / to win first place in the class.
　S · V 　　　S · C(to부정사구)
나의 유일한 목표는 반에서 1등을 하는 것이다.

One of my bad habits is / eating too much before I go to bed.
　　　S · V 　　　　S · C(동명사구)
나의 나쁜 습관 중 하나는 자기 전에 과식하는 것이다.

The fact is / that we got lost in the maze.
　S · V 　　　S · C(명사절)
사실은 우리가 미로에서 길을 잃었다는 것이다.

My hobby is **swimming in the sea**.

간단 체크

다음 문장의 주격 보어에 밑줄을 치시오.
1 The function of this device is to cool other things down.
2 The biggest problem is that I forgot to bring my wallet.

대표 구문 12 목적격 보어로 쓰이는 to부정사

- 목적격 보어는 목적어를 보충 설명해 주는 말로 목적어 뒤에 쓴다.
- 5형식(주어+동사+목적어+목적격 보어) 문장에서 목적격 보어로 쓰이는 **①** 는 '(목적어)가 ~하기를/~하도록'으로 해석한다.
- 동사 ask, want, expect, tell, advise, **②** (허락하다) 등이 쓰일 때 목적격 보어로 to부정사를 사용한다.

정답 ❶ to부정사 ❷ allow

Kelly asked him / to take care of her cats.
　　　　S　　V　　O　　　O·C(to부정사구)
Kelly는 그에게 그녀의 고양이들을 돌봐달라고 부탁했다.

I want you / to get a regular checkup.
S　V　 O 　　O·C(to부정사구)
나는 당신이 정기적인 건강검진을 받기를 바랍니다.

The teacher allowed me / to take a short break.
　　S　　　　V　　O 　　O·C(to부정사구)
선생님께서 내가 잠시 휴식을 취하도록 허락하셨다.

The doctor advised me **to drink** hot water often.

밑줄 친 단어를 빈칸에 알맞은 형태로 쓰시오.

1 My parents taught me _____ a bicycle. (ride)

2 A friend advised Wayne _____ on time. (be)

26 중학 일등전략 영어 구문 독해

S, V, S·C에 표시한 뒤, 문장을 끊어 읽고 해석하시오.

1
BOOK 1
p.64

The purpose of building systems is to continue playing the game.

to부정사가 추격 보어일 때 goal, wish, purpose와 같은 주어가 많이 쓰여.

2
BOOK 1
p.75

The important thing is to find a way to have proper expectations.

3
BOOK 1
p.68

The reality is that most people will never have enough education in their lifetime.

대표 구문 11 주격 보어로 쓰이는 분사

- 분사는 감각동사(look, smell, feel, sound, taste)와 상태동사(be, become, get, turn 등) 뒤에서 ① 로 쓰일 수 있다.
- 주격 보어로 쓰인 분사와 주어와의 관계가 능동·진행이면 현재분사(v-ing)를 쓴다.
- 주격 보어로 쓰인 분사와 주어와의 관계가 수동·완료이면 ② (p.p.)를 쓴다.

정답 ① 주격 보어 ② 과거분사

The criminal looked confused.
S ‚ V ‚ S·C(과거분사)
범인은 혼란스러워 보였다.

This project is really challenging / for us.
S ‚ V ‚ S·C(현재분사)
이 프로젝트는 우리에게 정말 도전적이다.

Jimmy became exhausted / because of seasickness.
S ‚ V ‚ S·C(과거분사)
Jimmy는 뱃멀미 때문에 기진맥진해졌다.

The concert was **amazing**!

간단 체크

괄호 안에서 알맞은 것을 고르시오.

1 Harry looked (embarrassing / embarrassed) by his mistake.

2 The hotel's pick-up service was quite (satisfying / satisfied).

구문 연습 S, V, S·C에 표시한 뒤, 문장을 끊어 읽고 해석하시오.

1 BOOK 2 p.66

Instead, you would be confused.

2 BOOK 1 p.22

It feels good for someone to hear positive comments, and this feedback will often be encouraging.

주어와 주격 보어로 쓰이는 분사와의 관계에 따라 현재분사 또는 과거분사가 쓰여.

3 BOOK 2 p.28

Since a great deal of day-to-day academic work is boring, you need to be well motivated to keep doing it.

중학 영어 장문독해

BOOK 1

이 책의 구성과 활용

주 도입

이번 주에 배울 내용이 무엇인지 안내하는 부분입니다. 재미있는 만화를 통해 앞으로 배울 학습 요소를 미리 떠올려 봅니다.

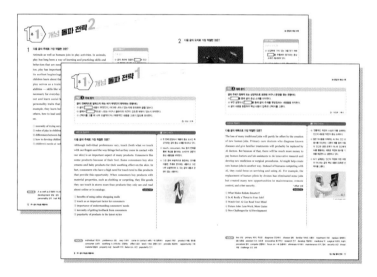

1일 개념 돌파 전략

독해 유형별 해결 전략을 공부하며 독해의 개념을 익히고, 해당 유형의 문제를 풀며 개념을 잘 이해했는지 확인합니다.

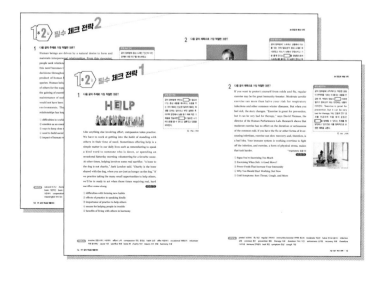

2일, 3일 필수 체크 전략

문제 해결 전략을 적용하여 각 유형별 대표 문제를 풀면서 독해 유형을 익히고, 문제 해결 전략을 복습합니다.

주 마무리 코너

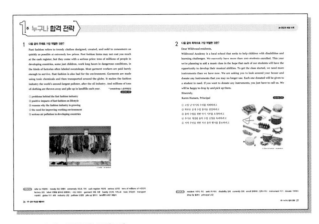

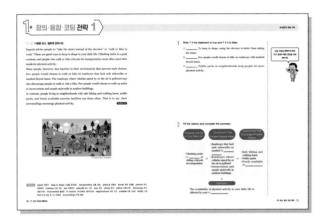

누구나 **합격 전략**

앞에서 배운 내용을 떠올리며 부담 없는 수준의 문제를 풀어 보면서 학습 자신감을 키울 수 있습니다.

창의·융합·코딩 **전략**

문제를 풀며 지문을 구조적으로 파악하여 융복합적 사고력과 문제 해결 능력을 기를 수 있습니다.

권 마무리 코너

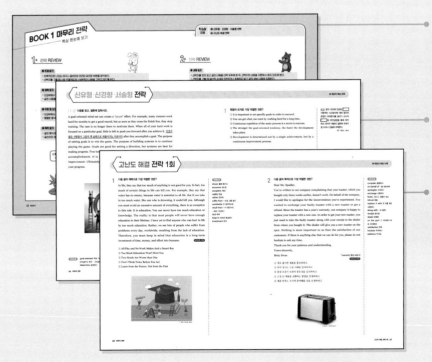

● BOOK 1, 2 마무리 **전략**

독해 유형별 해결 전략의 핵심 포인트를 한 눈에 정리하고, 실전에 적용할 수 있는 팁을 얻을 수 있습니다.

● 신유형·신경향·서술형 **전략**

서술형 문제를 비롯한 여러 가지 유형의 문제를 접할 수 있습니다.

● 고난도 해결 **전략**

실력을 한 단계 더 업그레이드할 수 있는 문제들로 2회 구성하였습니다.

이 책의 차례

1^주 글의 핵심을 꿰뚫어라

글의 주제나 제목 찾기, 글쓴이의 주장 및 요지 찾기, 또는 글의 목적을 찾는 문제는 일부 문장을 해석하는 것만으로 답을 찾을 수 없습니다. 글의 전체적인 흐름과 핵심 내용을 파악하는 것이 문제 해결에 필수적입니다.

주제 찾기

민호야, 라면에는 화학 조미료와 나트륨이 많이 들어 있어서 각종 질병의 원인이 될 수 있어. 그리고 라면에는 각종 영양소가 부족해서 너 같은 성장기 청소년에게 특히 좋지 않아.

라면이 몸에 해로우니 먹지 말라는 말씀이시네요. 알겠어요.

제목 찾기

학급 신문에 실을 우리 팀 소개 글을 썼는데 제목을 뭐라고 정하면 좋을까?

우리 팀원들이 잘하는 것에 대해 소개하는 글이니까 '우리의 장점을 소개합니다'라고 하면 어떨까?

학습할 내용	❶ 주제 찾기	❷ 제목 찾기
	❸ 주장 및 요지 찾기	❹ 목적 찾기

주장 및 요지 찾기

아빠, 제가 정기적으로 용돈을 받는다면 용돈 관리를 스스로 하면서 경제 관념을 키울 수 있을 것 같아요. 또 제가 원하는 것을 사기 위해 용돈을 아끼는 습관도 기를 수 있고요.

정기적으로 용돈을 달라고 주장하는 거구나.

목적 찾기

내일 우리 같이 서점에 가기로 했잖아. 그런데 내일이 할머니 생신이신 걸 깜박하고 있었어. 내일은 할머니 댁에 가야 해서 서점에 같이 못 가겠어. 미안해.

그래. 괜찮아. 다음에 같이 가자.

약속을 취소하려고 전화한 거구나.

개념 ❶ 주제 찾기

글이 전체적으로 말하고자 하는 바가 무엇인지 파악하는 유형이다.

❶ 글의 [1] 내용이 무엇인지, 어디에 나타나 있는지에 유의하며 글을 읽는다.

❷ 글에서 [2] 적으로 나오는 어구나 글쓴이의 의견이 강조된 부분이 있는지 파악한다.

❸ 선택지를 고를 때 너무 포괄적이거나 부분적인 내용을 고르지 않도록 유의한다.

답 1중심 2반복

지문으로 연습하기

다음 글의 주제로 가장 적절한 것은?

Although individual preferences vary, touch (both what we touch with our fingers and the way things feel as they come in contact with our skin) is an important aspect of many products. Consumers like some products because of their feel. Some consumers buy skin creams and baby products for their soothing effect on the skin. In fact, consumers who have a high need for touch tend to like products that provide this opportunity. When consumers buy products with material properties, such as clothing or carpeting, they like goods they can touch in stores more than products they only see and read about online or in catalogs.

words 106

① benefits of using online shopping malls

② touch as an important factor for consumers

③ importance of understanding consumers' needs

④ necessity of getting feedback from consumers

⑤ popularity of products in the latest styles

☑ 전략 CHECK

❶ 첫 번째 문장에서 '제품의 중요 요소인 촉감'이라는 글의 중심 소재를 제시하고 있다.

❷ touch, consumers, like 등의 반복을 통해 '촉감을 좋아하는 소비자의 경향'이 중심 내용임을 파악한다.

❸ ①은 글에 부분적으로 등장하는 단어를 이용한, 주제와 반대되는 내용이고 ③은 너무 포괄적이며 ④, ⑤는 글의 내용과 관련이 없는 내용이다.

VOCA individual 개인의　preference 선호　vary 다르다　come in contact with ~와 접촉하다　aspect 측면　product 제품, 생산품 consumer 소비자　soothing 누그러뜨리는, 진정하는　effect 효과　tend (~하는) 경향이 있다　provide 제공하다　opportunity 기회 material 물질의　property 속성　benefit 이익　factor 요소, 요인　popularity 인기

개념 ❷ 제목 찾기

글의 주제가 함축적 또는 상징적으로 표현된 어구나 문장을 찾는 유형이다.
❶ [1   ]를 통해 글의 중심 소재를 파악한다.
❷ 부연 설명이나 [2   ]를 통해 글의 주제를 뒷받침하는 내용들을 파악한다.
❸ 글의 내용을 종합하여 핵심 내용이 압축된 선택지를 고른다.

🖹 1 도입부 2 예시

지문으로 연습하기

다음 글의 제목으로 가장 적절한 것은?

The loss of many traditional jobs will partly be offset by the creation of new human jobs. Primary care doctors who diagnose known diseases and give familiar treatments will probably be replaced by AI doctors. But because of that, there will be much more money to pay human doctors and lab assistants to do innovative research and develop new medicines or surgical procedures. AI might help create new human jobs in another way. Instead of humans competing with AI, they could focus on servicing and using AI. For example, the replacement of human pilots by drones has eliminated some jobs but created many new opportunities in maintenance, remote control, and cyber security.

* offset 상쇄
words 112

① What Makes Robots Smarter?
② Is AI Really a Threat to Your Job?
③ Watch Out! AI Can Read Your Mind
④ Future Jobs: Less Work, More Gains
⑤ New Challenges for AI Development

☑ 전략 CHECK

❶ '전통적인 직업의 소실과 이를 상쇄하는 인간의 새로운 직업'이 중심 소재이다.

❷ 일반 의사들을 대체하는 AI 의사, 인간 조종사를 대신하는 드론의 예를 들며 이들이 인간과 경쟁 관계가 아니라 인간에게 AI를 활용하는 새로운 직업에 종사할 기회를 제공한다고 설명하고 있다.

❸ AI가 실제로는 인간의 직업에 대한 위협이 아니라는 글의 핵심 내용이 압축된 선택지를 고른다.

© Getty Images Bank

VOCA loss 상실 primary 제1의, 주요한 diagnose 진단하다 disease 질병 familiar 익숙한, 보통의 treatment 치료 replace 대체하다 lab 실험실 assistant 조수, 보조원 innovative 획기적인 research 연구 develop 개발하다 medicine 약 surgical 외과의, 수술의 procedure 절차 compete 경쟁하다 focus on ~에 집중하다 eliminate 제거하다 maintenance 유지, 정비 security 보안 threat 위협 challenge 도전, 과제

개념 ③ 주장 및 요지 찾기

글쓴이가 말하고자 하는 의견이나 가장 중요하게 생각하는 내용을 찾는 유형이다.

❶ 주로 글의 도입부에서 무엇에 대해 이야기하고자 하는지 중심 [1   ]를 파악한다.

❷ 글의 소재와 관련하여 반복이나 강조를 통해 드러난 글쓴이의 관점을 파악한다.

❸ 주장을 강하게 드러낼 때는 명령문 형식 또는 [2   ]를 나타내는 조동사(should, must, have to 등)가 자주 쓰이므로 이러한 표현이 나온 부분에 주목한다.

답 1 소재 2 의무

지문으로 연습하기

다음 글에서 필자가 주장하는 바로 가장 적절한 것은?

Many people think of what might happen in the future based on past failures and get trapped by them. For example, if you have failed in a certain area before, when the same situation happens, you anticipate what might happen in the future, and thus fear traps you in yesterday. Do not base your decision on what yesterday was. Your future is not your past and you have a better future to come. You must decide to forget and let go of your past. Your past experiences can take away today's dreams only when you allow them to control you.

*anticipate: 예상하다

words 100

① 꿈을 이루기 위해 다양한 경험을 하라.
② 미래를 생각할 때 과거의 실패에 얽매이지 말라.
③ 장래의 성공을 위해 지금의 행복을 포기하지 말라.
④ 자신을 과신하지 말고 실현 가능한 목표부터 세우라.
⑤ 결정을 내릴 때 남의 의견에 지나치게 의존하지 말라.

전략 CHECK

❶ 글의 첫머리에 '과거의 실패에 사로잡혀 미래를 두려워 함'이라는 글의 중심 소재를 제시하고 있다.

❷ Your future is not your past ~, Your past experiences can take away today's dreams ~ 등의 표현을 통해 과거에 얽매이지 않아야 더 나은 미래가 올 수 있다는 글쓴이의 관점을 파악한다.

❸ 명령문 Do not base your decision ~과 must를 사용한 문장 You must decide to forget ~에서 글쓴이의 주장을 강하게 드러내고 있다.

© atk work / shutterstock

VOCA based on ~에 근거하여　past 과거의　failure 실패　trap 가두다　area 영역　fear 두려움　decision 결정　let go of ~을 놓다　take away 없애다, 가지고 가다　allow 허락하다　control 지배하다, 통제하다

개념 ❹ 목적 찾기

글쓴이가 어떤 목적으로 글을 썼는지 파악하는 유형으로 주로 편지 형식의 글이 출제된다.

❶ 글의 형식과 소재가 무엇인지 파악한다.
❷ 글쓴이와 글을 읽을 사람이 어떤 상황에 처해 있는지, 어떤 [1   ]인지 파악한다.
❸ 글쓴이의 의도나 [2   ]이 잘 드러난 문장을 찾는다.

TIP 목적을 나타내는 표현
appreciate (감사하다) apologize (사과하다) complain (불평(항의)하다) guide (안내하다) inform (공지하다) introduce (소개하다)
invite (초대하다) promote (홍보하다) recommend (추천하다) request (요청하다) suggest (제안하다) warn (경고하다)

📋 1관계 2목적

지문으로 연습하기

전략 CHECK

다음 글의 목적으로 가장 적절한 것은?

Dear Mr. Stevens,

This is a reply to your inquiry about the shipment status of the desk that you purchased at our store on September 26. Unfortunately, the delivery of your desk will take longer than expected because of the damage that occurred during the shipment from the furniture manufacturer to our warehouse. We have ordered the same model of the desk from the manufacturer, and we expect that delivery will take place within two weeks. As soon as the desk arrives, we will telephone you immediately and arrange a convenient delivery time. We regret the inconvenience this delay has caused you.

Sincerely,

Justin Upton

words 105

① 신제품 출시 계획을 문의하려고
② 고객 서비스 만족도를 조사하려고
③ 상품의 배송 지연에 대해 설명하려고
④ 구매한 상품의 환불 절차를 안내하려고
⑤ 배송된 상품의 파손에 대해 항의하려고

❶ 첫머리의 Dear와 마지막의 Sincerely로 보아 편지글이고, the shipment status of the desk, the delivery of your desk 등으로 보아 책상의 선적, 배송이 중심 소재이다.

❷ a reply to your inquiry ~ you purchased at our store를 통해 편지를 쓴 사람은 가게의 관계자이고 편지를 받는 사람은 구매자이며, 배송 상황에 대한 문의를 한 구매자에게 쓰는 답장임을 파악한다.

❸ Unfortunately, the delivery of your desk will take longer ~에서 책상의 배송이 지연될 것임을 알리고 있다.

VOCA reply 회답 inquiry 문의 shipment 선적, 발송 status 상태 purchase 구매하다 unfortunately 불행히도 delivery 배달 damage 손상, 피해 occur 일어나다, 발생하다 manufacturer 제조업자 warehouse 창고 take place 일어나다 as soon as ~하자마자 immediately 즉시 arrange 준비하다, 정리하다 convenient 편리한 regret 유감으로 생각하다 inconvenience 불편

1 다음 글의 주제로 가장 적절한 것은?

Animals as well as humans join in play activities. In animals, play has long been a way of learning and practicing skills and behaviors that are necessary for future survival. In children, too, play has important functions during development. From its earliest beginnings in infancy, play is a way in which children learn about the world and their place in it. Children's play serves as a training ground for developing physical abilities — skills like walking, running, and jumping that are necessary for everyday living. Play also allows children to try out and learn social behaviors and to acquire values and personality traits that will be important in adulthood. For example, they learn how to compete and work together with others, how to lead and follow, how to make decisions, and so on.

`words 132`

① necessity of trying out creative ideas
② roles of play in children's development
③ differences between human and animal play
④ how to develop children's physical abilities
⑤ children's needs at various developmental stages

전략 적용하기

주제 찾기

❶ 글의 초반에 '동물의 [1   ]과 인간의 발달에 중요한 놀이 활동'이라는 중심 소재가 제시되어 있다.

❷ In children, too, play has important functions. play is a way ~ children learn about the world, Children's play ~ necessary for everyday living, learn social behaviors 등의 표현을 통해 아이들의 [2   ]가 세상에 대해 배우고 신체 능력을 발달 시키는 데 중요한 기능을 한다는 것이 중심 내용임을 파악한다.

❸ ①은 글의 내용과 관계 없고 ③, ④, ⑤는 글에 부분적으로 언급된 내용을 이용한 선택지이다.

답 1생존 2놀이

VOCA *A* as well as *B* B뿐만 아니라 A도 human 인간 skill 기술 behavior 행동 necessary 필수적인 survival 생존 function 기능 development 발달, 성장 infancy 유아기 ground 토대 physical 신체적인 social 사회적인 acquire 습득하다 value 가치 personality 성격 trait 특징 adulthood 성인기 and so on 등등

2 다음 글의 요지로 가장 적절한 것은?

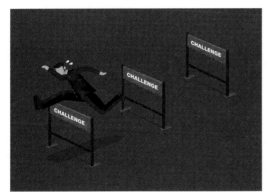

© UncleFredDesign / shutterstock

Practically anything of value requires that we should take a risk of failure or being rejected. This is the price we all must pay for achieving the greater rewards which are lying ahead of us. To take risks means that you will succeed sometime but never to take a risk means that you will never succeed. Life is filled with a lot of risks and challenges and if you want to get away from all these difficulties, you will be left behind in the race of life. A person who can never take a risk can't learn anything. For example, if you never take the risk to drive a car, you can never learn to drive. If you never take the risk of being rejected, you can never have a friend or partner. Similarly, if you never take the risk of attending an interview, you will never get a job.

words 150

① 위험을 무릅쓰지 않으면 아무것도 얻지 못한다.
② 자신이 잘하는 일에 집중하는 것이 효율적이다.
③ 잦은 실패 경험은 도전할 의지를 잃게 한다.
④ 위험 요소가 있으면 미리 피하는 것이 좋다.
⑤ 부탁을 자주 거절하면 신뢰를 잃는다.

VOCA practically 사실상 require 요구하다 take a risk 위험을 무릅쓰다 reject 거절하다 achieve 성취하다 reward 상, 보상 lie 놓여 있다 get away from ～에서 벗어나다 be left behind 뒤처지다 race 경주 similarly 마찬가지로 attend 참석하다

1 다음 글의 주제로 가장 적절한 것은?

© Rawpixel.com / shutterstock

문제 해결 전략

글의 앞부분에 '연민도 1 [   ]이 필요하다'는 중심 내용을 제시하고, 도움을 주는 것이 때로는 단순한 일이며 때로는 희생을 요하는 일이라고 부연 설명한 후, 마지막 문장에서 남을 돕기 위해 작은 기회들을 연습하면 2 [   ]이 필요한 시기에 도움을 줄 수 있다고 결론짓고 있음을 파악한다.

답 1 연습 2 희생

Like anything else involving effort, compassion takes practice. We have to work at getting into the habit of standing with others in their time of need. Sometimes offering help is a simple matter in our daily lives such as remembering to speak a kind word to someone who is down, or spending an occasional Saturday morning volunteering for a favorite cause. At other times, helping involves some real sacrifice. "A bone to the dog is not charity," Jack London said. "Charity is the bone shared with the dog, when you are just as hungry as the dog." If we practice taking the many small opportunities to help others, we'll be in ready to act when those times requiring real, hard sacrifice come along.

words 123

① difficulties with forming new habits
② effects of practice in speaking kindly
③ importance of practice to help others
④ means for helping people in trouble
⑤ benefits of living with others in harmony

VOCA involve 관련시키다, 수반하다 effort 노력 compassion 연민, 동정심 habit 습관 offer 제공하다 occasional 때때로의 volunteer 자원 봉사하다 cause 이유 sacrifice 희생 bone 뼈 charity 자선 means 수단, 방법 harmony 조화

2 다음 글의 제목으로 가장 적절한 것은?

If you want to protect yourself from colds and flu, regular exercise may be the great immunity-booster. Moderate aerobic exercise can more than halve your risk for respiratory infections and other common winter diseases. But when you feel sick, the story changes. "Exercise is great for prevention, but it can be very bad for therapy," says David Nieman, the director of the Human Performance Lab. Research shows that moderate exercise has no effect on the duration or seriousness of the common cold. If you have the flu or other forms of fever-causing infections, exercise can slow recovery and, therefore, is a bad idea. Your immune system is working overtime to fight off the infection, and exercise, a form of physical stress, makes that task harder.

*respiratory: 호흡기의

words 125

① Signs You're Exercising Too Much
② Exercising When Sick: A Good Move?
③ Power Foods That Increase Your Immunity
④ Why You Should Start Working Out Now
⑤ Cold Symptoms: Sore Throat, Cough, and More

문제 해결 전략

글의 앞부분에 규칙적이고 적당한 운동이 면역력을 기르는 데 좋다는 내용을 언급한 후, 역접의 접속사 `1` 이하에 필자가 말하고자 하는 반전되는 내용이 이어진다. "Exercise is great for prevention, but it can be very bad for therapy,"라는 인용과 연구 결과를 언급하며 아플 때의 운동은 `2` 을 방해할 수 있다는 주제를 뒷받침하고 있으므로 이를 함축적으로 표현한 제목을 고른다.

目 1 But 2 회복

© Krakenimages.com / shutterstock

[3-4] 다음을 읽고, 질문에 답하시오.

When we read a number, we are more influenced by the leftmost digit than by the rightmost, since that is the order in which we read, and process, them. The number 799 feels remarkably less than 800 because we see 799 as 7 — something and 800 as 8 — something, whereas 798 feels pretty much like 799. Since the nineteenth century, shopkeepers have taken advantage of this trick. They have chosen prices ending in a 9, to give the impression that a product is cheaper than it is. Surveys show that around a third to two-thirds of all retail prices now end in a 9. Though we are all experienced shoppers, we are still fooled. In 2008, researchers at the University of Southern Brittany monitored a local pizza restaurant that was serving five types of pizza at €8.00 each. When one of the pizzas was reduced in price to €7.99, its share of sales rose from a third of the total to a half.

`words 163`

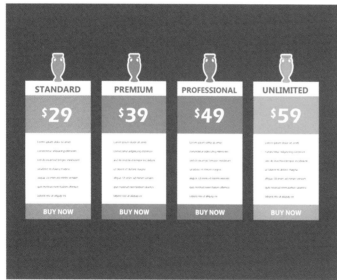

© VectorWeb / shutterstock

VOCA influence 영향을 주다 leftmost 맨 왼쪽의 digit 숫자 rightmost 맨 오른쪽의 process 처리하다 remarkably 현저하게 whereas ～임에 반하여 century 세기 take advantage of ～을 이용하다 trick 속임수, 착각 impression 인상 survey (설문) 조사 retail 소매의 fool 속이다 monitor 추적 관찰하다 local 현지의 reduce 줄이다 total 총액, 총계

3 윗글의 주제로 가장 적절한 것은?

① pricing strategy using the way people read numbers

② consumption patterns showing local economic trends

③ adding numbers to strengthen the credibility of sellers

④ relationship between market sizes and product prices

⑤ sales tricks to fool customers by changing store environments

문제 해결 전략

글의 앞부분에 중심 소재인 ⌐1⌐를 읽을 때 가장 오른쪽 숫자보다 가장 왼쪽 숫자에 영향을 받는 경향'을 언급하였고 그에 대한 예시가 이어지며 숫자에 대한 착각을 이용해 판매자들이 ⌐2⌐을 책정해 왔다는 주제로 글을 전개하고 있음을 파악하고 이에 관한 선택지를 고른다.

🖹 1수 2가격

4 윗글의 내용과 일치하도록 빈칸 (A), (B)에 들어갈 말로 가장 적절한 것은?

> If the price of a product ＿＿(A)＿＿ in the number 9, customers probably feel that the product is ＿＿(B)＿＿ than it is.

　　(A)　　　　　(B)

① begins … cheaper

② begins … more expensive

③ ends　　 … larger

④ ends　　 … cheaper

⑤ ends　　 … more expensive

문제 해결 전략

글의 중반부에 나오는 소매상인들이 ⌐1⌐들에게 '어떤' 인상을 주기 위해 '어떤' 가격을 선택해 왔는지와 후반부의 예시에서 8.00유로와 ⌐2⌐유로의 피자 가격과 판매 점유율의 관계를 잘 파악하여 빈칸에 들어갈 말을 찾는다.

🖹 1소비자 27.99

1 다음 글의 주제로 가장 적절한 것은?

Human beings are driven by a natural desire to form and maintain interpersonal relationships. From this viewpoint, people seek relationships with others to fill a basic need and this need becomes the basis of many emotions, actions, and decisions throughout life. Probably, the need to belong is a product of human beings' evolutionary history as a social species. Human beings have long depended on the cooperation of others for the supply of food, protection from predators, and the gaining of essential knowledge. Without the formation and maintenance of social bonds, early human beings probably would not have been able to deal with or adapt to their physical environments. Thus, seeking closeness and meaningful relationships has long been vital for human survival.

words 121

① difficulties in working with other people

② emotion as an essential factor in evolution

③ ways to keep close relationships with others

④ need to build social bonds for human survival

⑤ impact of human evolution on the environment

문제 해결 전략

글의 앞부분에 중심 소재인 '인간의 대인 관계에 대한 욕구'를 제시하였고 relationships with others ~ a basic need, the need to belong, the cooperation of others, social bonds 등의 표현을 통해 타인과의 〔1〕, 소속감, 협동, 유대감 등을 강조하며 마지막 문장에서 그러한 관계 추구가 인간의 〔2〕에 필수적이었다는 결론으로 마무리하고 있다.

目 1 관계 2 생존

© Getty Images Bank

2 다음 글의 제목으로 가장 적절한 것은?

© Oksana Mizina / shutterstock

문제 해결 전략

글의 앞부분에 '스트레스 상황에서 미소를 짓는 것의 필요성'이 중심 소재로 제시되었고 미소가 뇌에서 안정시키고 기분 좋게 만드는 [1] 을 생성함으로써 스트레스를 줄이는 데 도움이 된다고 부연 설명하고 있다. 따라서 억지 [2] 와 스트레스 완화에 대해 함축적으로 표현한 제목을 고른다.

📖 1 화학 물질 2 미소

Every event that causes you to smile makes you feel happy and produces feel-good chemicals in your brain. Try to force yourself to smile even when you are stressed or feel unhappy. The facial muscular pattern produced by the smile is linked to all the "happy networks" in your brain. So it will in turn naturally calm you down and change your brain chemistry by releasing the same feel-good chemicals. Researchers studied the effects of a genuine and forced smile on individuals during a stressful event. The researchers had participants perform stressful tasks while they were not smiling, smiling, or holding chopsticks crossways in their mouths (in order to force the face to form a smile). The results of the study showed that smiling during stressful events, whether it was forced or genuine, reduced the intensity of the stress response in the body and lowered heart rate levels after recovering from the stress. `words 153`

① Causes and Effects of Stressful Events
② Personal Signs and Patterns of Stress
③ How Body and Brain React to Stress
④ Stress: Necessary Evil for Happiness
⑤ Do Faked Smiles Also Help Reduce Stress?

VOCA chemical 화학 물질 brain 뇌 force 억지로 하다 facial 얼굴의 muscular 근육의 link 연결하다 in turn 결국, 결과적으로
chemistry 화학 작용 release 배출하다 genuine 참된, 진정한 individual 개인 participant 참가자 chopstick 젓가락
crossways 옆으로 intensity 강도 heart rate 심장 박동 수 evil 악(惡) fake 가장하다

1 다음 글에서 필자가 주장하는 바로 가장 적절한 것은?

Something comes over most people when they start writing. They write in a language different from the one they would use if they were talking to a friend. If, however, you want people to read and understand what you write, write it in spoken language. Written language is more complex and it takes more work to read. It is also more formal and distant, which makes the readers lose attention. You don't need to use complex sentences to express ideas. Even specialists in some complicated field express their ideas simply. They don't use sentences any more complex than they do when talking about what to have for lunch. If you simply manage to write in spoken language, you have a good start as a writer. **words 125**

① 구어체로 간결하게 글을 쓰라.
② 자신의 생각을 명확하게 표현하라.
③ 상대방의 입장을 고려하여 말하라.
④ 글을 쓸 때 진부한 표현을 자제하라.
⑤ 친근한 소재를 사용하여 대화를 시작하라.

문제 해결 전략

글의 앞부분에 '글을 쓸 때 사용하는 언어'가 글의 중심 소재로 제시되어 있고, You don't need to use complex sentences, They don't use sentences any more complex 등의 표현을 통해 ⌐1⌐ 문장을 사용할 필요가 없다는 글쓴이의 관점이 강조되고 있다. 또한 write it in spoken language라는 ⌐2⌐ 형식으로 글쓴이의 주장을 강하게 드러내고 있다.

🔑 1복잡한 2명령문

VOCA come over (격한 감정 등이) ~에게 밀려오다 complex 복잡한 formal 형식적인 distant 먼 attention 주의, 집중 sentence 문장 express 표현하다 specialist 전문가 complicated 복잡한 field 분야 manage 해내다

2 다음 글의 목적으로 가장 적절한 것은?

To whom it may concern:

I was born and raised in the city of Boulder and have enjoyed our beautiful natural spaces for my whole life. By the way, I'm worried about the proposed Pine Hill walking trail because it would cut through the land which is home to a variety of species. Wildlife faces pressure from development, and these animals need space where they can hide from human activity. Although trails may serve as a wonderful source for us to access the natural world and appreciate the wildlife within it, if we continue to destroy natural environments with excess trails, the wildlife will stop using these areas. Please reconsider whether the proposed walking trail is absolutely necessary.

Sincerely,

Tyler Stuart

words 121

① 환경 보호 캠페인 참여를 부탁하려고
② 지역 관광 프로그램에 대해 문의하려고
③ 산책로 조성 계획의 재고를 요청하려고
④ 보행자 안전을 위해 인도 설치를 건의하려고
⑤ 야생 동물 보호구역 관리의 문제점을 지적하려고

문제 해결 전략

글의 형식은 편지글이고 지역 ⃞1 개발 계획이 중심 소재이다. 편지를 쓴 사람은 지역 주민이고 받는 사람은 관계자이며, 계획된 산책로 개발이 자연 환경을 파괴하고 ⃞2 의 접근을 막을 것이라는 자신의 의견을 밝히고 있다. 마지막 문장 Please reconsider ~에 편지를 쓴 목적을 잘 드러나 있다.

📖 1산책로 2야생 동물

ⓒ Shaun Whitmore / shutterstock

[3-4] 다음을 읽고, 질문에 답하시오.

How do you encourage other people when they are changing their behavior? Suppose you see a friend (A) who / whom is on a diet and has been losing a lot of weight. Maybe you want to tell her that she looks great and she must feel wonderful. (B) It / That feels good for someone to hear positive comments, and this feedback will often be encouraging. However, if you end the discussion there, then the only feedback your friend is getting is about her progress toward an outcome. Instead, continue the discussion focusing on the process of the change. Ask about what she is doing that has allowed her (C) being / to be successful. What is she eating? Where is she working out? How often does she work out? What are the lifestyle changes that she has made? When the conversation focuses on the process of change rather than the outcome, it reinforces the value of creating a sustainable process.

words 153

© Jacek Chabraszewski / shutterstcok

VOCA encourage 격려하다, 고무하다 suppose 가정하다 be on a diet 다이어트 중이다 positive 긍정적인 comment 논평, 의견 progress 진전, 진보 toward ~을 향한 outcome 결과, 성과 instead 대신에 discussion 논의 work out 운동하다 conversation 대화 rather than ~보다는 reinforce 강화하다 sustainable 지속 가능한

3 **윗글에서 필자가 주장하는 바로 가장 적절한 것은?**

① 상대방의 감정을 고려하여 조언해야 한다.

② 토론 중에는 지나치게 공격적인 질문을 삼가야 한다.

③ 효과적인 다이어트를 위해 구체적인 계획을 세워야 한다.

④ 지속적인 성장을 위해서는 단점보다 장점에 집중해야 한다.

⑤ 행동을 바꾸려는 사람과는 과정에 초점을 두어 대화해야 한다.

문제 해결 전략

글의 앞부분에 '다른 사람이 ⬜1 을 바꾸려고 할 때 격려하는 법'을 중심 소재로 제시하고, 다이어트 중인 친구를 효과적으로 격려하는 대화법을 예로 들고 있다. continue the discussion ~ the change, Ask about ~의 명령문을 통해 필자의 관점을 강조하였고 마지막 문장에서 변화의 ⬜2 에 초점을 둔 대화를 재강조하며 결론을 내리고 있다.

🔑 1행동 2과정

4 **윗글의 (A), (B), (C)의 각 네모 안에서 어법상 알맞은 말로 가장 적절한 것은?**

(A)	(B)	(C)
① who	⋯ It	⋯ being
② who	⋯ It	⋯ to be
③ who	⋯ That	⋯ to be
④ whom	⋯ It	⋯ being
⑤ whom	⋯ That	⋯ to be

문제 해결 전략

(A) 주격 관계대명사 뒤에는 ⬜1 가 오고 목적격 관계대명사 뒤에는 「주어+동사」가 온다. (B) 진주어인 to부정사구를 대신하는 가주어가 문장 앞에 와야 한다. (C) allow의 목적격 보어로 ⬜2 가 온다.

🔑 1동사 2to부정사

1 다음 글의 요지로 가장 적절한 것은?

FOBO, or Fear of a Better Option, is the anxiety that something better will come along, which makes it undesirable to focus on existing choices when making a decision. It's a pain of abundance that drives you to keep all of your options open and to avoid risks. Rather than assessing your options, choosing one, and moving on with your day, you delay the inevitable. It's like hitting the snooze button on your alarm clock only to pull the covers over your head and fall back asleep. If you hit snooze enough times, you'll end up being late and racing for the office, your day and mood ruined. While pressing snooze feels so good at the moment, it eventually demands a price. **words 122**

① 적당한 수준의 불안감은 업무 수행에 도움이 된다.
② 성급한 의사 결정은 의도하지 않은 결과를 초래한다.
③ 반복되는 실수를 줄이기 위해서는 신중함이 요구된다.
④ 더 나은 선택을 위해 결정을 미루는 것은 결국 해가 된다.
⑤ 규칙적인 생활 습관은 직장에서의 성공 가능성을 높인다.

문제 해결 전략

글의 앞부분에 '더 나은 [1]에 대한 두려움'을 중심 소재로 제시하고 이러한 두려움으로 인해 선택지를 열어두고 위험을 피하며 해야 할 결정을 [2] 것에 대한 부정적인 결과를 비유적으로 설명하고 있음을 파악한다.

🖪 1 선택 2 미루는

ⓒ iQoncept / shutterstock

VOCA option 선택 anxiety 걱정, 불안 undesirable 바람직하지 않은 existing 현존하는 choice 선택 make a decision 결정하다 pain 고통 abundance 풍부, 많음 avoid 피하다 assess 평가하다 delay 미루다, 연기하다 inevitable 피할 수 없는 end up -ing 결국 ~하게 되다 mood 기분 ruin 망치다 press 누르다 eventually 결국 demand 요구하다

2 다음 글의 목적으로 가장 적절한 것은?

Dear Mr. John Smith,

I am a staff member at the Eastville Library, and I work weekday afternoons. Each day, as school closes, dozens of students come to the library to do homework or borrow books. The students spend their time using the library's computers, reading books, or socializing in a safe place. If there were no libraries, many of these children would go home to empty houses. Thus, the library is the only place that provides a secure, supervised alternative to being home alone. Your proposed policy of closing libraries on Mondays as a cost cutting measure could be harmful to these children, and I am certain that there are other ways to save money. I don't want these children to lose the place to go on Monday afternoons. So I urge you and other city council members to cancel the plan and to keep libraries open!

Sincerely,

Kyle Tucker

words 151

① 도서관 컴퓨터 추가 구입을 건의하려고
② 도서관 신설을 위한 예산 확보를 부탁하려고
③ 도서관 직원의 근무 환경 개선을 제안하려고
④ 도서관 정기 휴관 정책의 취소를 요청하려고
⑤ 도서관 안전 점검 일정에 대해 문의하려고

문제 해결 전략

글의 형식은 편지글이고 '도서관 정기 1 ⬚ 정책'이 중심 소재이다. 편지를 쓴 사람은 도서관 직원이고 받는 사람은 시 의회 의원이며 제안된 정책으로 인해 아이들이 처하게 될 문제점을 언급하며 마지막에 I 2 ⬚ you ~를 통해서 편지를 쓴 목적을 잘 드러내고 있다.

탑 1휴관 2urge

VOCA weekday 평일의   dozens of 수십의   socialize 교제하다   empty 빈   provide 제공하다   secure 안전한   supervise 관리(감독)하다   alternative 대안   policy 정책   cost 비용   measure 수단, 조치   harmful 해로운   urge 촉구하다   council 의회   cancel 취소하다

1 다음 글의 주제로 가장 적절한 것은?

Fast fashion refers to trendy clothes designed, created, and sold to consumers as quickly as possible at extremely low prices. Fast fashion items may not cost you much at the cash register, but they come with a serious price: tens of millions of people in developing countries, some just children, work long hours in dangerous conditions, in the kinds of factories often labeled sweatshops. Most garment workers are paid barely enough to survive. Fast fashion is also bad for the environment. Garments are made using toxic chemicals and then transported around the globe. It makes the fashion industry the world's second-largest polluter, after the oil industry. And millions of tons of clothing are thrown away and pile up in landfills each year.

* sweatshop: 노동착취공장

words 122

① problems behind the fast fashion industry
② positive impacts of fast fashion on lifestyle
③ reasons why the fashion industry is growing
④ the need for improving working environment
⑤ serious air pollution in developing countries

© Sorbis / shutterstock

VOCA refer to 지칭하다   trendy 최신 유행의   extremely 극도로, 극히   cash register 계산대   serious 심각한   tens of millions of 수천만의   factory 공장   label (라벨을 붙여서) 분류하다, ~라고 부르다   garment 의복, 의류   barely 간신히, 가까스로   toxic 유독성의   transport 수송하다   globe 지구, 세계   industry 산업   polluter 오염원   pile up 쌓이다   landfill 쓰레기 매립지

2 다음 글의 목적으로 가장 적절한 것은?

Dear Wildwood residents,

Wildwood Academy is a local school that seeks to help children with disabilities and learning challenges. We currently have more than 200 students enrolled. This year we're planning to add a music class in the hope that each of our students will have the opportunity to develop their musical abilities. To get the class started, we need more instruments than we have now. We are asking you to look around your house and donate any instruments that you may no longer use. Each one donated will be given to a student in need. If you want to donate any instruments, you just have to call us. We will be happy to drop by and pick up them.

Sincerely,

Karen Hansen, Principal

words 124

① 고장 난 악기의 수리를 의뢰하려고
② 학부모 공개 수업 참석을 권장하려고
③ 음악 수업을 위한 악기 기부를 요청하려고
④ 추가로 개설된 음악 수업 신청을 독려하려고
⑤ 지역 주민을 위한 자선 음악 행사를 홍보하려고

© Elena Schweitzer / shutterstock

VOCA resident 거주자, 주민 seek 추구하다 disability 장애 currently 현재 enroll 등록하다, 입학시키다 instrument 악기 donate 기부하다 drop by 들르다 principal 교장

3 다음 글의 제목으로 가장 적절한 것은?

Mammals tend to be less colorful than other animal groups, but zebras are strikingly dressed in black-and-white. Have you ever wondered why zebras wear these striped coats? What purpose do such high contrast patterns serve? The colors' roles aren't always obvious. The question of what zebras can gain from having stripes has puzzled many scientists for more than a century. To try to solve the mystery, wildlife biologist Tim Caro spent more than a decade studying zebras in Tanzania. He ruled out theory after theory — stripes don't keep the zebras cool, stripes don't confuse predators — before finding an answer. In 2013, he set up fly traps which were covered in zebra skin. And, for comparison, he set up other fly traps which were covered in antelope skin. He found that flies seemed to avoid landing on the stripes. After more research, he concluded that stripes can actually save zebras from disease-carrying insects.

* antelope: 영양(羚羊)

words 152

① What Animals Are Predators of Zebras?
② Which Mammal Has the Most Colorful Skin?
③ Zebras' Stripes: Nature's Defense Against Flies
④ Patterns: Not for Hiding, But for Showing Off
⑤ Each Zebra Is Born with its Own Unique Strips

VOCA mammal 포유류 strikingly 두드러지게, 눈에 띄게 striped 줄무늬가 있는 contrast 대조, 대비 role 역할 obvious 명백한 puzzle 당황하게 하다 century 세기, 100년 biologist 생물학자 decade 10년 rule out 배제하다 theory 이론 confuse 혼란시키다 trap 덫 skin 피부, 가죽 comparison 비교 conclude 결론을 내리다 insect 곤충, 벌레 defense 방어, 수비

4 다음 글에서 필자가 주장하는 바로 가장 적절한 것은?

When I was in high school, we had students who could study in the coffee shop and not get distracted by the noise or everything that was happening around them. We also had students who could not study even in the library if it was not super quiet. The latter students could not concentrate because even in the library, it was impossible to get the type of complete silence which they sought. These students were victims of distractions who found it very difficult to study anywhere except in their private bedrooms. In today's world, however, it is impossible to run away from distractions. Distractions are everywhere, but if you want to achieve your goals, you must learn how to deal with distractions. You cannot get rid of distractions around you, but you can learn to live with them in a way that ensures they do not limit you.

© Jacob Lund / shutterstcok

words 148

① 자신에게 적합한 학습 방법을 찾아야 한다.
② 집중을 방해하는 요인에 대처할 줄 알아야 한다.
③ 학습 공간과 휴식 공간을 명확하게 분리해야 한다.
④ 집중력 향상을 위해 정돈된 학습 환경을 유지해야 한다.
⑤ 공공장소에서 타인에게 피해를 주는 행동을 삼가야 한다.

 VOCA distract 산만하게 하다 noise 소음 latter 후자의 concentrate 집중하다 complete 완전한 silence 침묵, 고요 victim 희생자 except ~을 제외하고 private 사적인, 개인 소유의 goal 목표 get rid of ~을 제거하다 ensure 반드시 ~이게 하다, 보장하다 limit 제한하다

[1-2] 다음을 읽고, 질문에 답하시오.

Experts advise people to "take the stairs instead of the elevator" or "walk or bike to work." These are good ways to keep in shape in your daily life. Climbing stairs is a good workout, and people who walk or ride a bicycle for transportation most often meet their needs for physical activity.

Many people, however, face barriers in their environment that prevent such choices. Few people would choose to walk or bike on roadways that lack safe sidewalks or marked bicycle lanes. The roadways where vehicles speed by or the air is polluted may also discourage people to walk or ride a bike. Few people would choose to walk up stairs in inconvenient and unsafe stairwells in modern buildings.

In contrast, people living in neighborhoods with safe biking and walking lanes, public parks, and freely available exercise facilities use them often. That is to say, their surroundings encourage physical activity. words 151

© Guzel Ayupova / shutterstock

VOCA expert 전문가 keep in shape 건강을 유지하다 transportation 교통, 운송 physical 신체의 barrier 장벽, 장애물 prevent 막다, 방해하다 roadway 도로, 차도 lack 부족하다 sidewalk 보도, 인도 lane 차선 vehicle 탈것 pollute 오염시키다 discourage 막다, 좌절시키다 inconvenient 불편한 in contrast 그에 반해서, 대조적으로 neighborhood 이웃, 인근 available 이용 가능한 facility 시설 that is to say 즉, 다시 말해서 surroundings (주위) 환경

1 Write T if the statement is true and F if it is false.

(1) _____ To keep in shape, using the elevator is better than taking the stairs.

(2) _____ Few people would choose to bike on roadways with marked bicycle lanes.

(3) _____ Public parks in neighborhoods help people do more physical activity.

진술 내용을 정확하게 해석하고 본문의 해당 문장을 대조해야 해.

2 Fill the blanks and complete the summary.

Physical Activity in Your Daily Life	Environment That Prevents Physical Activity	Environment That Encourages Physical Activity
• Climbing stairs • (1) _____ or riding a bicycle for transportation.	• Roadways that lack safe sidewalks or marked (2) _____ • Roadways where vehicles speed by or the air is polluted • Inconvenient and unsafe stairwells in modern buildings	• Safe biking and walking lanes • Public parks • Freely available (3) _____

↓

Conclusion

The availability of physical activity in your daily life is affected by your (4) _____.

[3-4] 다음을 읽고, 질문에 답하시오.

Chewing leads to smaller particles of food for swallowing, and more exposed surface area for digestive enzymes to act on. In other words, it means the extraction of more fuel and raw materials from a mouthful of food.

The ability to chew is especially important for mammals because they heat their bodies from within, which takes fuel. Chewing gives mammals the energy which is needed to be active not only during the day but also the cool night, and to live in colder climates or places with changing temperatures. It enables them to sustain higher levels of activity and travel speeds to cover larger distances, avoid predators, capture prey, and make and care for their young.

Mammals are able to live in a wide variety of habitats, from Arctic tundra to Antarctic pack ice, deep open waters to high-altitude mountaintops, and rainforests to deserts, in no small measure because of their teeth.

* enzyme: 효소

words 152

ⓒ Nikolay.Lugovoy / shutterstock

VOCA chew 씹다　lead to ~으로 이어지다　particle 작은 조각　swallow 삼키다　exposed 노출된　surface 표면　digestive 소화의　in other words 다시 말해서　extraction 추출　fuel 연료　mammal 포유류　climate 기후　temperature 기온, 체온　enable 할 수 있게 하다　sustain 유지하다　capture 붙잡다, 포획하다　prey 먹이　a variety of 다양한　habitat 서식지　Arctic 북극의　Antarctic 남극의　high-altitude 고도가 높은　rainforest (열대) 우림　desert 사막　in no small measure 어느 정도는, 적잖이

3 Match each paragraph with an appropriate title.

(1) Paragraph 1 •   • a. What Allows Mammals to Live in Various Regions

(2) Paragraph 2 •   • b. Chewing: Helpful to the Digestive Process

(3) Paragraph 3 •   • c. Importance of Chewing for Mammals

4 Fill in the blanks and complete the summary.

> 각 항목의 제목을 보고 본문에서 해당 내용을 찾아 요약문을 완성해.

씹기의 효용

• 음식이 작아진다. → (1) _____ 쉬워짐
• 소화 효소가 작용할 노출된 면적이 커진다. → 소화가 쉬워짐
  → 한입의 음식으로부터 더 많은 연료와 원료를 추출함

▼

포유류에게 씹는 능력이 중요한 이유와 결과

• 포유류가 체내에서 몸을 (2) _____ 하기 위해 연료가 필요함
• 씹기는 더 추운 시간 또는 더 추운 기후나 기온이 변하는 장소에서 포유류가 활동하는 데 필요한 (3) _____ 를 줌
  → 포유류가 더 높은 수준의 활동과 이동 속도를 유지할 수 있게 함
  → 북극 툰드라에서 남극의 유빙, 심해부터 고도가 높은 산꼭대기, (4) _____ 부터 사막까지 다양한 서식지에 살게 됨

2^주 세부 정보를 찾아라

내용 일치 여부, 안내문 또는 도표에 대한 내용 파악, 적절한 어휘의 사용 여부를 묻는 문제는 글의 한 문장 한 문장을 꼼꼼히 해석하고 선택지와 대조하여 정확한 세부 내용을 파악하는 것이 중요합니다.

내용 일치

안내문 이해하기

도표 파악하기

어휘

개념 ① 내용 일치

주로 특정 인물에 대한 글을 읽고 세부 정보가 선택지의 내용과 일치하는지 파악하는 유형이다.

❶ 선택지를 먼저 읽고 글의 내용을 대략 유추해 본다.

❷ 선택지의 내용을 지문에서 찾아 대조해 보고 [1   ] 여부를 판단한다.

❸ 선택지를 고를 때 일반적 상식에 의존하여 [2   ] 하지 말고 글의 세부 내용에 집중하도록 유의한다.

답 1일치 2추측

지문으로 연습하기

Sigrid Undset에 관한 다음 글의 내용과 일치하지 않는 것은?

© Prachaya Roekdeethaweesab / shutterstock

Sigrid Undset was born in Denmark in 1882. She was the eldest of three daughters. She moved to Norway at the age of two. Her early life was strongly influenced by her father's historical knowledge. When she was sixteen, she got a job at an engineering company to support her family. She read a lot and acquired a good knowledge of Nordic as well as foreign literature, English in particular. She wrote thirty six books and received the Nobel Prize for Literature in 1928. One of her novels has been translated into more than eighty languages. She escaped Norway during the German occupation, but she returned after the end of World War Ⅱ.

* Nordic: 북유럽 사람(의)

words 113

① 세 자매 중 첫째 딸로 태어났다.

② 어린 시절의 삶은 아버지의 역사적 지식에 큰 영향을 받았다.

③ 16세에 가족을 부양하기 위해 취업하였다.

④ 1928년에 노벨 문학상을 수상하였다.

⑤ 독일 점령 기간 중 노르웨이를 탈출한 후, 다시 돌아오지 않았다.

☑ 전략 CHECK

❶ Sigrid Undset의 가족 관계, 경력, 독일 점령 기간의 상황 등에 관한 내용임을 예측할 수 있다.

❷❸ 선택지의 정보가 담긴 문장을 찾아 일치하는지 아닌지를 확인한다.

① She was the eldest of three daughters.

② Her early life was ～ historical knowledge.

③ When she was sixteen, ～ to support her family.

④ She wrote ～ the Nobel Prize for Literature in 1928.

⑤ She escaped Norway ～ returned after the end of World War Ⅱ.

VOCA historical 역사적인 engineering 기술 company 회사 support 부양하다 acquire 습득하다 literature 문학 in particular 특히
novel 소설 translate 번역하다 escape 벗어나다, 탈출하다 occupation 점령, 점유

개념 ② 안내문 이해하기

주로 광고문, 공고 등 안내문의 세부 정보가 선택지와 일치하는지 파악하는 유형이다.

❶ 안내문의 `1` 을 읽고 무엇에 대한 안내문인지 확인한다.

❷ 선택지의 내용을 지문에서 찾아 대조해 보고 일치 여부를 판단한다. 이때 대부분 지문에 나오는 순서대로 `2` 가 제시되므로 차례대로 확인한다.

❸ 답을 고를 때 가격, 날짜, 요일, 숫자 등의 세부 정보를 꼼꼼하게 확인한다.

📋 1 제목 2 선택지

지문으로 연습하기

Science Selfie Competition에 관한 다음 안내문의 내용과 일치하지 <u>않는</u> 것은?

Science Selfie Competition

Do you want to get a chance to win science goodies? Just submit a selfie of yourself enjoying science outside of school!

Deadline: Friday, March 20, 2020, 6 p.m.

Details: • Your selfie should include a visit to any science museum or a science activity at home.

• Be as creative as you like, and write one short sentence about the selfie.

• Only one entry per person!

• Email your selfie with your name and class to mclara@oldfold.edu.

Winners will be announced on March 27, 2020. Please visit www.oldfold.edu to learn more about the competition. words 100

---

① 학교 밖에서 과학을 즐기는 셀카 사진을 출품해야 한다.

② 셀카 사진에 관한 하나의 짧은 문장을 써야 한다.

③ 1인당 사진 여러 장을 출품할 수 있다.

④ 셀카 사진을 이름 및 소속 학급과 함께 이메일로 보내야 한다.

⑤ 수상자는 2020년 3월 27일에 발표될 것이다.

☑ **전략 CHECK**

❶ Science Selfie Competition에서 과학 셀카 사진 대회에 관한 안내문임을 파악한다.

❷❸ 선택지의 정보가 담긴 문장을 찾아 일치하는지 아닌지를 확인한다.

① Your selfie should include ～ a science activity at home.

② write one short sentence about the selfie

③ Only one entry per person!

④ Email your selfie with your name and class ～.

⑤ Winners will be announced on March 27, 2020.

VOCA competition (경연) 대회 goody 매력적인(갖고 싶은) 것 submit 제출하다 deadline 기한, 마감 시간 detail 세부 사항 include 포함하다
creativity 창의력 entry 출품(작) per ～당, ～마다 announce 발표하다

개념 ❸ 도표 파악하기

여러 유형의 도표나 표가 나타내는 세부 정보가 선택지와 일치하는지 파악하는 유형이다.

❶ 도표의 제목을 읽고 무엇에 대한 도표인지 확인한다.

❷ 도표의 ⌷1⌷과 세로축에 표시된 비교 항목과 수치가 무엇을 나타내는지 확인한다.

❸ 선택지의 내용을 도표에서 찾아 대조해 보고 일치 여부를 판단한다. 이때 비교 표현, 비율, 증가나 ⌷2⌷ 등을 나타내는 표현에 유의한다.

TIP 비교, 비율, 증감 표현

more than (~보다 많은) less than (~보다 적은) the same as (~와 같은) the highest (가장 높은) the lowest (가장 낮은) twice (두 배) ~ times (~ 배) half (절반) one third(fourth ...) (3(4 ...)분의 1) increase (증가하다) decrease (감소하다)

📋 1 가로축 2 감소

지문으로 연습하기

다음 도표의 내용과 일치하지 <u>않는</u> 것은?

2016 Summer Olympic Games Medal Count

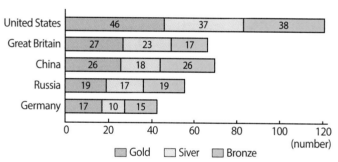

The above graph shows the number of medals that the top 5 countries won during the 2016 Summer Olympic Games, based on the medal count of the International Olympic Committee (IOC). ① Of the 5 countries, the United States won the most medals in total, about 120. ② As for gold medals, Great Britain won more than China did. ③ China, Russia, and Germany won fewer than 20 silver medals each. ④ The number of bronze medals won by the United States was less than twice the number of bronze medals won by Germany. ⑤ Each of the top 5 countries won more than 40 medals in total.

（words 109）

✅ 전략 CHECK

❶ 2016 Summer Olympic Games Medal Count에서 '2016년 하계 올림픽 메달 집계'에 관한 도표임을 파악한다.

❷ 도표의 가로축은 메달 수, 세로축은 국가명, 막대 문양은 금, 은, 동메달을 나타낸다.

❸ 각 문장의 비교 표현에 주의하여 그래프의 수치와 대조하고 일치하지 않는 것을 고른다.
　① the most medals (가장 많은 메달)
　② more than (~보다 많은)
　③ fewer than (~보다 적은)
　④ less than twice (두 배보다 적은)
　⑤ more than 40 medals (40개를 넘는 메달)

VOCA count 집계 above 위의 international 국제적인 committee 위원회 in total 모두 합해서 as for ~에 관해 말하면

개념 ④ 어휘

글의 전체적인 논리에 맞게 문장에서 적절한 어휘가 쓰였는지 파악하는 유형이다. 밑줄 친 어휘의 쓰임이 적절하지 않은 것을 고르거나 네모 안에서 적절한 어휘를 선택하는 문제로 출제된다.

❶ 글의 중심 소재와 전체적인 기조를 파악한다.

❷ 밑줄이나 네모 안의 어휘가 포함된 문장을 정확히 해석하고 밑줄 유형은 앞뒤 문맥의 흐름상 [1____] 것, 네모 유형은 문맥상 자연스러운 것을 고른다.

❸ 정답 부분에 반의어를 배치하는 경우가 많으므로 평소에 어휘의 [2____]를 함께 외워두도록 한다.

🔑 1 어색한 2 반의어

지문으로 연습하기

다음 글의 밑줄 친 부분 중, 문맥상 낱말의 쓰임이 적절하지 <u>않은</u> 것은?

We often ignore small changes because they don't seem to ① <u>matter</u> very much in the moment. If you save a little money now, you're still not a millionaire. If you study Spanish for an hour tonight, you still haven't learned the language. We make a few changes, but the results never seem to come ② <u>quickly</u> and we return to our previous routines. The slow pace of change also makes it ③ <u>easy</u> to break a bad habit. If you eat an unhealthy meal today, the scale doesn't move much. A single decision is easy to ignore. But when we ④ <u>repeat</u> small errors by following poor decisions, our small choices add up to bad results. Many missteps eventually lead to a ⑤ <u>problem</u>.

words 120

☑ 전략 CHECK

❶ 작은 변화는 무시하기 쉽다는 첫 문장의 내용과 잘못된 작은 선택이 쌓여서 문제가 된다는 마지막 문장 등을 통해 작은 변화를 무시하지 말아야 한다는 주제를 파악한다.

❷❸ 〈작은 변화가 크게 ① '중요하지' 않은 것 같아서 이를 흔히 무시한다. → 변화의 결과가 ② '빨리' 오지 않는 것 같아서 이전으로 돌아간다. → 변화의 속도가 느린 것이 나쁜 습관을 버리기 ③ '쉽게' 만든다. → 하나의 결정은 무시하기 쉽지만 그러한 실수를 ④ '반복하는' 것은 결국 ⑤ '문제'로 이어진다.〉는 흐름에서 어색한 것을 찾는다.

VOCA ignore 무시하다 matter 중요하다 in the moment 당장은 millionaire 백만장자 previous 이전의, 앞의 routine 일상, 판에 박힌 일 pace 속도 unhealthy 몸에 좋지 않은 scale 저울 눈금 error 실수 add up to 결국 ~되다 misstep 실수 eventually 결국

1 Greenville Community Cleanup Day에 관한 다음 안내문의 내용과 일치하지 <u>않는</u> 것은?

Greenville Community Cleanup Day

The 6th annual Greenville Community Cleanup Day is just around the corner! It's a good opportunity to show your community that you care.

- **When**: Saturday, October 17, 2020
- **Where**: North Strand Recreation Center
  - Participants will be transported by bus to clean up litter.
- **Who**: • Any residents who want to join the clean up
  - Children under the age of 10 must be accompanied by an adult.
- **Cleanup Schedule**: • 9:00 a.m.: Registration
  - 9:30 a.m. − 11:30 a.m.: Cleanup at various locations

✓ Safety vests and gloves will be provided.

✓ Don't forget to wear closed-toe shoes.

✓ All participants will get a free T-shirt and snack.

If you want to sign up for the event, email your name and phone number to info@gvcommunity.org. words 122

---

① 매년 열리는 청소 행사이다.
② 참가자들은 청소를 하기 위해 버스를 타고 이동할 것이다.
③ 10세 미만의 어린이는 성인과 동행해야 한다.
④ 참가자들은 안전 조끼와 장갑을 가져와야 한다.
⑤ 참가자들은 티셔츠와 간식을 무료로 받을 것이다.

전략 적용하기

안내문 이해하기

❶ Greenville Community Cleanup Day에서 '지역 사회 [1   ] 행사'에 관한 안내문임을 파악한다.

❷❸ [2   ]의 정보가 담긴 문장을 찾아 일치하는지 아닌지를 확인한다.
 ① The 6th annual Greenville ~ corner!
 ② Participants will be transported ~ litter.
 ③ Children under the age of 10 ~ adult.
 ④ Safety vests and gloves will be provided.
 ⑤ All participants will get ~ snack.

답 1 청소 2 선택지

© ESB Professional / shutterstcok

---

2 다음 표의 내용과 일치하지 <u>않는</u> 것은?

Age Children Quit Regularly Playing a Sport

Sport	Average Age of Last Regular Participation	Average Length in Years of Participation
Soccer	9.1	3.0
Ice Hockey	10.9	3.1
Tennis	10.9	1.9
Basketball	11.2	3.2
Field Hockey	11.4	5.1
Golf	11.8	2.8
Skateboarding	12.0	2.8
Track and Field	13.0	2.0

The above table shows the average age of last regular participation of children in a sport and the average length of participation based on a 2019 survey. ① Among the eight sports above, soccer was the only sport that children quit at an average age of younger than 10. ② Children quit playing ice hockey and tennis at the same age on average, but the average length of participation in ice hockey was longer than that in tennis. ③ Basketball, field hockey, and golf were sports which children quit playing on average before they turned 12, but golf had the shortest average participation length among the three sports. ④ Children quit skateboarding at the average age of 12, and the average length of participation was the same as golf. ⑤ Meanwhile, children quit participating in track and field at the average age of 13, but the average length of participation was the shortest among the eight sports. words 159

전략 적용하기

도표 파악하기

❶ Age Children Quit Regularly Playing a Sport에서 '어린이들이 정기적으로 하는 스포츠를 그만둔 연령'에 관한 표임을 파악한다.

❷ 표의 가로열은 마지막으로 스포츠에 정기적으로 참여한 평균 연령과 평균 참여 [1], 세로열은 스포츠 종목을 나타낸다.

❸ 각 문장의 비교 표현과 수치에 주의하여 표의 수치와 대조한다.
① younger than 10(10세보다 더 어린)
② the same age(2 연령), longer than(~보다 더 긴).
③ before they turned 12(12세가 되기 전에), the shortest (가장 짧은).
④ at the average age of 12 (평균 연령 12세에), the same as(~와 같은)
⑤ at the average age of 13(평균 연령 13세에), the shortest (가장 짧은)

팁 1기간 2같은

VOCA quit 그만두다　regularly 규칙적으로　average 평균의; 평균　participation 참가　length 길이, 기간　track and field 육상 경기
table 표, 목록　survey (설문) 조사　among ~ 중(사이)에　meanwhile 한편

1 Ellen Church에 관한 다음 글의 내용과 일치하지 <u>않는</u> 것은?

Ellen Church was born in Iowa in 1904. After she graduated from Cresco High School, she studied nursing and worked as a nurse in San Francisco. She suggested to Boeing Air Transport that nurses should take care of passengers during flights because most people were frightened of flying. In 1930, she became the first female flight attendant in the U.S. and worked on a Boeing 80A from Oakland, California to Chicago, Illinois. Unfortunately, a car accident injury forced her to end her career after only eighteen months. Church started nursing again at Milwaukee County Hospital after getting a degree in nursing education at the University of Minnesota. During World War II, she served as a captain in the Army Nurse Corps and received an Air Medal. Ellen Church Field Airport in her hometown, Cresco, was named after her. **words 138**

① San Francisco에서 간호사로 일했다.
② 미국 최초의 여성 비행기 승무원이 되었다.
③ 자동차 사고로 다쳤지만 비행기 승무원 생활을 계속했다.
④ 제2차 세계대전 중 육군 간호 부대에서 복무했다.
⑤ 고향인 Cresco에 그녀의 이름을 따서 붙인 공항이 있다.

© Getty Images Bank

VOCA graduate from ~을 졸업하다   nursing 간호(학)   suggest 제안하다   passenger 승객   frightened 무서워하는   female 여성의   flight attendant 비행 승무원   injury 부상   force 억지로 ~시키다   career 경력   degree 학위   education 교육   serve 복무하다   captain 대위   Army Nurse Corps 육군 간호 부대   Air Medal 항공 훈장   name A after B A에게 B의 이름을 따서 붙이다

2 Dinosaur Museum에 관한 다음 안내문의 내용과 일치하는 것은?

Dinosaur Museum

Established in 1993, the Dinosaur Museum has developed into the largest display of dinosaur and prehistoric life in Canada.

Hours

· 9:00 a.m. − 5:00 p.m. (Monday − Friday)

· 9:00 a.m. − 3:00 p.m. (Saturday & Sunday)

Admission

· $4 for adults, $2 for students & children

Programs

· Paint a Dinosaur Egg!

  At 10:00 a.m. every day, kids can paint a dinosaur egg and take it home.

· Dinosaur Quiz

  At 2:00 p.m. during the weekend, one winner of the quiz will be given a real fossil as a prize.

· Guided Tours

  The tours run at 11:00 a.m. and 1:00 p.m. every day.

  The tours are free and require no bookings. Just show up!

Notice

· Food and pets are not allowed in the museum.

· Please do not touch or climb on the exhibits. `words 127`

① 일요일은 휴관일이다.

② 어린이의 입장은 무료이다.

③ 공룡 퀴즈 우승자는 화석을 상품으로 받는다.

④ 가이드가 동행하는 관람은 예약이 필요하다.

⑤ 애완동물을 데리고 입장할 수 있다.

문제 해결 전략

Dinosaur Museum에서 '공룡 1 ☐'에 관한 안내문임을 파악하고 선택지의 정보가 담긴 문장 ① 9:00 a.m. − 3:00 p.m. (Saturday & Sunday) ② $2 for students & children ③ one winner ~ a real fossil as a 2 ☐ ④ The tours are free and require no bookings. ⑤ Food and pets are not allowed in the museum.에서 일치하는지 아닌지를 확인한다.

目 1 박물관 2 prize

VOCA dinosaur 공룡 establish 설립하다 display 전시 prehistoric 선사 시대의 fossil 화석 booking 예약 show up 나타나다 notice 공지 사항 exhibit 전시(품)

[3-4] 다음을 읽고, 질문에 답하시오.

Eddie Adams was born in New Kensington, Pennsylvania. He developed his passion for photography in his teens, when he became a staff photographer for his high school newspaper. After graduating, he joined the United States Marine Corps during the Korean War, where he captured scenes from the war as a combat photographer. In 1958, he became staff at the *Philadelphia Evening Bulletin*, a daily evening newspaper published in Philadelphia. In 1962, he joined the Associated Press (AP), and after 10 years, he left the AP to work as a freelancer for *Time* magazine. He took his best-known photograph, the *Saigon Execution* during the Vietnam War and it earned him the Pulitzer Prize for Spot News Photography in 1969. He was also noted for shooting portraits of many celebrities and politicians. He shot more than 350 covers of magazines with portraits of political leaders such as Deng Xiaoping, Richard Nixon, and George Bush.

words 152

© PRESSLAB / shutterstock

VOCA　passion 열정　photography 사진술, 사진 촬영　staff 직원　Marine Corps 해병대　capture (사진 등으로) 기록하다　scene 장면　combat 전투　publish 출판하다　freelancer 프리랜서　execution 사형 집행, 처형　earn 얻게 하다　spot news 속보 뉴스　noted 저명한　shoot 촬영하다　portrait 초상화, 초상 사진　celebrity 유명인　politician 정치인　political 정치의

3 Eddie Adams에 관한 윗글의 내용과 일치하지 <u>않는</u> 것은?

① 10대 시절에 사진에 대한 열정을 키웠다.

② 종군 사진 기자로 한국전쟁의 장면을 촬영했다.

③ 1962년부터 〈Time〉 잡지사에서 일했다.

④ 베트남에서 촬영한 사진으로 퓰리처상을 받았다.

⑤ 정치 지도자들의 잡지 표지용 사진을 촬영했다.

문제 해결 전략

[1]였던 Eddie Adams에 관한 글임을 파악하고 선택지의 정보가 담긴 문장 ① He developed his passion ~ in his teens ② he joined ~ a combat photographer ③ In [2], he joined the Associated Press (AP), ~ for *Time* magazine. ④ He took ~ the Pulitzer Prize for Spot News Photography in 1969. ⑤ He shot ~ portraits of political leaders에서 일치하는지 아닌지를 확인한다.

답 1사진 작가 21962

---

4 다음 빈칸에 알맞은 말을 윗글에서 찾아 글의 중심 내용을 완성하시오.

Eddie Adams was an American (1) _____ who took many pictures of celebrities and politicians as well as scenes of wars. His interest for (2) _____ made him join the high school newspaper's photography team. After graduating, he served as a (3) _____ photographer in the United States Marine Corps during the Korean War. In 1969, he won the (4) _____ _____ for Spot News Photography for the *Saigon Execution* taken in (5) _____.

문제 해결 전략

Eddie Adams의 [1], 십대 시절 흥미, 한국전쟁 당시 군 복무 경험, Saigon Execution을 찍은 [2], 수상 경력 등에 관한 정보를 찾아 글을 완성한다.

답 1직업 2나라

1 Big TV Discount Deal에 관한 다음 안내문의 내용과 일치하는 것은?

 Discount Deal

Don't miss this great opportunity to buy a premium TV at a low price. It is available only for a limited period of time!

Promotion Information

☐ **Premium Specification & Low Price**

65-inch 4K Smart LED TV (2018 Model)

Price: $900 (Regular Price: $1,200)

☐ **Promotion Period**

From August 1 to August 31

© Proxima Studio /shutterstock

☐ **Long-term Installment Purchase**

If the price is still too expensive to be paid all at once, you can pay monthly over up to six months.

☐ **Delivery and Installation**

Delivery is free. If you want the TV installed, we provide installation services for an additional $50 fee.

☐ **Free Gift**

A free bluetooth headset that works perfectly with the TV will be given to every buyer.

words 118

① 정상가격에서 200달러 할인된 가격에 판매한다.
② 판매 촉진 행사는 두 달 동안 진행한다.
③ 할부 구매는 최대 12개월까지 가능하다.
④ 배송을 원하면 추가로 50달러를 지불해야 한다.
⑤ 모든 구매자에게 블루투스 헤드셋을 무료로 준다.

문제 해결 전략

Big TV Discount Deal에서 'TV ☐1 판매 행사'에 관한 안내문임을 파악하고 선택지의 정보가 담긴 문장 ① Price: $900 (Regular Price: $1,200) ② Promotion Period: From August 1 to August 31 ③ you can pay monthly ~ six months ④ Delivery is free. ⑤ A ☐2 bluetooth headset ~ to every buyer.에서 일치하는지 아닌지를 확인한다.

🗒 1할인 2free

VOCA discount 할인 premium 고급의, 프리미엄 available 이용할 수 있는 limited 제한된 period 기간 promotion 판매 촉진 specification 설명서, 사양 long-term 장기적인 installment 할부 purchase 구입 at once 한꺼번에 monthly 매달 up to ~까지 installation 설치 additional 추가의 fee 요금 headset 헤드폰

>> 정답과 해설 24쪽

2 Sarah Breedlove에 관한 다음 글의 내용과 일치하지 <u>않는</u> 것은?

Born in 1867, Sarah Breedlove was an American businesswoman and social activist. She was orphaned at the age of seven so her early life was marked by hardship. In 1888, she moved to St. Louis and worked there as a washerwoman for more than a decade earning barely more than a dollar a day. During this time, long hours of backbreaking labor and a poor diet caused her hair to fall out. She tried everything available to stop her hair loss but had no success. After working as a maid for a chemist, she invented a successful hair care product and sold it across the country. Not only did she sell hair care products, she also employed and trained lots of women as sales agents for a share of the profits. In the process, she became America's first self-made female millionaire and she gave Black women everywhere an opportunity for financial independence. words 152

① 미국인 사업가이자 사회 운동가였다.
② St. Louis에서 10년 넘게 세탁부로 일했다.
③ 장시간의 노동과 열악한 식사로 머리카락이 빠졌다.
④ 모발 관리 제품을 수입하여 전국에 판매했다.
⑤ 흑인 여성들에게 재정적 독립의 기회를 주었다.

문제 해결 전략

[1]이자 사회 운동가였던 Sarah Breedlove에 관한 글임을 파악하고 선택지의 내용이 담긴 문장 ① Sarah Breedlove was ~ and social activist ② In 1888, she moved to ~ a washerwoman for more than a decade ③ long hours of backbreaking labor ~ her hair to fall out ④ she [2] a successful hair care product, ~ across the country ⑤ she gave Black women ~ financial independence에서 일치하는지 아닌지를 확인한다.

답 1사업가 2invented

© Prostock-studio / shutterstock

---

 activist 활동가 orphan 고아로 만들다 mark 특징짓다 hardship 고난 backbreaking 대단히 힘든 labor 노동 fall out (머리·치아 등이) 빠지다 maid 하녀, 가정부 chemist 화학자 employ 고용하다 agent 대리인 share 할당 profit 이익 process 과정 self-made 자수성가한 financial 재정적인 independence 독립

1 다음 도표의 내용과 일치하지 <u>않는</u> 것은?

Most Important Device for Internet Access: 2014 and 2016 in UK

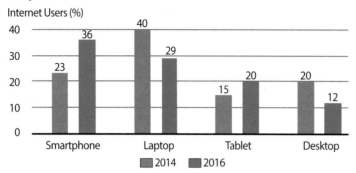

Internet Users (%)

	Smartphone	Laptop	Tablet	Desktop
2014	23	40	15	20
2016	36	29	20	12

■ 2014 ■ 2016

The above graph shows what devices British people considered the most important when connecting to the Internet in 2014 and 2016. ① More than a third of UK Internet users considered smartphones as their most important device for Internet access in 2016. ② In the same year, the smartphone overtook the laptop as the most important device for accessing the Internet. ③ In 2014, UK Internet users were the least likely to select a tablet as their most important device for Internet access. ④ In contrast, a desktop was selected the least as their most important device for Internet access in 2016. ⑤ The proportion of UK Internet users who considered a desktop as their most important device for Internet access increased by half from 2014 to 2016.

* proportion: 비율

words 134

문제 해결 전략

Most Important Device for Internet Access: 2014 and 2016 in UK로 보아 '2014년과 2016년에 영국에서 인터넷 접속을 위해 가장 중요한 [1___]'에 관한 도표이고, 도표의 가로축은 장치, 세로축은 인터넷 사용자의 비율을 나타낸다. ① More than a third(3분의 1이 넘는) ② overtook(추월했다) ③ the least likely to select(가장 적게 선택하는 경향이 있는) ④ was selected the least(가장 적게 선택되었다) ⑤ increased by half(절반만큼 [2___])에 주의하여 일치 여부를 판단한다.

圄 1장치 2증가했다

© Oleksiy Mark /shutterstock

VOCA device 장치　access (시스템에 대한) 접근; 접속하다　laptop 랩톱 컴퓨터, 노트북 컴퓨터　tablet 태블릿　British 영국의　consider 여기다　connect 접속하다　overtake 추월하다　select 선택하다　in contrast 대조적으로　half 절반

2 다음 글의 (A), (B), (C)의 각 네모 안에서 문맥에 맞는 낱말로 가장 적절한 것은?

Social connections are necessary for our survival and well-being, so we not only cooperate with others to build relationships but also compete with others for friends. And often we do both at the same time. Take gossip. Through gossip, we can bond with our friends by sharing interesting details. But at the same time, we are (A) creating / forgiving potential enemies in the targets of our gossip. Or consider rival holiday parties where people compete to see who will attend *their* party. We can even see this (B) harmony / tension in social media as people compete for the most friends and followers. At the same time, competitive exclusion can also (C) generate / prevent cooperation. High school social clubs and country clubs use this formula to great effect: They produce loyalty and lasting social bonds through selective inclusion *and exclusion*.

words 133

(A)	(B)	(C)
① creating	⋯ harmony	⋯ prevent
② creating	⋯ tension	⋯ generate
③ creating	⋯ tension	⋯ prevent
④ forgiving	⋯ harmony	⋯ generate
⑤ forgiving	⋯ tension	⋯ prevent

문제 해결 전략

선택적인 포함과 배제를 통해 사회적 유대가 형성된다는 주제의 글이다. 우리가 사회적 관계 형성을 위해 다른 사람과 협력과 경쟁을 한다는 부연 설명을 하며 이에 대한 예시들에서 가십을 통해 친구들과 ⬛1⬛를 형성하는 동시에 잠재적인 적을 (A) '만들 수 있는지 / 용서할 수 있는지', 소셜 미디어에서 많은 친구들과 팔로워들을 얻기 위해 경쟁할 때 (B) '조화가 있는지 / ⬛2⬛이 있는지', 고등학교 친목 동아리와 컨트리 클럽에서 보듯이 경쟁적 배제가 협력도 (C) '만들어낼 수 있는지 / 방해할 수 있는지'를 판단한다.

📋 1 유대 2 긴장감

VOCA connection 연결 cooperate 협동하다 at the same time 동시에 gossip 가십 bond 유대를 형성하다; 유대 potential 잠재적인 enemy 적 target 대상, 목표 rival 경쟁자의 competitive 경쟁적인 exclusion 배제 formula 식, 공식 loyalty 충성 lasting 지속적인 selective 선택적인 inclusion 포함

[3-4] 다음을 읽고, 질문에 답하시오.

Recent research suggests that evolving humans' relationship with dogs changed the structure of both species' brains. One of the various (A) physical / psychological changes caused by domestication is the size of the brain. It was reduced by about 16 percent for horses, 34 percent for pigs, and 10 to 30 percent for dogs. This change is because once humans started to take care of these animals, they no longer needed various brain functions in order to survive. Animals who were fed and protected by humans did not need many of the skills required by their wild ancestors. As a result, they (B) developed / lost the parts of the brain which were related to those abilities. A similar process occurred for humans, who seem to have been domesticated by wolves. About 10,000 years ago, when the role of dogs was firmly established in most human societies, the human brain also (C) expanded / shrank by about 10 percent. words 150

VOCA recent 최근의 evolving 진화하는 structure 구조 domestication 길들이기, 사육 reduce 줄이다 once 일단 ~하면, ~하자마자 ancestor 조상 as a result 결과적으로 be related to ~와 관계가 있다 ability 능력 similar 유사한 domesticate 길들이다 wolf 늑대 firmly 확고하게 shrink 줄어들다

3 윗글의 (A), (B), (C)의 각 네모 안에서 문맥에 맞는 낱말로 가장 적절한 것은?

	(A)		(B)		(C)
①	physical	…	developed	…	expanded
②	physical	…	lost	…	expanded
③	physical	…	lost	…	shrank
④	psychological	…	developed	…	shrank
⑤	psychological	…	lost	…	shrank

문제 해결 전략

인간과 동물의 관계의 변화가 그들의 뇌 구조에도 변화를 가져왔다는 것이 글의 주제이다. 사육으로 인해 뇌의 크기가 줄어든 것이 (A) '[1_____] 변화인지 / 심리적 변화인지', 다양한 뇌 기능이 필요하지 않게 된 것이 뇌의 관련 부분을 (B) '발달하게 만들었는지 / 잃어버리게 만들었는지', 그와 유사하게 인간 사회에서 개의 역할이 정해짐에 따라 인간의 뇌가 (C) '커졌는지 / [2_____]'를 판단한다.

📋 1 신체적 2 줄어들었는지

4 윗글의 내용과 일치하지 <u>않는</u> 것은?

① 인간과 개의 관계 변화는 그들의 뇌 구조에 변화를 가져왔다.

② 사육으로 인해 개의 뇌의 크기는 30% 넘게 감소했다.

③ 인간이 동물을 돌보기 전에 동물은 생존을 위한 다양한 뇌기능이 필요했다.

④ 인간은 늑대에게 길들여진 것으로 보인다.

⑤ 약 만 년 전에 개의 역할이 인간 뇌 크기에 영향을 미쳤다.

문제 해결 전략

① evolving humans' relationship with dogs ~ both species' [1_____]
② One of the various ~ 10 to 30 percent for dogs. ③ once humans started to ~ in order to survive ④ humans, who seem to ~ domesticated by wolves ⑤ About 10,000 years ago, ~ by about 10 percent. 에서 수치와 인과관계 등에 유의하여 [2_____]의 내용과 일치하는지 아닌지를 확인한다.

📋 1 brains 2 선택지

1 다음 글의 밑줄 친 부분 중, 문맥상 낱말의 쓰임이 적절하지 <u>않은</u> 것은?

Honesty is a fundamental part of every strong relationship. Be open with what you feel and give a ① <u>truthful</u> opinion when you are asked. It can help you escape uncomfortable social situations and make friends with honest people. Follow this simple policy in life —— never lie. When you ② <u>develop</u> a reputation for always telling the truth, you will enjoy strong relationships based on trust. It will also be more difficult to manipulate you. People who lie get into trouble when someone threatens to ③ <u>uncover</u> their lie. If you live true to yourself, you'll ④ <u>avoid</u> a lot of headaches. Your relationships will also be free from lies and secrets. Don't be afraid to be honest with your friends, no matter how painful the truth is. In the long term, lies with good intentions ⑤ <u>comfort</u> people much more than telling the truth.

*manipulate: (사람을) 조종하다

words 140

문제 해결 전략

[1]이 굳건한 관계의 기본이라고 말하며 항상 솔직해야 한다는 주제의 글이다. '솔직한 의견을 말하는 것이 관계에 주는 장점 → 항상 진실을 말한다는 평판이 쌓이면 좋은 점 → 거짓말을 하면 생기는 문제 → 진실하게 살면 문제를 피할 수 있음 → [2]의 거짓말은 진실보다 위로가 됨'의 흐름에서 어색한 부분을 찾는다.

답 1정직 2선의

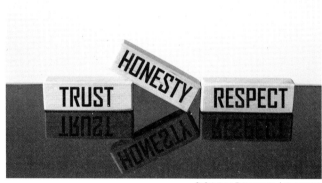

© Sviatlana Zyhmantovic / shutterstock

VOCA honesty 정직 fundamental 근본적인 truthful 정직한, 진실한 opinion 의견 escape 벗어나다, 달아나다 lie 거짓말하다; 거짓말 reputation 명성 trust 신뢰 threaten 위협하다 uncover 밝히다, 폭로하다 free from ～이 없는 secret 비밀 painful 고통스러운 intention 의도

2 다음 도표의 내용과 일치하지 <u>않는</u> 것은?

The Number of Jobs Directly Created by Travel and Tourism

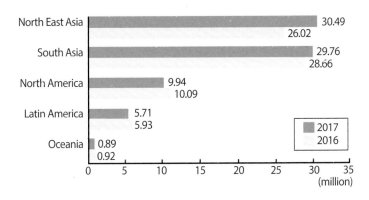

The above graph shows the number of jobs directly created by travel and tourism in 2016 and 2017 for five regions. ① In North East Asia and South Asia, the number of jobs directly created by travel and tourism was larger in 2017 than in 2016. ② Of the five regions, North East Asia showed the highest number in direct job creation by travel and tourism in 2017, with 30.49 million jobs. ③ In 2016, the number of jobs in South Asia that travel and tourism directly contributed was the largest of the five regions, but it ranked the second highest in 2017. ④ Though the number of jobs in North America directly created by travel and tourism was lower in 2017 than in 2016, it still exceeded 10 million in 2017. ⑤ In 2017, 5.71 million jobs were directly created by travel and tourism in Latin America, which was over six times more than those of Oceania in 2017.

words 165

VOCA directly 직접 tourism 관광업 Latin America 라틴 아메리카, 중남미 지방 Oceania 오세아니아 region 지역 contribute 기여하다
rank (순위를) 차지하다 exceed 넘다, 초과하다

1 2020 Student Building Block Competition에 관한 다음 안내문의 내용과 일치하지 <u>않는</u> 것은?

2020 Student Building Block Competition

Students in every grade will compete to build the most creative and livable structure made out of blocks. Come and enjoy the exciting challenge and the feeling of accomplishment!

When & Where

• 2 p.m. − 4 p.m. Saturday, November 21

• Green Valley Elementary School Gym

© Alex Mit / shutterstock

Rules

• All building projects must be completed on site with supplied blocks only.

• Participants are not allowed to receive outside assistance of any kind.

Gifts & Prizes

• All the participants will be given a free T-shirt.

• One winner from each grade group wins $100 and a medal.

Sign up

• Participation is FREE!

• To sign up, email jeremywilson@greenvalley.org by November 15.

(Registration on site is not available.)

Please visit our website for more information.

words 122

---

① 초등학교 체육관에서 열린다. ② 제공되는 블록만 사용해야 한다.

③ 외부의 도움 없이 작품을 완성해야 한다. ④ 우승자에게 상금과 메달을 준다.

⑤ 현장에서 등록하는 것이 가능하다.

VOCA grade 학년 livable 살기에 적합한 structure 건축물, 구조물 accomplishment 성취 gym 체육관 project 프로젝트 complete 완성하다 on site 현장에서 supply 지급하다, 공급하다 assistance 도움, 원조

2 다음 도표의 내용과 일치하지 <u>않는</u> 것은?

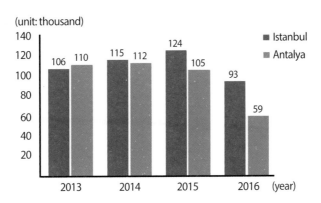

Top Turkish Cities Receiving Tourists

(unit: thousand)

The above graph shows the number of tourists who visited Istanbul and Antalya, the top two most-visited cities in Turkey, from 2013 to 2016. ① The number of tourists to each city was over one hundred thousand every year between 2013 and 2015. ② Antalya received a higher number of tourists than Istanbul did in 2013, but in the following three years, the city that received more tourists was Istanbul. ③ While the number of tourists to Istanbul increased steadily from 2013 to 2015, Antalya received a smaller number of tourists in 2015 compared to the previous year. ④ Interestingly, in 2016, the number of tourists dropped to less than one hundred thousand for both cities. ⑤ In particular, the number of tourists who visited Antalya in 2016 was only one-third the number from 2013.

words 135

VOCA Turkish 터키의 tourist 관광객 following 다음의 steadily 꾸준히 compared to ~와 비교하여 previous 앞의, 이전의 drop 떨어지다 in particular 특별히

3 Charles Henry Turner에 관한 다음 글의 내용과 일치하지 <u>않는</u> 것은?

© Paper Trident / shutterstock

Charles Henry Turner was born in 1867 in Cincinnati, Ohio. He was an early pioneer in the field of insect behavior. His father owned an extensive library where Turner became fascinated with reading about the habits and behavior of insects. Proceeding with his study, Turner earned a doctorate degree in zoology and he was the first African American to do so. Even after receiving his degree, Turner was unable to get a teaching or research position at any major universities, possibly due to racism. He moved to St. Louis and taught biology at Sumner High School, where he focused on research until 1922. Turner was the first person to discover that insects are capable of learning, illustrating that insects can alter behavior based on previous experience. He died of cardiac disease in Chicago in 1923. During his 33-year career, Turner published more than 70 papers. His last scientific paper was published the year after his death.

* cardiac: 심장의

words 156

① 곤충의 습성과 행동에 관한 독서에 매료되었다.
② 아프리카계 미국인 최초로 동물학 박사 학위를 받았다.
③ St. Louis에 있는 고등학교에서 생물학을 가르쳤다.
④ 곤충이 학습할 수 있다는 것을 최초로 발견했다.
⑤ 마지막 과학 논문은 사망한 해에 발표되었다.

VOCA pioneer 개척자 field 분야 own 소유하다 extensive 광대한, 넓은 fascinated 매료된, 매혹된 proceed 계속하다 doctorate 박사 학위 zoology 동물학 major 주요한 possibly 아마 due to ~ 때문에 racism 인종 차별 biology 생물학 discover 발견하다 be capable of ~할 수 있다 illustrate 설명하다, 예증하다 alter 바꾸다, 변경하다

4 다음 글의 (A), (B), (C)의 각 네모 안에서 문맥에 맞는 낱말로 가장 적절한 것은?

The brain makes up just two percent of the average person's body weight but uses 20 percent of our energy. In newborn infants, it's no less than 65 percent. That's partly the reason why babies sleep all the time — their growing brains (A) warn / exhaust them — and have a lot of body fat, to use as an energy reserve when it's needed. Our muscles use much more of our energy, about a quarter of the total, but we have a lot of muscle. Actually, per unit of matter, the brain uses a lot (B) more / less energy than our other organs. That means that the brain is by far the most expensive among our organs. But it is also amazingly (C) efficient / creative. Our brains require only about four hundred calories of energy a day, which is about the same as we get from a blueberry muffin. Try running your laptop for twenty-four hours on a muffin and see how far you get.

words 157

	(A)	(B)	(C)
①	warn	⋯ more	⋯ efficient
②	warn	⋯ less	⋯ efficient
③	exhaust	⋯ more	⋯ efficient
④	exhaust	⋯ more	⋯ creative
⑤	exhaust	⋯ less	⋯ creative

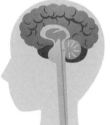

ⓒ kotikoti / shutterstock

VOCA make up ~을 이루다, 차지하다 weight 무게 newborn 갓난, 신생의 infant 유아 no less than ~만큼이나, ~에 못지 않게 reserve 비축, 예비 muscle 근육 quarter 4분의 1 actually 실제로, 사실은 unit 단위 organ 기관 by far 단연코 amazingly 놀랄 만큼 muffin 머핀

[1-2] 다음을 읽고, 질문에 답하시오.

SHOES FOR SCHOOLS

Your used shoes can go a long way!

Brooks High School students! Do you have old or unwanted shoes at home? Don't let them sit idly in your shoe closet. You can help children in Africa by donating the shoes. The profits from reselling them will be used to build schools in Africa.

WHAT

• You can give away all types of shoes such as sneakers, sandals, boots, slippers, etc.

• The shoes should be new or gently worn, meaning no holes.

WHERE

• You can drop shoes off in the collection box on the first floor of the main building.

WHEN

• Between 8:00 a.m. and 4:00 p.m. throughout this semester

• Shoes will be picked up on Tuesdays every two weeks.

HOW

• The shoes you donate need to be in a plastic bag.

For more information, please call 413-367-1391.

Thank you for your participation. words 146

© New Africa / shutterstock

VOCA unwanted 불필요한 idly 무익하게, 헛되이 closet 수납실 resell 되팔다 give away 나누어 주다 sneakers 운동화 gently 심하지 않게 drop off 내려놓다 collection 수집, 수거 throughout ~ 동안 죽 semester 학기 plastic bag 비닐봉지

1 Write T if the statement is true and F if it is false.

(1) _____ Brooks High School will hold a shoes design competition.

(2) _____ Donating shoes will help to build schools in Africa.

(3) _____ All types of shoes can be donated if they are in good condition.

(4) _____ You need to put the shoes you donate in a paper bag.

2 Complete the dialog according to the passage.

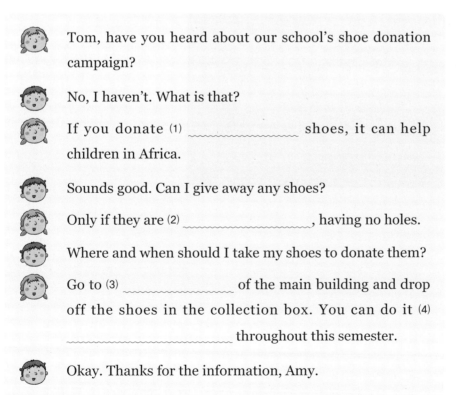

Tom, have you heard about our school's shoe donation campaign?

No, I haven't. What is that?

If you donate (1) _____ shoes, it can help children in Africa.

Sounds good. Can I give away any shoes?

Only if they are (2) _____, having no holes.

Where and when should I take my shoes to donate them?

Go to (3) _____ of the main building and drop off the shoes in the collection box. You can do it (4) _____ throughout this semester.

Okay. Thanks for the information, Amy.

안내문의 WHAT, WHERE, WHEN, HOW 등의 세부 정보를 찾아서 빈칸을 완성해.

[3-4] 다음을 읽고, 질문에 답하시오.

Jessie Redmon Fauset was born in Snow Hill, New Jersey, in 1884. She grew up in Philadelphia and attended the Philadelphia High School for Girls. She was the first black woman to graduate from Cornell University, where she received a degree in classical languages in 1905. In addition to writing novels, poetry, short stories, and essays, Fauset taught French in public schools in Washington, D.C. In 1919, she became the journal's literary editor, moving to New York City. While she worked as an editor, she encouraged many well-known writers of the Harlem Renaissance. Though she is more famous for being an editor than for being a novelist, many critics consider her novel *Plum Bun* Fauset's strongest work. In it, she tells the story of a black girl who could pass for white but ultimately claims her racial identity and pride. Fauset died of heart disease on April 30, 1961, in Philadelphia.

* pass for: ~으로 여겨지다

words 150

© Michele Brusini / shutterstock

VOCA attend (~에) 다니다 classical 고전의 in addition to ~에 더하여 poetry 시 essay 수필 journal 정기 간행물, 저널 literary 문학의 editor 편집자 novelist 소설가 critic 평론가 ultimately 결국에는 claim 주장하다 racial 인종의 identity 정체성

3 Write T if the statement about Jessie Redmon Fauset is true and F if it is false.

(1) _____ She was born and grew up in Philadelphia.

(2) _____ She was the first black female who graduated from Cornell University.

(3) _____ She wrote many well-known books about the Harlem Renaissance.

(4) _____ The cause of her death was heart disease.

4 Complete the table according to the passage.

Name	Jessie Redmon Fauset
Born	In New Jersey in 1884
Education	• Studied at the Philadelphia High School for Girls • Got a degree in classical languages from (1) _____
Career	Novelist, poet, essayist, French teacher, (2) _____
Notable Work	(3) _____, the story of a black girl
Died	In (4) _____ in 1961

인물의 출생, 교육, 경력 등 세부 정보를 글에서 찾아 표를 완성해.

BOOK 1 마무리 전략
○ 핵심 한눈에 보기

1주 전략 REVIEW

❶ 주제 찾기

* 반복적으로 나오는 어구나 글쓴이의 의견이 강조된 부분을 파악한다.
* 선택지를 고를 때 너무 포괄적이거나 부분적인 내용을 고르지 않도록 한다.

❷ 제목 찾기

* 도입부에서 글의 중심 소재를 파악하고 부연 설명이나 예시를 통해 뒷받침하는 내용을 파악한다.
* 글의 내용을 종합하여 핵심 내용이 압축된 선택지를 고른다.

❸ 주장 및 요지 찾기

* 도입부에서 글의 중심 소재를 찾고 반복이나 강조를 통해 드러난 글쓴이의 관점을 파악한다.
* 명령문 형식이나 의무를 나타내는 조동사(should, must, have to 등)가 쓰인 표현에 주목한다.

❹ 목적 찾기

* 글의 형식과 소재를 파악하고, 글쓴이와 글을 읽는 사람이 처한 상황과 관계를 파악한다.
* 글쓴이의 의도나 목적이 잘 드러난 문장을 찾는다.

신문 기사가 너무 길어서 무슨 내용인지 잘 모르겠어요.

도입부에서 먼저 글의 소재를 파악하고, 글을 천천히 읽으면서 반복적으로 나오는 말이 무엇인지 찾아보면 글의 목적이나 글쓴이가 주장하는 바를 알 수 있을 거야.

2주 전략 REVIEW

❶ 내용 일치

* 선택지를 먼저 읽고 글의 내용을 대략 유추해 본 뒤, 선택지의 내용을 지문에서 찾아 대조해 본다.
* 선택지를 고를 때 일반적 상식에 의존하거나 추측하지 말고 글의 세부 내용에 집중한다.

❷ 안내문 이해하기

* 안내문의 제목을 읽고 무엇에 대한 내용인지 파악한다.
* 선택지의 내용을 글에서 찾아 대조해 보고 일치 여부를 판단한다.

❸ 도표 파악하기

* 제목을 읽고 무엇에 관한 도표인지 확인하고, 도표의 가로축과 세로축에 표시된 항목을 확인한다.
* 비교 표현, 증가나 감소 등을 나타내는 표현에 유의하며 선택지의 내용을 도표에서 찾아 대조해 본다.

❹ 어휘

* 글의 중심 소재와 전체적인 기조를 파악하고, 밑줄이나 네모 안의 어휘가 포함된 문장을 정확히 해석한다.
* 밑줄 유형은 앞뒤 문맥의 흐름상 어색한 것, 네모 유형은 문맥상 자연스러운 것을 고른다.

도표의 가로축과 세로축이 무엇을 나타내는지 먼저 확인한 후에 내용을 읽어 봐야겠어.

[1-2] 다음을 읽고, 질문에 답하시오.

A goal-oriented mind-set can create a "yo-yo" effect. For example, many runners work hard for months to get a good record, but as soon as they cross the finish line, they stop training. The race is no longer there to motivate them. When all of your hard work is focused on a particular goal, little is left to push you forward after you achieve it. 이것이 많은 사람들이 그들의 옛 습관으로 되돌아가는 이유이다 after they accomplish a goal. The purpose of setting goals is to win the game. The purpose of building systems is to continue playing the game. Goals are good for setting a direction, but systems are best for making progress. True long-term thinking is goal-less thinking. It's not about any single accomplishment. It is about the cycle of endless refinement and continuous improvement. Ultimately, it is your commitment to the process that will determine your progress.

words 151

© Elnur / shutterstock

VOCA goal-oriented 목표 지향적인　mind-set 사고방식　motivate 동기를 주다　forward 앞으로　accomplish 성취하다　purpose 목적 progress 발전　single 하나의　cycle 순환　refinement 정제　continuous 계속적인　improvement 개선　commitment 전념 determine 결정하다

>> 정답과 해설 32쪽

1 윗글의 요지로 가장 적절한 것은?

① It is important to set specific goals in order to succeed.

② You can get what you want by working hard for a long time.

③ Continuous repetition of the same process is the secret to success.

④ The stronger the goal-oriented tendency, the faster the development takes place.

⑤ Development is determined not by a single achievement, but by a continuous improvement process.

TIP 글의 초반에 언급된 [1] 지향적인 사고방식에 대해 필자의 관점이 어떠한지를 달리기 선수의 [2] 와 부연설명을 통해 파악하고 마지막 부분의 결론에 주제가 잘 드러나 있음에 주목한다.

답 1 목표 2 예시

2 윗글의 밑줄 친 우리말을 조건에 맞게 영작하시오.

> 조건 1. why, many, return, habits를 사용할 것
>
>   2. 10단어로 쓸 것

➡ ﹏﹏﹏﹏﹏﹏﹏﹏﹏﹏﹏﹏﹏﹏﹏﹏﹏﹏﹏﹏

TIP This is [1] 다음에는 결과가 오고, This is because 다음에는 [2] 가 온다.

답 1 why 2 이유

[3-4] 다음을 읽고, 질문에 답하시오.

Edith Wharton was born into a wealthy family in 1862 in New York City. She was educated by ⓐ private tutors at home and enjoyed reading and writing early on. After her first novel, *The Valley of Decision*, was published in 1902, she wrote many novels and some gained her a wide audience. Wharton also had a passion for ⓑ architecture and she designed and built her first real home. She wrote several design books including *The Decoration of Houses*. During World War I, she devoted much of her time to assisting ⓒ orphans from France and Belgium and helped raise ⓓ funds to support them. After the war, she settled in Provence, France, and she finished writing *The Age of Innocence* there. This novel presenting a picture of upper-class New York society in the 1870s won Wharton the 1921 Pulitzer Prize, making her the first woman to win the award. In 1934 Wharton's ⓔ autobiography *A Backward Glance* was published.

words 156

© LEE SNIDER PHOTO IMAGES / shutterstock

VOCA wealthy 부유한 educate 교육하다 private 개인에 속한, 개인의 tutor 가정교사 audience 독자(층), 청중 architecture 건축 several 몇 개의 devote 바치다 assist 돕다, 원조하다 orphan 고아 fund 기금 settle 정착하다 present 보여 주다, 나타내다 upper-class 상류층의 award 상 autobiography 자서전

>> 정답과 해설 32쪽

3 Edith Wharton에 관한 윗글의 내용과 일치하지 <u>않는</u> 것을 <u>모두</u> 고르면?

① 1902년에 첫 소설이 출판되었다.

② 건축에 관심이 있어 자신의 집을 설계했다.

③ 프랑스와 벨기에의 고아를 도왔다.

④ 전쟁 중 〈The Age of Innocence〉를 완성했다.

⑤ 1934년에 여성 최초로 Pulitzer상을 받았다.

TIP 본문에서 출판이나 수상 [1] , 관심 분야, 작품명, 기타 활동 등에 유의하여 선택지의 정보가 담긴 문장과 [2] 한다.

🔑 1 연도 2 대조

4 윗글의 밑줄 친 ⓐ~ⓔ에 대한 영영풀이가 <u>잘못된</u> 것은?

① ⓐ: owned or controlled by an individual person

② ⓑ: the art of planning, designing, and constructing buildings

③ ⓒ: a child whose parents are dead

④ ⓓ: an amount of money that is collected for a particular purpose

⑤ ⓔ: a long written story about imaginary people and events

TIP 평소에 새로운 단어를 익힐 때 [1] 을 찾아보고 의미를 해석해 보는 습관을 기르도록 한다.

🔑 1 영영 사전

1 다음 글의 제목으로 가장 적절한 것은?

In life, they say that too much of anything is not good for you. In fact, too much of certain things in life can kill you. For example, they say that water has no enemy, because water is essential to all life. But if you take in too much water, like one who is drowning, it could kill you. Although you must avoid an excessive amount of everything, there is an exception to this rule. It is education. You can never have too much education or knowledge. The reality is that most people will never have enough education in their lifetime. I have yet to find anyone who was hurt in life by too much education. Rather, we see lots of people who suffer from problems every day, worldwide, resulting from the lack of education. Therefore, you must keep in mind that education is a long-term investment of time, money, and effort into humans. **words 154**

① All Play and No Work Makes Jack a Smart Boy
② Too Much Education Won't Hurt You
③ Two Heads Are Worse than One
④ Don't Think Twice Before You Act
⑤ Learn from the Future, Not from the Past

VOCA

drown 물에 빠지다
excessive 과도한
exception 예외
reality 현실
rather 오히려
suffer from ~으로 고통 받다
worldwide 전 세계적으로
result from ~이 원인이다,
~에서 기인하다
lack 부족
keep in mind 명심하다
investment 투자

© Getty Images Bank

2 다음 글의 목적으로 가장 적절한 것은?

VOCA

complain 불평하다
on behalf of ~을 대표하여
apologize 사과하다
exchange 교환하다
faulty 고장 난, 결함이 있는
refund 환불
replace A with B A를 B로 교환하다
along with ~와 함께
receipt 영수증
dealer 판매인
on the spot 그 자리에서 바로, 즉석에서
satisfaction 만족
hesitate 주저하다
patience 인내심

Dear Ms. Spadler,

You've written to our company complaining that your toaster, which you bought only three weeks earlier, doesn't work. On behalf of the company, I would like to apologize for the inconvenience you've experienced. You wish to exchange your faulty toaster with a new one or get a refund. Since the toaster has a year's warranty, our company is happy to replace your toaster with a new one. In order to get your new toaster, you just need to take the faulty toaster along with your receipt to the dealer from whom you bought it. The dealer will give you a new toaster on the spot. Nothing is more important to us than the satisfaction of our customers. If there is anything else that we can do for you, please do not hesitate to contact me again.

Thank you for your patience and understanding.

Yours sincerely,

Betty Swan

* warranty 품질 보증(서)

words 150

① 새로 출시한 제품을 홍보하려고
② 흔히 생기는 고장 사례를 알려주려고
③ 품질 보증서 보관의 중요성을 강조하려고
④ 고장 난 제품을 교환하는 방법을 안내하려고
⑤ 제품 만족도 조사에 참여해줄 것을 요청하려고

© gresei / shutterstock

[3-4] 다음을 읽고, 질문에 답하시오.

© VIACHESLAV KRYLOV/shutterstock

Many parents seem to believe that ⓐ praising their child's intelligence or talent would boost his self-esteem and motivate him. Contrary to this belief, it turns out ⓑ that this sort of praise can backfire. American psychologist Carol Dweck and her colleagues have demonstrated the effect in a series of experimental studies: "When we praise kids for their ability, kids fear difficulty and become more cautious. They avoid challenges and prefer easy tasks." It's as if they are afraid to do anything that might make them ⓒ failing and lose your high appraisal. Kids might also get the message that intelligence or talent is something ⓓ that people either have or don't have. This leaves kids feeling helpless when they make mistakes. What's the point of trying to improve if your mistakes indicate that you lack intelligence? In conclusion, it's better ⓔ to avoid praising children for their intelligence or talent in order not to undermine their motivation.

words 154

VOCA

praise 칭찬하다
intelligence 지능
boost (사기 등을) 높이다
self-esteem 자존감, 자부심
contrary to ~와는 반대로
backfire 역효과를 내다
psychologist 심리학자
colleague 동료
demonstrate 증명하다
experimental 실험의
cautious 조심하는
appraisal 평가
either A or B A이거나 B이거나
helpless 무기력한
indicate 나타내다
in conclusion 결론적으로
undermine 약화시키다

3 윗글의 요지로 가장 적절한 것은?

① 놀이 시간의 부족은 아이의 인지 발달을 지연시킨다.

② 구체적인 칭찬은 아이의 자존감 발달에 도움이 된다.

③ 아이의 능력에 맞는 도전 과제를 제시할 필요가 있다.

④ 자신의 잘못을 인정하는 태도는 꾸준한 대화를 통해 길러진다.

⑤ 아이의 지능과 재능에 대한 칭찬은 아이에게 부정적 영향을 끼친다.

4 윗글의 밑줄 친 ⓐ~ⓔ 중 어법상 바르지 <u>않은</u> 것은?

① ⓐ   ② ⓑ   ③ ⓒ   ④ ⓓ   ⑤ ⓔ

[5-6] 다음을 읽고, 질문에 답하시오.

One day after the space shuttle *Challenger* exploded, Ulric Neisser, a psychology professor at Emory University, asked a class of 106 students to write down exactly where they were when they heard the news. Two and a half years later, he asked them the same question to see if their memories were the same. In that second interview, 25 percent of the students gave completely different accounts of where they were. Half of the students had significant errors in their answers and less than 10 percent remembered with any real accuracy. Results such as these are part of the reason people make mistakes on the witness stand when they are asked months later to describe a crime which they witnessed. Between 1989 and 2007, 201 prisoners in the United States were proven innocent on the basis of DNA evidence. 이러한 수감자들 중 75 퍼센트가 유죄로 판결을 받았었다 based on mistaken eyewitness accounts.

words 153

VOCA

space shuttle 우주 왕복선
explode 폭발하다
psychology 심리학
professor 교수
exactly 정확히
account 설명
significant 중대한
accuracy 정확성
witness 증인; 증언하다
describe 묘사하다
crime 범죄
prisoner 죄수, 수감자
prove 증명하다
innocent 무죄의
on the basis of ~에 근거하여
declare 밝히다, 선고하다
guilty 유죄의

5 윗글의 주제로 가장 적절한 것은?

① causes of major space mission failures
② inaccuracy of information recalled over time
③ importance of protecting witnesses from threats
④ factors that improve people's longterm memories
⑤ ways to collect DNA evidence in crime investigations

6 윗글의 밑줄 친 우리말과 같도록 주어진 단어를 바르게 배열하시오.

➡ ~~~~~~

(percent / those / seventy-five / declared / had / guilty / of / prisoners / been)

1 T-shirt Design Contest에 관한 다음 안내문의 내용과 일치하는 것은?

VOCA

represent 대표하다, 나타내다
grand prize 대상
voting 투표
background 배경
original 독창적인
submission 제출
logo 로고
notify 통지하다, 알리다

T-shirt Design Contest

We are looking for T-shirt designs to represent the Radio Music Festival. The Radio Music Festival team will select the top five designs and the one grand prize winner will be chosen by online voting. Designers of all backgrounds are welcome. Show us your creative talent and submit original designs.

Details

- Deadline for submission: May 15, 2018
- Three entries are allowed per participant.
- Designs will be printed on white T-shirts.
- An entry can include up to three colors.
- All designs must be your own original but you can use the Radio Music Festival logo, not changing its colors in any way.

Prize

- The winners will receive two T-shirts with their design printed on them.
- The winners will be notified by phone or email.

For more information, please visit our website at www.rmfestival.org.

words 137

① 온라인 투표를 통해 상위 다섯 개의 디자인을 선택한다.
② 참가자 한 명당 한 개의 작품만 출품할 수 있다.
③ 출품작에 사용되는 색상의 수에는 제한이 없다.
④ Radio Music Festival 로고의 색상을 바꿔서 사용할 수 있다.
⑤ 수상자는 자신의 디자인이 인쇄된 티셔츠를 받는다.

2 다음 도표의 내용과 일치하지 <u>않는</u> 것은?

Top Hotel Amenities

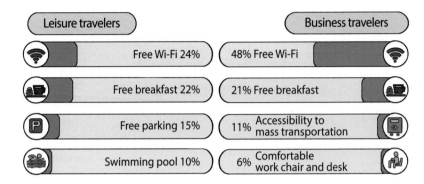

Leisure travelers

Free Wi-Fi 24%
Free breakfast 22%
Free parking 15%
Swimming pool 10%

Business travelers

48% Free Wi-Fi
21% Free breakfast
11% Accessibility to mass transportation
6% Comfortable work chair and desk

VOCA

amenity 편의 서비스
leisure 여가, 레저
parking 주차
accessibility 접근성
mass transportation 대중교통
deciding 결정적인
percentage 비율
least 가장 적은
list 목록

The graph above shows the top four hotel amenities that leisure and business travelers selected as the deciding factor when choosing a hotel. ① For both leisure travelers and business travelers, free Wi-Fi is the most important factor in choosing a hotel. ② Free breakfast ranks second for both types of travelers, with 22 percent of leisure travelers and 21 percent of business travelers selecting it as their top amenity. ③ Accessibility to mass transportation is not as popular as free breakfast for business travelers. ④ The percentage of leisure travelers who chose free parking as their top amenity is three times as large as that of leisure travelers who selected a swimming pool. ⑤ Having a comfortable work chair and desk is the least popular choice on the list of the top four amenities for business stays.

words 136

[3-4] 다음을 읽고, 질문에 답하시오.

© studiostoks / shutterstock

Mae C. Jemison ⓐ <u>was named</u> the first black woman astronaut in 1987. On September 12, 1992, she boarded the space shuttle *Endeavor* as a science mission specialist on the historic eight-day flight. Jemison left the National Aeronautics and Space Administration (NASA) in 1993 after serving ⓑ <u>as</u> an astronaut for six years in total. She was a professor of Environmental Studies at Dartmouth College from 1995 to 2002. Jemison ⓒ <u>was born</u> in Decatur, Alabama, and moved to Chicago with her family when she was three years old. She graduated from Stanford University in 1977 with a degree in chemical engineering and Afro-American studies. Jemison received her medical degree from Cornell Medical School in 1981. She also wrote several books and appeared on many television programs ⓓ <u>including</u> an episode of *Star Trek: The Next Generation*. She received many awards and ⓔ <u>was inducting</u> into the National Women's Hall of Fame and the International Space Hall of Fame.

* induct 입회시키다

words 154

VOCA

name 임명하다
astronaut 우주 비행사
board 타다, 승선하다
mission 임무
specialist 전문가
historic 역사적인
Environmental Studies 환경학(과)
chemical engineering 화학 공학
medical 의학의
appear 출연하다
episode (소설·방송 등의) 시리즈물의 한 편
fame 명성

3 Mae C. Jemison에 관한 윗글의 내용과 일치하지 <u>않는</u> 것은?

① 1992년에 우주 왕복선에 탑승했다.

② 1993년에 NASA를 떠났다.

③ Dartmouth 대학의 환경학과 교수였다.

④ 세 살 때 가족과 함께 Chicago로 이주했다.

⑤ Stanford 대학에서 의학 학위를 받았다.

4 윗글의 밑줄 친 ⓐ~ⓔ 중 어법상 바르지 <u>않은</u> 것은?

① ⓐ   ② ⓑ   ③ ⓒ   ④ ⓓ   ⑤ ⓔ

[5-6] 다음을 읽고, 질문에 답하시오.

People have higher expectations as their lives get better. <u>However, the higher the expectations, the most difficult it is to be satisfied.</u> We can increase the satisfaction we feel in our lives by (A) ⟨controlling / raising⟩ our expectations. If you have adequate expectations, there will be more room for many experiences to be pleasant surprises. The important thing is to find a way to have proper expectations. One way to do this is by keeping wonderful experiences (B) ⟨frequent / rare⟩. For example, no matter what you can afford, save great wine for special occasions. Also, you might as well make an elegantly styled silk blouse a special treat. This may seem like an act of denying your desires, but I don't think it is. On the contrary, it's a good way to make sure that you can continue to experience (C) ⟨familiarity / pleasure⟩ in your life. What's the point of great wines and great blouses if they don't make you feel great?

words 156

VOCA

expectation 기대
satisfaction 만족
adequate 적절한
room 여지
pleasant 즐거운
proper 적절한
occasion 경우, 때
might as well ~하는 편이 낫다
elegantly 우아하게
treat 특별한 즐거움
deny 부정하다, 허용하지 않다
desire 욕망
on the contrary 반대로

5 윗글의 밑줄 친 문장에서 어법상 어색한 부분을 찾아 바르게 고쳐 쓰시오.

〰〰〰〰〰 ➡ 〰〰〰〰〰

6 윗글의 (A), (B), (C)의 각 네모 안에서 문맥에 맞는 낱말로 가장 적절한 것은?

	(A)	(B)	(C)
①	controlling	frequent	pleasure
②	controlling	rare	familiarity
③	controlling	rare	pleasure
④	raising	frequent	familiarity
⑤	raising	rare	pleasure

대표 구문 17

간단 체크 1 views   2 jewel

구문 연습

1 Of the many forest plants / that can cause poisoning, / wild mushrooms /
may be among the most dangerous.
the+최상급의 최상급
중독을 일으킬 수 있는 많은 산림 식물 중에서 야생 버섯은 가장 위험한 것들 중의 하나이다.

2 While there are many reasons for cooperation, / the eyes are one of the most
one of the+최상급+복수 명사
important means of cooperation.
협동을 하는 많은 이유가 있지만, 눈은 가장 중요한 협동 수단 중 하나이다.

3 Only to find later / that it was something you had read. / but it wasn't really
the best answer to the question.
the+최상급의 최상급
결국 나중에 알게 된 것은 그것은 당신이 읽었던 것이지만 사실 그 질문에 대한 가장 좋은 해답은
아니었다는 것이다.

대표 구문 18

간단 체크 1 강조   2 생략

구문 연습

1 Students often think / they know the material / even when they don't.
don't 뒤에 know the material 생략
학생들은 종종 자료의 내용을 알지 못할 때조차도 그것을 안다고 생각한다.

2 It is the uncertainty of the result / and the quality of the contest / that
It is ... that ~ 강조구문 (the uncertainty ~ the contest를 강조)
consumers find attractive.
바로 그 결과의 불확실성과 경기의 수준을 소비자들은 매력적으로 여긴다.

3 Around into my field of vision came an eye, / which was the most wonderful
장소 방향의 부사구 강조를 위한 도치
eye / I could ever imagine.
내 시야에 눈이 하나 들어왔었는데, 그것은 내가 상상할 수 있는 가장 경이로운 눈이었다.

중학 영어 장문 독해
BOOK 2

읽듯전략

대표 구문 ZIP

시험에 장 나오는

대표 구문 15

간단 체크
구문 연습

1 hard. could　**2** not. delicious

1 The German word / was as familiar as it was scary.
as+형용사의 원급+as: …만큼 ~한
그 독일어 단어는 무서운 만큼이나 익숙한 것이었다.

2 In fact, / black is perceived / to be twice as heavy as white.
= twice heavier than
사실, 검은색은 흰색보다 두 배 무겁게 인식된다.

3 But / as much as / we can learn by examining fossils. / it is important to
as+부사의 원급+as: …만큼 ~하게
remember / that they seldom tell the entire story.

그러나 우리가 화석을 조사하며 알 수 있는 것만큼이나 그것들이 좀처럼 완전한 이야기를 전달하지
않는다는 것을 기억하는 것이 중요하다.

대표 구문 16

간단 체크
구문 연습

1 wiser　**2** longer

1 So, / the modern school library / is no longer the quiet zone / it once was.
더 이상 ~ 않는다(= not the quiet zone any longer)
그래서 현대의 학교 도서관은 더는 예전처럼 조용한 구역이 아니다.

2 The more people / you know of different backgrounds, / the more colorful /
the+비교급 …, the+비교급 ~
your life becomes.

여러분이 다른 배경의 사람들을 더 많이 알수록, 여러분의 삶은 더 다채로워진다.

3 After hatching. / chickens peck busily for their own food / much faster than
비교급 강조 ↘ 비교급+than
crows. / which rely on the parent bird / to bring them food in the nest.

부화한 후에 닭은, 둥지로 자신들에게 먹이를 가져다주는 까마귀보다 훨씬 더
빨리 분주하게 자신의 먹이를 쪼아 먹는다.

BOOK 2

대표 구문 13 [28~29쪽]

간단 체크

1 bringing 2 Having been built

구문 연습

1 I finally fell asleep, / exhausted from my grief.
나는 슬픔에 지쳐 마침내 잠이 들었다.
분사구문 수동태

2 The winners will receive two T-shirts / with their design printed on them.
수상자는 자신의 디자인이 인쇄된 티셔츠 두 장을 받을 것입니다.
with+명사(구)+p.p.

3 The security guard was left standing, / not knowing / that by this time tomorrow, he was going to be promoted to head of security.
그 경비원은 내일 이맘때 그가 경비실장으로 승진하게 되리라는 것을 알지 못한 채 서 있었다.
분사구문 능동태

대표 구문 14 [30~31쪽]

간단 체크

1 neither 2 but

구문 연습

1 Animals as well as humans / join in play activities.
인간뿐만 아니라 동물도 놀이 활동에 참여한다.
B as well as A: A뿐만 아니라 B도

2 For both leisure travelers and business travelers, / free Wi-Fi is the most important factor / in choosing a hotel.
여가 여행자들과 출장 여행자들 모두에게 무료 Wi-Fi가 호텔 선택에 있어서 가장 중요한 요소이다.
both A and B: A와 B 둘 다

3 Kids might also get the message / that intelligence or talent is something / that people either have or don't have.
아이들은 또한 지능이나 재능이 사람들이 가지거나 가지지 못하는 어떤 것이라는 메시지를 받을지도 모른다.
either A or B: A 또는 B 둘 중 하나

대표 구문 학습으로
빠르고 정확하게 문장을
파악하는 연습해 봐!

대표 구문 11

간단 체크

1 So that   **2** such

구문 연습

1 Therefore, / the immediate pleasure of eating / must be exploited to the full.
/ even though it does violence to the digestion.
양보의 부사절
따라서 즉각적인 먹는 즐거움은 소화에 무리가 되더라도 충분히 이용되어야 한다.

2 She had fallen so often / that she sprained her ankle / and had to rest for
결과의 부사절
three months / before she was allowed to dance again.
시간의 부사절
그녀는 너무 자주 넘어져 발목을 삐어서 다시 춤을 출 수 있게 되기까지 3개월 동안 쉬어야 했다.

3 Though it may seem worthless / in the short term. / to produce something
양보의 부사절
worthwhile / — if it ever happens — / may require years of such fruitless labor.
그것이 단기적으로는 무가치하게 보일지 몰라도 가치 있는 것을 만들어 내는 것은, 행여라도 그런 일이 일어난다면, 여러 해 동안의 그런 결실 없는 노동을 필요로 할지도 모른다.

대표 구문 12

간단 체크

1 만약 이를 제대로 닦지 않으면   **2** 독감에 걸렸기 때문에

구문 연습

1 She joined them for a little. / moving with the gentle breeze.
분사구문 (동사동작)
그녀는 미풍을 따라 움직이면서 그것들과 잠시 함께 했다.

2 I felt / that the animal was protecting me, / lifting me toward the surface.
분사구문 (동사동작)
나는 그 동물이 수면으로 나를 들어 올려 보호해 주고 있다고 느꼈다.

3 The security guard, / who had worked for the company for many years, /
looked his boss straight in the eyes. / showing no sign of emotion on his face.
분사구문 (동사동작)
그 회사에서 수년 동안 근무해 온 그 경비원은 얼굴에 감정을 전혀 드러내지 않은 채 상관의 눈을 똑바로 쳐다보았다.

대표 구문 1   조동사

- 조동사는 동사에 가능, 능력, 허가 등 다양한 의미를 더해 주는 말로 조동사 뒤에는 동사원형이 온다.
- 조동사 should와 ought to는 must보다 강제성이 약하다.

	가능·능력	~할 수 있다 (= be able to)
can	허가	~해도 된다
❶	약한 추측	~일지도 모른다
	허가	~해도 된다
	강한 추측	~임에 틀림없다
must	의무	~해야 한다 (= have to, ought to)
	의무	❷
should	충고	~하는 게 좋다

정답 ❶ may   **❷** ~해야 한다

Some flowers can change / their colors. 어떤 꽃들은 그들의 색을 바꿀 수 있다.
가능·능력

Tony must be / a big fan of Tottenham FC. Tony는 토트넘 축구팀의 열성 팬임에 틀림없다.
강한 추측

You should submit / your application / no later than March 13.
의무
너는 늦어도 3월 13일 전까지 지원서를 제출해야 한다.

You **must** not leave a tap running.

간단 체크

우리말과 같은 뜻이 되도록 빈칸에 알맞은 말을 쓰시오.

1 내일은 비가 올지도 모른다.
→ It _____ rain tomorrow.

2 Sam은 영어와 한국어를 둘 다 유창하게 말할 수 있다.
→ Sam _____ speak both English and Korean fluently.

대표 구문 9

구문 연습

간단 체크 1 판단의 근거 2 목적

20~21쪽

1 As the only new kid in the school, / she was pleased / to have a lab partner.
유일한 전학생인 그녀는 실험실 파트너가 생겨서 기뻤다.
부사 역할을 하는 to부정사(감정의 원인)

2 The conductor came around / to punch the tickets and said, / "Show me your ticket, please."
차장이 차표를 (확인을 위해) 구멍을 뚫으러 다가와서 "표를 보여 주세요."라고 말했다.
부사 역할을 하는 to부정사(목적)

3 She slowly turned over / and pushed her face into the grass / to smell the green pleasant scent / from the fresh wild flowers.
그녀는 신선한 야생화로부터 풍겨오는 푸르고 쾌적한 향기를 맡기 위해 몸을 천천히 돌려 풀밭으로 얼굴을 내밀었다.
부사 역할을 하는 to부정사(목적)

대표 구문 10

구문 연습

간단 체크 1 Since 2 if

22~23쪽

1 "But even if I could call my husband," / I said, / "he can't bring me his car key, / since this is our only car."
"내가 남편에게 전화할 수 있다고 해도 이것이 우리의 유일한 차이기 때문에 그는 나에게 그의 차 열쇠를 가져다 줄 수 없어요."라고 나는 말했다.
이유의 부사절

2 Before he died, / he wanted to give a last blessing / to his final resting place.
죽기 전에 그는 최후의 안식처에 마지막 축복을 해주고 싶어서 인간을 창조하기로 결심했다. / so he decided to create humans.
시간의 부사절

3 "I cooked the dinner / and therefore you can't eat it / unless you pay me for my superior cooking skills."
"내가 저녁 식사를 준비했으니 나의 뛰어난 요리 솜씨에 대해 내가 너에게 돈을 지불하지 않으면 너는 저녁을 먹을 수 없어."
조건의 부사절

구문 연습

조동사에 표시하고 의미를 쓴 뒤, 문장을 끊어 읽고 해석하시오.

I was sinking and hardly able to move.

be able to에서 be동사는 시제와 주어의 수, 인칭에 따라 형태가 바뀌어,

1
BOOK 2
p. 10

I was sinking and hardly able to move.

2
BOOK 2
p. 27

You should also ask if the scientist or group conducting the experiment was unbiased.

3
BOOK 2
p. 23

Prey often have eyes facing outward, maximizing peripheral vision, which allows the hunted to detect danger that may be approaching from any angle.

대표 구문 7

간단 체크 구문 연습

1 who 2 which

1 One outcome of motivation is behavior / that takes considerable effort.
선행사 ⌐ 주격 관계대명사
동기 부여의 한 가지 결과는 상당한 노력을 필요로 하는 행동이다.

2 Rats / that had been helped previously by an unknown partner / were more
선행사 주격 관계대명사절
likely to help others.
이전에 모르는 파트너에게 도움을 받은 적이 있는 쥐는 다른 쥐들을 돕는 경향이 더 높았다.

3 Kinzler and her team / took a bunch of five-month-olds / whose families
선행사 소유격 관계대명사
only spoke English / and showed the babies two videos.
Kinzler와 그녀의 팀은 가족들이 영어만을 말하는 한 무리의 5개월 된 아이들을 골라 그 아기들에게 두 개의 영상을 보여 주었다.

대표 구문 8

간단 체크 구문 연습

1 where 2 when

1 You never know / what great things will happen to you / until you get out of the zone / where you feel comfortable.
선행사 ⌐ 관계부사절
여러분이 편안함을 느끼는 지대 밖으로 벗어나고 나서야 비로소 자신에게 어떤 대단한 일이 일어날지 안다.

2 Color can impact / how you perceive weight.
관계부사절
색상은 여러분이 무게를 인식하는 방식에 영향을 줄 수 있다.

3 At a time / when most other airlines were losing money or going under, /
선행사 ⌐ 관계부사절
over 100 cities were begging the company / to service their locations.
대부분의 다른 항공사들이 손해를 보거나 파산하던 시기에, 100개가 넘는 도시가 그 회사에 그 지역에 취항할 것을 부탁하고 있었다.

대표 구문 2 조동사+have+p.p. / 조동사의 관용적 표현

• '조동사+have+p.p.'는 과거의 일에 대한 추측이나 후회를 나타낸다.

❶ _____ have+p.p.	~했음에 틀림없다 (과거의 일에 대한 강한 추측)
can't(cannot) have+p.p.	~이었을리 없다 (과거의 일에 대한 강한 의심)
may(might) have+p.p.	~했을지도 모른다 (과거의 일에 대한 약한 추측)
should have+p.p.	~했어야 했다 (과거의 일에 대한 후회·유감)

• 〈조동사의 관용적 표현〉

had better	~하는 게 좋다 (충고)
used to	~하곤 했다 (과거의 ❷____)
would like to	~하고 싶다 (소망)
cannot+동사+too+형용사/부사	아무리 ~하게 ~해도 지나치지 않다

정답 ❶ must ❷ 습관

It must have snowed / last night. 지난밤에 눈이 왔음에 틀림없다.
과거의 일에 대한 강한 추측

Mina shouldn't have eaten / too much ice cream. 미나는 아이스크림을 너무 많이 먹지 말았어야 했어.
과거의 일에 대한 후회·유감

You had better slow down / in a school zone. 너는 어린이 보호 구역에서 속도를 줄이는 게 좋다.
충고

간단 체크

우리말과 같은 뜻이 되도록 괄호 안의 말을 이용하여 문장을 완성하시오.

1 그는 우리와의 저녁 약속을 잊었을지도 모른다.
→ He _____ dinner plans with us. (forget)

2 이곳에 작은 호수가 있었다.
→ There _____ a small lake here. (be)

I should have studied harder.

구문연습

조동사 표현에 표시하고 의미를 쓴 뒤, 문장을 끊어 읽고 해석하시오.

1
BOOK 1
p. 68

You can never have too much education or knowledge.

2
BOOK 2
p. 53

When people pursue goods that are positional, they can't help

being in the rat race.

「cannot help+동명사」는 '~하지 않을 수 없다'라는 조동사의 관용적 표현이야.

3
BOOK 1
p. 69

On behalf of the company, I would like to apologize for the

inconvenience you've experienced.

대표 구문 5

구문 연습

1 to help　　2 something exciting

간단 체크

1 Some planets / do not even have surfaces / to land on.
어떤 행성들은 착륙할 표면조차 가지고 있지 않다.

2 It also creates a willingness / to expend time and energy / on preparatory
behaviors. 그것은 또한 준비 행동에 시간과 에너지를 쓸 의지를 만들기도 한다.

3 All of these events have the ability / to reset the biological clock, / allowing
it to strike a precise twenty-four-hour note.
이 모든 경우는 생체 시계를 재점정하는 능력이 있어 정확한 24시간 음을 치도록 한다.

12~13쪽

대표 구문 6

구문 연습

1 standing　　2 painted

간단 체크

1 Before this research was conducted, / generalized reciprocity was thought
to be unique to humans.
이 연구가 수행되기 전에는, 일반화된 호혜성은 인간들에게 고유한 것으로 여겨졌다.

2 Thus, / someone motivated to buy a new smartphone / may earn extra
money for it. / drive through a storm / to reach the store. / and then wait in
line / to buy it.
따라서 새 스마트폰을 사고자 하는 동기가 있는 사람은 그것을 위해 추가적인
돈을 벌고, 가게에 가기 위해 폭풍 속을 운전하며, 그것을 사려고 줄을 서서 기
다릴지도 모른다.

3 According to one leading theory, / ancestral humans lost their hair / over
successive generations / because less hair allowed them / to be cooler and
more effective at long-distance running.
한 유력한 이론에 따르면, 털이 더 적은 것은 더 시원하고 장거리 달리기에 더 효과적이도록 했기
때문에 선조들은 잇따른 세대에 걸쳐서 털을 잃었다.

14~15쪽

대표 구문 3

간단 체크
구문 연습

1 were   **2** had caught

1 If he had known / he was building his own house. / he would have done his best work.
If+S+had+p.p.
S+조동사의 과거형+have+p.p.
만약 그가 자신의 집을 짓고 있다는 것을 알았다면 그는 최선을 다해 일했을 것이다.

2 Moreover, / the experience would be ruined / if people were to behave in such a way.
S+조동사의 과거형+동사원형   if+S+V(were)
게다가 사람들이 그런 식으로 행동한다면 캠핑 경험은 망쳐질 것이다.

3 It would be nice / if you could take your customers by the hand / and guide each one / through your store.
S+조동사의 과거형+동사원형 if+S+V(과거형)
만약 여러분이 고객의 손을 잡고 여러분의 상점 안 여기저기로 각각의 고객을 안내할 수 있다면 좋을 것이다.

대표 구문 4

간단 체크
구문 연습

1 knew   **2** had learned

1 Without such passion and effort, / they would have achieved nothing.
= But for such passion and effort
그러한 열정과 노력이 없었더라면, 그들은 아무것도 이루지 못했을 것이다.

2 And then slowly, / one by one. / as if someone were dropping pennies on the roof, / came the raindrops.
as if+가정법 과거
그러고 나서 천천히, 하나하나씩, 마치 누군가가 지붕에 동전을 떨어뜨리는 것처럼 빗방울이 떨어졌다.

3 Listening to the empty thunder / that brought no rain, / she whispered. / "I wish the drought would end."
I wish+가정법 과거
비를 가져오지 않는 공허한 천둥소리를 들으면서 "나는 이 가뭄이 끝났으면 좋겠어."라고 속삭였다.

대표 구문 3 — 가정법 과거 / 과거완료

• 가정법 과거는 ❶____ 사실과 반대되는 상황이나 실현 가능성이 희박한 일을 가정할 때 쓴다. 이때, if절의 동사가 be동사일 경우 주어의 인칭과 수와 관계없이 were를 쓴다.

형태	If+주어+동사의 과거형 ~, 주어+조동사의 과거형+동사원형 ~
의미	(만약) ~한다면 …할 텐데

• 가정법 과거완료는 과거 사실과 반대되는 상황이나 과거에 실현하지 못한 일을 가정할 때 쓴다.

형태	If+주어+❷____+p.p. ~, 주어+조동사의 과거형+have+p.p. ~
의미	(만약) ~했다면 …했을 텐데

정답 ❶ 현재 ❷ had

If I had more time, / I could stop by a duty-free shop.
If+S+V(과거형) / S+조동사의 과거형+동사원형
내가 시간이 더 있다면 면세점에 들를 수 있을 텐데.

If I were you, / I would help the poor.
If+S+V(were) / S+조동사의 과거형+동사원형
내가 너라면 가난한 사람들을 도울 텐데.

If he had known the truth, / he would have called the police then.
If+S+had+p.p. / S+조동사의 과거형+have+p.p.
그가 그 사실을 알았더라면 그때 경찰을 불렀을 텐데.

If I had saved more money, I would have bought my own car.

간단 체크

괄호 안에서 알맞은 것을 고르시오.

1 If I (am / were) an eagle, I could fly high up in the sky.

2 If she (caught / had caught) the bus, she wouldn't have been late.

정답과 해설

대표 구문 1

4~5쪽

간단 체크

1 may **2** can(is able to)

구문 연습

1 I was sinking / and hardly able to move.
나는 가라앉고 있었고 거의 움직일 수가 없었다.
└ ~할 수 있다(가능 · 능력)

2 You should also ask / if the scientist or group / conducting the experiment / was unbiased.
당신은 실험을 수행한 그 과학자나 그룹이 한쪽으로 치우치지 않았는지 역시 물어야 한다.
~해야 한다(의무·충고)

3 Prey often have eyes facing outward. / maximizing peripheral vision. / which allows the hunted to detect danger / that may be approaching from any angle.
~일지도 모른다(약한 추측)
피식자는 대체로 주변 시야를 최대화하는 바깥쪽을 향하는 눈을 가지고 있으며, 이것은 사냥당하는 대상이 어떤 각도에서도 접근하고 있을지 모르는 위험을 감지할 수 있게 한다.

대표 구문 2

6~7쪽

간단 체크

1 may(might) have forgotten **2** used to be

구문 연습

1 You can never have / too much education or knowledge.
아무리 ···하게 ~해도 지나치지 않다
교육이나 지식은 아무리 많이 있어도 지나치지 않다.

2 When people pursue goods / that are positional. / they can't help being in the rat race.
~하지 않을 수 없다
사람들이 위조에 관련된 재화(이익)를 추구할 때, 그들은 치열하고 무의미한 경쟁을 하지 않을 수 없다.

3 On behalf of the company. / I would like to apologize / for the inconvenience / you've experienced.
~하고 싶다(소망)
회사를 대표해 귀하가 겪으신 불편에 사과드리고 싶습니다.

>> 정답과 해설 41쪽

구문 연습

가정법 표현에 표시한 뒤, 문장을 끊어 읽고 해석하시오.

1 If he had known he was building his own house, he would have done his best work.

BOOK 2
p. 68

2 Moreover, the experience would be ruined if people were to behave in such a way.

BOOK 2
p. 54

가정법 과거 문장에서 if절의 동사가
be동사일 경우 were를 써야 해.

3 It would be nice if you could take your customers by the hand and guide each one through your store.

BOOK 2
p. 52

강조, 도치, 생략, 삽입 등이 표현에 표현에 표시한 뒤, 문장을 많이 읽고 해석하시오.

구문 연습

1
BOOK 2
p. 30

Students often think they know the material even when they don't.

문장을 간결하게 만들기 위해 반복 되는 어구는 종종 생략해.

2
BOOK 2
p. 39

It is the uncertainty of the result and the quality of the contest that consumers find attractive.

3
BOOK 2
p. 10

Around into my field of vision came an eye, which was the most wonderful eye I could ever imagine.

대표 구문 4   I wish 가정법 / as if 가정법 / Without 가정법

- I wish 가정법: 현재 상황에 대한 유감이나 과거 일에 대한 아쉬움을 나타낸다.

I wish+가정법 과거	I wish+주어+동사의 과거형 ~	~하면 좋을 텐데
I wish+가정법 과거완료	I wish+주어+had+p.p. ~	~했다면 좋을 텐데

- as if 가정법: 현재 또는 과거 사실과 **①** ☐ 되는 상황을 가정할 때 쓴다.

as if+가정법 과거	as if+주어+동사의 과거형	마치 ~인[하는] 것처럼
as if+가정법 과거완료	as if+주어+had+p.p.	마치 ~였던[했던] 것처럼

- Without 가정법: 'Without+명사(구)'의 형태로 현재에 없거나 과거에 없었음을 가정할 때 쓴다. 이때 Without은 **②** ☐ for로 바꿔 쓸 수 있다.

정답 **①** 반대 **②** But

I wish / I were taller than Tim. 내가 Tim보다 키가 크다면 좋을 텐데.
I wish+S+V(were)

Mia talked / as if she did not remember the incident.
                        as if+S+V(과거형)
Mia는 마치 그 사건이 기억나지 않는 것처럼 말했다.

Without Ben's effort, / we wouldn't have succeeded.
= But for Ben's effort   S+조동사의 과거형+have+p.p.
Ben의 노력이 없었더라면, 우리는 성공하지 못했을 것이다.

I wish the prince could find me out.

간단 체크

우리말과 같은 뜻이 되도록 괄호 안의 말을 이용하여 문장을 완성하시오.

1 Ellen은 마치 James에 대해 모든 것을 알고 있는 것처럼 말한다.
→ Ellen speaks as if she _____ everything about James. (know)

2 내가 수영을 배웠더라면 좋을 텐데.
→ I wish I _____ how to swim. (learn)

대표 구문 18 특수 구문 (강조, 도치, 생략, 삽입 등)

- 「It is ... that ~」 강조구문은 '~한 것은 바로 …이다'라는 뜻으로 It is와 that 사이에 강조하려는 말을 쓴다. 일반동사가 쓰인 문장의 동사를 강조하고자 할 때는 동사원형 앞에 조동사 ① [does/did]를 쓸 수 있다.
- 장소·방향을 나타내는 부사(구)나 부정어(not, never, neither, little 등)가 문장의 앞에 쓰여 강조되면 주어와 동사가 도치되어 동사가 ② 앞에 온다.
- 문장에 없어도 충분히 내용 파악이 가능한 말은 생략되기도 한다.
- 생략과 반대로 의미를 충분하게 하기 위해 구나 절 등이 삽입되기도 한다.

정답 ① do ② 앞

It is Daisy / that I go to school with.
　　　Daisy를 강조
내가 함께 등교하는 사람은 바로 Daisy이다.

Never have I received / such a huge bunch of flowers.
부정어 강조를 위한 도치
나는 이렇게 큰 꽃다발은 받아본 적이 없다.

The Statue of Liberty, / a gift from France, / is in New York.
　　　　　　　　　　　삽입
프랑스로부터 받은 선물인 (자유의 여신상은) 뉴욕에 있다.

Deep in the ocean lies
hidden treasure.

간단 체크

다음 문장에서 어떤 특수 구문이 쓰였는지 괄호 안에서 고르시오.

1 I do want to have a puppy. (강조 / 도치)

2 Ella was running on a treadmill while talking on the phone. (생략 / 삽입)

구문 연습 가정법 표현에 표시한 뒤, 문장을 끝까지 읽고 해석하시오.

1
BOOK 2
p.28
Without such passion and effort, they would have achieved nothing.

2
BOOK 2
p.62
And then slowly, one by one, as if someone were dropping pennies on the roof, came the raindrops.

I wish나 as if 가정법 문장에서 be동사는
가정법 과거와 같이 were를 써.

3
BOOK 2
p.62
Listening to the empty thunder that brought no rain, she whispered,
"I wish the drought would end."

구문 연습

최상급 표현에 표시한 뒤, 문장을 꼼꼼히 읽어 해석하시오.

1 BOOK 2 p.34

Of the many forest plants that can cause poisoning. wild mushrooms may be among the most dangerous.

> 전치사 in이나 of를 사용해서 범위를 나타낼 수 있지만 명사를 따라 다른 전치사가 올 수도 있어.

2 BOOK 2 p.50

While there are many reasons for cooperation. the eyes are one of the most important means of cooperation.

3 BOOK 2 p.30

Only to find later that it was something you had read. but it wasn't really the best answer to the question.

대표 구문 5 형용사 역할을 하는 to부정사

- to부정사는 '~하는[~할]'이라는 뜻으로 명사(구)를 ❶ ___ 에서 수식하는 형용사 역할을 할 수 있다.
- -thing, -body, -one, -where 등으로 끝나는 대명사를 수식하는 형용사가 쓰인 경우 to부정사는 ❷ ___ 뒤에 위치한다.
- to부정사가 형용사 역할을 할 때 수식을 받는 명사(구)가 전치사의 목적어이면 to부정사 뒤에 전치사를 쓴다.

정답 ❶ 뒤 ❷ 형용사

I have some interesting stories / to tell you.
→ to부정사
나는 네게 말해줄 흥미로운 이야기가 있다.

There is nothing special / to buy in this store.
→ to부정사
이 가게에는 특별히 살 것이 없다.

Sarah needs a trustworthy friend / to depend on.
→ to부정사 + 전치사
Sarah는 의지할 믿음직스러운 친구가 필요하다.

Do you have something **to drink**?

간단 체크

괄호 안에서 알맞은 것을 고르시오.

1 I am looking for Sam (help / to help) me with math problems.
2 Robert waited for (something exciting / exciting something) to happen.

대표 구문 17 · 여러 가지 최상급 표현

- 최상급 비교는 '(… 중에서) 가장 ~한[하게]'이라는 의미로 'the+형용사/부사의 최상급(+명사)(+in/of+범위)'의 형태로 쓴다.
- 〈여러 가지 최상급 표현〉

the+최상급+단수명사(+that)+주어+have (ever)+과거분사	(주어)가 …한 중에 가장 ~한
one of the+최상급+ ❶　　　 명사	가장 ~한 … 중 하나
비교급+than any other+단수 명사	다른 어떤 …보다 더 ~한
비교급+than ❷　　　 the other+복수 명사	다른 모든 …보다 더 ~한
no+명사 ~+than	어떤 …도 …만큼 ~하지 않다
no+명사 ~+as(so)+원급+as	어떤 …도 …보다 더 ~하지 않다
no+명사 ~+비교급+than	어떤 …도 …보다 더 ~하지 않다

정답 ❶ 복수 ❷ all

구문 연습　형용사 역할을 하는 to부정사에 표시한 뒤, 문장을 끊어 읽고 해석하시오.

1
BOOK 2
p.36

Some planets do not even have surfaces to land on.

'land on surfaces'와 같이 to부정사 앞에 쓰인 명사를 전치사 뒤로 옮겨보면 이해하기 쉬워.

2
BOOK 2
p.8

It also creates a willingness to expend time and energy on preparatory behaviors.

3
BOOK 2
p.73

All of these events have the ability to reset the biological clock, allowing it to strike a precise twenty-four-hour note.

The Lord of the Rings / is the most interesting movie / that I've watched.

〈반지의 제왕〉은 내가 본 영화 중에 가장 흥미로운 영화이다.

the+최상급+단수명사(+that)+주어+have (ever)+과거분사

No food in the world / is so delicious as my mom's.

no+명사 ~+as(so)+원급+as

이 세상에서 어떤 음식도 엄마의 음식만큼 맛있지 않다.

No one loves me **more than** my family.

간단 체크

괄호 안에서 알맞은 것을 고르시오.

1 Niagara Falls has one of the most breathtaking (view / views) in Canada.

2 This diamond is more expensive than any other (jewel / jewels) in our shop.

대표 구문 6 형용사 역할을 하는 현재분사 / 과거분사

- 분사(구)는 형용사 역할을 하며, 분사가 단독으로 쓰이면 명사 ❶ [　] 에서 수식하고 목적어, 보어, 부사(구) 등을 동반하여 두 단어 이상이 되면 명사 뒤에서 수식한다.
- 현재분사(v-ing)는 능동·진행의 의미를 나타내며 '~하는, ~하고 있는'으로 해석한다.
- 과거분사(p.p.)는 수동·❷ [　] 의 의미를 나타내며 '~한, ~된'으로 해석한다.

정답 ❶ 앞 ❷ 완료

A rolling stone / gathers no moss.
현재분사
구르는 돌에는 이끼가 끼지 않는다.

There is a torn page / in the book.
과거분사
책에 찢어진 페이지가 있다.

The girl dozing off in class / is Ann.
현재분사구
수업 중에 졸고 있는 소녀는 Ann이다.

She ordered a beef steak with **mashed** potatoes.

간단 체크
괄호 안에서 알맞은 것을 고르시오.
1 The boy (stood / standing) in front of the tree is my little brother.
2 I like the portrait (painted / painting) in the 1970s.

구문 연습 비교급 표현에 표시한 뒤, 문장을 끝까지 읽고 해석하시오.

1 BOOK 2 p.51
So, the modern school library is no longer the quiet zone it once was.

2 BOOK 2 p.44
The more people you know of different backgrounds, the more colorful your life becomes.

3 BOOK 2 p.37
After hatching, chickens peck busily for their own food much faster than crows, which rely on the parent bird to bring them food in the nest.

비교급 앞에 much, even, far, a lot 등을 넣으면 '훨씬'의 의미로 비교급을 강조할 수 있어.

대표 구문 16 · 여러 가지 비교급 표현

- '...보다 더 ~한[하게]'이라는 의미의 비교급 비교는 「형용사/부사의 비교급+ ❶ 」의 형태로 쓴다.
- 비교급 앞에 much, even, far, a lot 등의 부사를 넣으면 '훨씬'이라는 의미로 비교급을 강조할 수 있다.
- 〈비교급 표현〉

비교급+and+비교급	점점 더 ~한[하게]
the+비교급 ..., the+비교급 ~	...하면 할수록 더 ~하다
no more than (= only)	겨우 ~밖에
not less than	최소한, 적어도
no longer (= not ~ any longer)	더 이상 ~ 않는다
more or ❷	거의, 대략

정답 ❶ than ❷ less

An elephant / is much heavier than a crocodile. 코끼리는 익어보다 훨씬 더 무겁다.
비교급 강조 ↘ 비교급+than

The actor / is getting more and more famous. 그 배우는 점점 더 유명해지고 있다.
비교급+and+비교급

The more I see it, / the more I like it. 나는 그것이 보면 볼수록 마음에 든다.
the+비교급 ... the+비교급 ~

There is room for **no more than** three cars.

굵은 인에서 알맞은 것을 고르시오.

1 The more books you read, the (wise / wiser) you become.

2 Your passport is no (long / longer) valid. You need to get it renewed.

구문 연습 · 형용사 역할을 하는 분사에 표시한 뒤, 문장을 끊어 읽고 해석하시오.

1
BOOK 2
p. 18

Before this research was conducted, generalized reciprocity was thought to be unique to humans.

단독 분사인지 구를 이루는 분사인지에 따라 명사를 수식해주는 위치가 달라져.

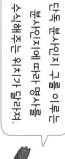

2
BOOK 2
p. 8

Thus, someone motivated to buy a new smartphone may earn extra money for it, drive through a storm to reach the store, and then wait in line to buy it.

3
BOOK 2
p. 9

According to one leading theory, ancestral humans lost their hair over successive generations because less hair allowed them to be cooler and more effective at long-distance running.

구문 연습 원급 비교 표현에 표시한 뒤, 문장을 많이 읽고 해석하시오.

1 The German word was as familiar as it was scary.

BOOK 2
p. 66

> 원급 비교의 as와 as 사이에는 -er, -est 등이 붙지 않은 형용사와 부사의 기본 형태가 들어간다.

2 In fact, black is perceived to be twice as heavy as white.

BOOK 2
p. 42

3 But as much as we can learn by examining fossils, it is important to remember that they seldom tell the entire story.

BOOK 2
p. 69

대표 구문 7 명사를 수식하는 관계대명사절

- 관계대명사는 「접속사+대명사」의 역할을 하며 관계대명사 뒤에는 불완전한 문장이 온다.
- 관계대명사가 이끄는 절은 명사를 뒤에서 수식하며 수식하는 그 명사를 ❶ [   ]라고 한다.
- 관계대명사의 역할에 따라 주격, 목적격, 소유격으로 구분한다.

선행사	주격	소유격	목적격
사람	who	❷ [ ]	who(m)
사물, 동물	which	whose, of which	which
사람, 사물, 동물	that	—	that

정답 ❶ 선행사 ❷ whose

She interviewed a movie director / **who** won an Oscar.
  <u>선행사(사람)</u>   <u>주격 관계대명사</u>
그녀는 오스카상을 수상한 영화감독을 인터뷰했다.

Nick fed a stray dog / **which** he saw on the street.
  <u>선행사(동물)</u>   <u>목적격 관계대명사</u>
Nick은 길거리에서 보았던 떠돌이 개에게 먹이를 주었다.

I know a boy / **whose** name is Tom.
  <u>선행사(사람)</u> <u>소유격 관계대명사</u>
나는 Tom이라는 이름의 소년을 안다.

He is the soccer player **who scored the most goals.**

간단 체크

괄호 안에서 알맞은 것을 고르시오.

1 I haven't talked to the man (who / whose) lives next door.

2 He got back his wallet (whom / which) he left on the subway.

대표 구문 15 원급 비교

- 원급 비교는 두 대상의 정도가 같음을 나타낼 때 쓴다.
- 원급 비교는 '...만큼 ~한[하게]'이라는 의미로 「as+형용사/부사의 ❶ +as」의 형태이다. 부정은 첫 번째 as 앞에 not을 쓴다.

〈원급 비교 표현〉

as+원급+as ❷ = as+원급+as+주어+can	가능한 ~한[하게]
배수 표현+as+원급+as = 배수 표현+비교급+than	...보다 - 배 더 ~한[하게]

정답 ❶ 원급 ❷ possible

Lucy is **as tall as** Kyle.

Karen can speak Spanish / as proficiently as a native speaker.
as+부사의 원급+as
Karen은 원어민처럼 능숙하게 스페인어를 말할 수 있다.

I will contact you / as soon as possible.
= as soon as I can
가능한 한 빨리 연락드리겠습니다.

Jeju Island / is three times as big as Seoul.
= three times bigger than
제주도는 서울보다 세 배 더 크다.

간단 체크

우리말과 같은 뜻이 되도록 빈칸에 알맞은 말을 쓰시오.

1 삼촌은 낚싯대를 가능한 힘껏 잡아당겼다.
→ My uncle pulled his fishing rod as _____ as he _____ .

2 다미의 케이크는 하나의 케이크만큼 맛있지 않다.
→ Dami's cake is _____ as _____ as Hana's.

구문 연습 선행사와 관계대명사절에 표시한 뒤, 문장을 끊어 읽고 해석하시오.

1 One outcome of motivation is behavior that takes considerable
effort.
BOOK 2 p.8

선행사와 관계대명사절 안에서 어떤 역할을 하는지에 따라 쓰이는 관계대명사가 달라져.

2 Rats that had been helped previously by an unknown partner were
more likely to help others.
BOOK 2 p.18

3 Kinzler and her team took a bunch of five-month-olds whose
families only spoke English and showed the babies two videos.
BOOK 2 p.56

대표 구문 8 명사를 수식하는 관계부사절

- 관계부사는 「접속사+부사」의 역할을 하며 관계부사 뒤에는 완전한 문장이 온다.
- 관계부사는 시간, 장소, 이유, 방법을 나타내는 명사(선행사)를 수식하는 절을 이끌며 「전치사+관계대명사」로 바꿔 쓸 수 있다.

선행사	관계부사	전치사＋관계대명사
시간	when	in / at / on which
장소	where	in / at / on / to which
이유	why	❶ ⬜ which
방법	how	in which

- 방법을 나타내는 선행사 the way와 관계부사 ❷ ⬜ 는 함께 쓰지 않고 둘 중 하나만 쓴다.

답 ❶ for **❷** how

I still remember **the day** / **when my son graduated from kindergarten.**
　　　　　　　　선행사(시간)　　　관계부사절
나는 내 아들이 유치원을 졸업했던 날을 여전히 기억한다.

There is a tall tower / **where a beautiful princess is trapped.**
　　　　　　선행사(장소)　　　　　관계부사절
아름다운 공주가 갇혀 있는 높은 탑이 있다.

Do you know **the reason** / **why Charlie wore a raincoat?**
　　　　　　　선행사(이유)　　관계부사절
Charlie가 우비를 입은 이유를 아세요?

| I like **the way you decorate** **your garden.** |

간단 체크
간단 체크 빈칸에 들어갈 알맞은 관계부사를 쓰시오.

1 I often send snacks to the office ＿＿＿ my husband works.

2 April is the month ＿＿＿ flowers begin to bloom.

18 중학 일등전략 영어 장문 독해

구문 연습 상관접속사에 표시한 뒤, 문장을 많이 읽고 해석하시오.

1
BOOK 1
p. 12

Animals as well as humans join in play activities.

2
BOOK 1
p. 73

For both leisure travelers and business travelers, free Wi-Fi is the most important factor in choosing a hotel.

「both A and B」가 주어로 쓰이면 복수 취급하고, 나머지 상관접속사는 B에 동사의 수를 일치시켜.

3
BOOK 1
p. 70

Kids might also get the message that intelligence or talent is something that people either have or don't have.

대표 구문 14 상관접속사

- 상관접속사는 두 개 이상의 단어가 짝을 이루는 접속사이며 상관접속사로 연결되는 두 요소는 문법적으로  해야야 한다.
- 상관접속사의 수 일치에 주의한다.

both A and B	A와 B 둘 다	복수 취급
not only A but (also) B = B as well as A	A뿐만 아니라 B도	
not A ❷ B	A가 아니라 B	B에 수 일치
either A or B	A 또는 B 둘 중 하나	
neither A nor B	A도 B도 아닌	

정답 ❶ 동등 ❷ but

Both jelly and pudding / are my favorite sweets.
both A and B: A와 B 둘 다   V(복수 동사)
젤리와 푸딩 둘 다 내가 좋아하는 단 것들이다.

Summer in Korea / **is not only hot but also humid.**
not only A but also B: A뿐만 아니라 B도
한국의 여름은 더울 뿐만 아니라 습하다.

Choose / **either** to eat out **or** get food delivered.
either A or B: A 또는 B 둘 중 하나
외식을 할지 배달 음식을 먹을지 둘 중 하나를 선택해.

Neither food **nor** drink is allowed in the museum.

간편 체크

비칸에 들어갈 알맞은 상관접속사를 쓰시오.

1 The laptop you bought is ———— light nor heavy.

2 The *Mona Lisa* is not painted by Picasso ———— by Leonardo da Vinci.

구문 연습

선행사와 관계부사절에 표시한 뒤, 문장을 끊어 읽고 해석하시오.

1
BOOK 2 p. 20

You never know what great things will happen to you until you get out of the zone where you feel comfortable.

2
BOOK 2 p. 42

Color can impact how you perceive weight.

방법을 나타내는 선행사 the way와 관계부사 how는 함께 쓸 수 없어.

3
BOOK 2 p. 25

At a time when most other airlines were losing money or going under, over 100 cities were begging the company to service their locations.

구문 연습 문장구문이나 분사 표현에 표현한 뒤, 문장을 꼼꼼히 읽고 해석하시오.

1 BOOK 2 p.16

I finally fell asleep, exhausted from my grief.

2 BOOK 1 p.72

The winners will receive two T-shirts with their design printed on them.

> 부사절이 부정문이면 분사 앞에 not[never]을 써.

3 BOOK 2 p.26

The security guard was left standing, not knowing that by this time tomorrow, he was going to be promoted to head of security.

대표 구문 9
부사 역할을 하는 to부정사

- to부정사는 ❶ 처럼 쓰여 형용사, 부사, 동사 또는 문장 전체를 수식할 수 있다.
- 부사 역할을 하는 to부정사는 ❷), 감정의 원인(~해서), 판단의 근거(~하다니), 결과(…해서 결국 ~하다) 등 다양한 의미를 나타낸다.
- 목적의 의미를 명확히 전달하기 위해 to부정사 앞에 'in order'를 쓸 수 있다.

답 ❶ 부사 ❷ ~하기 위해

Noah traveled to France / to visit the Louvre Museum.
부사 역할을 하는 to부정사 (목적)
Noah는 루브르 박물관을 방문하기 위해 프랑스로 여행 갔다.

I was disappointed / to hear that I am not the winner.
부사 역할을 하는 to부정사 (감정의 원인)
나는 내가 우승자가 아니라는 말을 들어서 실망했다.

Emma grew up / to become a pharmacist.
부사 역할을 하는 to부정사 (결과)
Emma는 자라서 약사가 되었다.

> He must be clever **to solve** a cube in 10 seconds!

간단 체크

괄호 안에서 밑줄 친 to부정사의 의미로 알맞은 것을 고르시오.

1 She is generous to donate all her money. (판단의 근거 / 결과)

2 Peter arrived early to prepare his presentation. (감정의 원인 / 목적)

대표 구문 13 분사구문의 시제와 태 / with+명사(구)+분사

- 주절의 시제보다 분사구문의 시제가 앞설 때 「① ____ +p.p.」의 완료 분사구문으로 쓴다.

	능동태	수동태
단순 분사구문	v-ing	being+p.p.
완료 분사구문	having+p.p.	having been+p.p.

- 수동태 분사구문에서 또는 being 또는 having been을 생략하기도 한다.
- 「with+명사(구)+분사」는 동시에 두 가지 일이 일어날 때 사용하며 명사와 분사가 능동의 관계이면 현재분사, 수동의 관계이면 ② ____ 를 쓴다.

with+명사(구)+v-ing	~가 …한 채로
with+명사(구)+p.p.	~가 …된 채로

답 ❶ having ❷ 과거분사

Designed by an influential artist, / the sneakers were sold out quickly.
단순 분사구문 수동태 (앞에 Being이 생략됨)
영향력 있는 예술가에 의해 디자인되었기 때문에 그 운동화는 빠르게 품절되었다.

Having immigrated to Mexico, / Minjun opened a Korean restaurant.
완료 분사구문 능동태
멕시코로 이민 간 이후로 민준은 한국 음식점을 열었다.

Don't sit / with your legs crossed. 다리를 꼬고 앉지 마.
with+명사(구)+p.p.

She looked at her dog **with her arms folded**.

with+명사(구)+p.p.

간단 체크

괄호 안에서 알맞은 것을 고르시오.

1 Not (bringing / being brought) his wallet, he went back home empty-handed.

2 (Having built / Having been built) out of wood, the cottage was burned to ashes.

구문 연습 부사 역할을 하는 to부정사에 표시한 뒤, 문장을 끝까지 읽고 해석하시오.

1
BOOK 2
p. 7
As the only new kid in the school, she was pleased to have a lab partner.

감정을 나타내는 형용사에는
happy, glad, pleased, sad, sorry,
shocked, surprised 등이 있어.

2
BOOK 2
p. 14
The conductor came around to punch the tickets and said, "Show me your ticket, please."

3
BOOK 2
p. 6
She slowly turned over and pushed her face into the grass to smell the green pleasant scent from the fresh wild flowers.

대표 구문 10 · 시간 · 이유 · 조건의 부사절

- 부사절은 문장에서 부사 역할을 하며 주절의 앞이나 뒤에 올 수 있다. 부사절이 주절의 ⓐ[ ]에 올 때는 콤마(,)로 연결한다.
- 〈시간 · 이유 · 조건의 부사절을 이끄는 접속사〉

시간	when(~할 때), before(~하기 전에), after(~한 후에), since(~한 이래로), while(~하는 동안에), as(~할 때)
이유	because, since, as (~하기 때문에)
조건	if(만약 ~라면), ⓑ[ ] (= if ~ not) (만약 ~하지 않는다면)

- 시간과 조건의 부사절에서는 미래의 의미이더라도 현재시제를 쓴다.

답 ⓐ 앞 ⓑ unless

When I was young, / I used to skip breakfast.
시간의 부사절
나는 어렸을 때 아침 식사를 거르곤 했다.

Olivia looks worried / because she didn't bring her homework.
이유의 부사절
Olivia는 숙제를 가져오지 않아서 걱정스러워 보인다.

If it rains this Sunday, / the barbecue party may be canceled.
조건의 부사절(현재시제로 미래를 나타냄)
만약 이번 일요일에 비가 온다면 바비큐 파티가 취소될지도 모른다.

I am tired **as** I had a nightmare last night.

간단 체크

우리말과 같은 뜻이 되도록 빈칸에 알맞은 말을 쓰시오.

1 저는 결혼한 이래로 작가로 일해오고 있습니다.
→ _____ I got married, I've worked as a writer.

2 지킬 수 없는 약속은 하지 않아야 한다.
→ You shouldn't make promises _____ you can't keep.

구문 연습 · 다음 부사구문에 표시한 뒤, 문장을 많이 읽고 해석하시오.

1
BOOK 2
p. 6

She joined them for a little, moving with the gentle breeze.

부사구문은 생략된 접속사의 의미를 글 속 문맥에 맞게 유추해서 해석하면 돼.

2
BOOK 2
p. 10

I felt that the animal was protecting me, lifting me toward the surface.

3
BOOK 2
p. 26

The security guard, who had worked for the company for many years, looked his boss straight in the eyes, showing no sign of emotion on his face.

대표 구문 12 분사구문

- 분사구문은 부사절의 접속사와 주어를 생략하고 동사를 ①_____ 로 만든 것이다. 부사절이
- 분사구문은 부사절 앞에 not이나 never를 쓴다.
- 분사구문의 의미를 분명히 나타내기 위해 분사구문 앞에 접속사를 남겨두기도 한다.
- 분사구문은 시간(~할 때), 이유(~하기 때문에), 조건(만약 ~라면), ②_____ (비록 ~일지라도), 동시동작(~하면서) 등 다양한 의미를 나타낸다.

답 ① 현재분사 ② 양보

구문 연습

1 BOOK 2 p. 13

"But even if I could call my husband," I said, "he can't bring me his car key, since this is our only car."

접속사 since는 시간과 이유를 나타내는 부사절에서 모두 쓰일 수 있으니까 문맥 속에서 그 의미를 파악해야 해.

2 BOOK 2 p. 72

Before he died, he wanted to give a last blessing to his final resting place, so he decided to create humans.

3 BOOK 2 p. 54

"I cooked the dinner and therefore you can't eat it unless you pay me for my superior cooking skills."

Having a tight budget, / I couldn't buy souvenirs.
분사구문(이유)
예산이 빠듯해서 기념품을 살 수 없었다.

Before walking her dog, / Bella enjoyed beautiful scenery of the lake.
분사구문(시간)
강아지를 산책시키기 전에, Bella는 아름다운 호수의 경치를 즐겼다.

Not taking an express bus, / it will take 5 hours.
분사구문(조건)
고속버스를 타지 않으면, 5시간이 걸릴 거야.

Sitting on the bench,
he reads a newspaper.

간단 체크

다음 문장을 우리말로 옮길 때 빈칸에 알맞은 말을 쓰시오.

1 Not brushing your teeth properly, you might get cavities.
→ _____, 충치가 생길 수도 있습니다.

2 Catching the flu, Nathan went to see a doctor.
→ _____, Nathan은 병원에 갔다.

대표 구문 11 · 목적 · 결과 · 양보의 부사절

· <목적 · 결과 · 양보의 부사절을 이끄는 접속사>

목적	so that, in order that (~하기 위해)
결과	so+형용사/부사+that(매우 ~해서 …하다), so(그래서)
양보	though, although, even though (❶)

· so와 that 사이의 형용사/부사의 유무에 따라 부사절의 의미가 달라지므로 주의한다.
· '매우 ~해서 …하다'라는 의미의 「so+형용사/부사+that」은 「 ❷ ⬚ +a(n)+(형용사)+명사」+that」으로 바꿔 쓸 수 있다.

답 ❶ 비록 ~일지라도 ❷ such

Jamie opened the window wide / **so that** the fresh air would come in.
목적의 부사절
Jamie는 신선한 공기가 들어오게 하기 위해 창문을 활짝 열었다.

It was **so cold / that** there was nobody outside. 너무 추워서 밖에 아무도 없었다.
결과의 부사절

Although the team lost, / they got enthusiastic cheers from their fans.
양보의 부사절
비록 그 팀은 졌지만, 팬들의 열렬한 환호를 받았다.

Even though dolphins live in the ocean, they belong to mammals.

간단 체크
우리말과 같은 뜻이 되도록 빈칸에 알맞은 말을 쓰시오.
1 그는 건강해지기 위해 매일 조깅하러 간다.
→ _____ he becomes healthy, he goes jogging every day.
2 에어프라이어는 매우 편리한 기계라서 나는 그것을 다른 사람들에게 추천한다.
→ An air fryer is _____ a useful machine that I recommend it to others.

구문 연습 목적 · 결과 · 양보의 부사절에 표시한 뒤, 문장을 끊어 읽고 해석하시오.

1 BOOK 2 p.40
Therefore, the immediate pleasure of eating must be exploited to the full, even though it does violence to the digestion.

2 BOOK 2 p.17
She had fallen so often that she sprained her ankle and had to rest for three months before she was allowed to dance again.

부사절이 주절의 앞에 올 때는 부사절 끝에 콤마(,)를 쓰고, 주절의 뒤에 올 때는 콤마(,)를 쓰지 않아.

3 BOOK 2 p.28
Though it may seem worthless in the short term, to produce something worthwhile — if it ever happens — may require years of such fruitless labor.

중학 영어 장문독해

BOOK 2

이 책의 차례

1주 맥락으로 추론하라

인물의 심경 파악, 지칭하는 말이나 빈칸에 들어갈 말을 추론하는 문제는 글에 직접적으로 드러나지 않은 내용을 글에 있는 단서로 미루어 추론하는 문제입니다.

심경 파악하기

지칭 추론하기

빈칸 추론하기 (1), (2)

1주 1일 개념 돌파 전략 1

개념 ❶ 심경 파악하기

글에 등장하는 인물의 심경이나 심경의 변화를 파악하는 유형이다.

❶ 글의 시간적·공간적 [1] 과 등장인물이 처한 상황을 파악한다.

❷ 내용의 전개를 파악하고 주인공의 심경이나 글의 [2] 를 나타내는 표현에 유의한다.

❸ 전체적인 흐름을 종합하여 답을 고르고, 선택지로 제시되는 심경을 나타내는 형용사는 미리 익혀두는 것이 좋다.

TIP 심경을 나타내는 형용사

pleased, delighted (기뻐하는, 즐거워하는) satisfied (만족한) relaxed (느긋한, 편안한) grateful (감사하는) envious, jealous (부러워하는, 질투하는) annoyed, irritated (불쾌한, 짜증이 난) sorrowful (슬퍼하는) depressed, discouraged (낙담한) anxious (걱정하는) embarrassed (당혹스러운) puzzled (어리둥절한) indifferent (무관심한) scared, frightened (겁에 질린)

🗝 1배경 2분위기

지문으로 연습하기

다음 글에 드러난 Erda의 심경으로 가장 적절한 것은?

Erda lay on her back in a clearing and watched drops of sunlight slide through the mosaic of leaves above her. She joined them for a little, moving with the gentle breeze. As she felt the warm sun feed her, a slight smile was spreading over her face. She slowly turned over and pushed her face into the grass to smell the green pleasant scent from the fresh wild flowers. Free from her daily burden, she got to her feet and went on. While walking between the warm trunks of the trees, she felt all her concerns had gone away.

`words 100`

① relaxed　　② puzzled　　③ envious
④ startled　　⑤ indifferent

전략 CHECK

❶ 초반에는 Erda가 햇살을 받으며 개간지에 드러누워 있는 상황이다.

❷❸ 특별한 사건은 일어나지 않고 Erda가 따스한 햇살 아래 천천히 움직이며 편안한 시간을 보내는 상황으로, the gentle breeze, a slight smile, pleasant scent, Free from her daily burden 등의 표현을 통해 느긋한 심경임을 파악할 수 있다.

© Volchenkova Olga / shutterstock

VOCA clearing 개간지　slide 미끄러지듯 지나가다　mosaic 모자이크　gentle 부드러운　breeze 미풍, 산들바람　spread 퍼지다　scent 향기　burden 부담　trunk (나무의) 기둥　concern 염려, 걱정

개념 ② 지칭 추론하기

주로 일화 형식의 글에서 대명사 또는 명사구가 가리키는 대상이 나머지와 다른 것을 찾는 유형이다.

❶ 등장인물과 대략적인 상황을 파악한다.

❷ 대명사의 성과 [1   ]에 주의하여 앞뒤 문장에서 무엇을 가리키는지 찾는다.

❸ 답을 고른 후 대명사가 가리키는 [2   ]를 대입해서 글의 흐름이 자연스러운지 확인한다.

1수 2명사

지문으로 연습하기

다음 글의 밑줄 친 부분이 가리키는 대상이 나머지 넷과 다른 것은?

It was Amy's first day at a new school. "Wanna work together?" Wilhemina said with a cheerful voice. Amy was too surprised to do anything but nod. The big black girl put ① her notebook down beside Amy's. And then, ② she lifted herself up onto the stool beside Amy. "I'm Wilhemina Smiths, Smiths with an *s* at both ends," ③ she said with a friendly smile. "My friends call me Mina. You're Amy Tillerman." Amy nodded and stared. As the only new kid in the school, ④ she was pleased to have a lab partner. But Amy wondered if Mina chose her because ⑤ she had felt sorry for the new kid.

words 108

① her   ② she   ③ she
④ she   ⑤ she

© APIWAN BORRIKONRATCHATA / shutterstock

전략 CHECK

❶ Amy와 Wilhemina가 등장하고 Amy의 새 학교 첫날에 Wilhemina가 Amy에게 실험을 함께 하자고 제안하는 상황이다.

❷❸ ① Amy의 공책 옆에 자신의 공책을 놓는 사람 → Wilhemina ② Amy의 옆 의자에 앉는 사람 → Wilhemina ③ 자신이 Wilhemina Smiths라고 말하는 사람 → Wilhemina ④ 학교의 유일한 전학생 → Amy ⑤ Amy를 선택한 사람 → Wilhemina

---

VOCA nod 끄덕이다 beside ~ 옆에 lift 들어 올리다 stool (등받이와 팔걸이가 없는) 의자 stare 응시하다, 빤히 보다 lab 실험실

개념 ❸ 빈칸 추론하기 1 (전반부에 빈칸이 제시된 경우)

글을 읽고 빈칸에 들어갈 적절한 단어나 어구, 또는 문장을 고르는 유형이다. 주로 주제문의 핵심 어구를 찾는 경우가 많고, 주제를 뒷받침하는 세부 내용을 찾는 문제로도 출제된다.

❶ 도입부와 빈칸이 포함된 문장을 읽고 글의 중심 소재를 파악한다.

❷ 이어지는 예시나 부연 설명을 통해 필자의 관점을 파악하고, [1⃞] 을 완성하는 핵심 어구나 주제를 뒷받침하는 세부 내용을 찾는다.

❸ 글의 주제가 마지막에 반복되는 경우가 많으므로 [2⃞] 문장을 주의 깊게 읽고, 빈칸에 답을 넣어 완성한 문장이 문맥상 자연스러운지 확인한다.

🔲 1주제문 2마지막

지문으로 연습하기

다음 글의 빈칸에 들어갈 말로 가장 적절한 것은?

One outcome of motivation is behavior that takes considerable _____. For example, if you are motivated to buy a good car, you will research vehicles online, look at ads, visit dealerships, and so on. Likewise, if you are motivated to lose weight, you will buy low-fat foods, eat less, and exercise more. Motivation drives the final behaviors that bring a goal closer. It also creates a willingness to expend time and energy on preparatory behaviors. Thus, someone motivated to buy a new smartphone may earn extra money for it, drive through a storm to reach the store, and then wait in line to buy it.

* preparatory: 준비의

(words 105)

① risk　　　　② effort　　　　③ memory
④ fortune　　　⑤ experience

☑ 전략 CHECK

❶ '동기 부여'가 중심 소재임을 파악하고 동기 부여의 결과가 '무엇'이 필요한 행동인지를 찾아야 한다.

❷ 좋은 차를 사기 위해 차를 검색하고 광고를 보고 대리점에 가며, 몸무게를 줄이기 위해 덜 먹고 운동을 많이 하는 등의 예를 통해 노력의 필요성을 보여 주고 있다.

❸ '동기 부여의 한 가지 결과는 상당한 노력을 필요로 하는 행동이다.'라는 첫 문장이 글의 후반부에 언급된 동기 부여가 목표를 가까이 이끌고 준비 행동에 시간과 에너지를 쓸 의지를 만든다는 내용과도 통함을 확인한다.

VOCA　outcome 결과　motivation 동기　behavior 행동　considerable 상당한　motivate 동기를 부여하다　vehicle 차량　dealership 판매 대리점　and so on 등등　likewise 마찬가지로　willingness 기꺼이 하는 마음　expend 쓰다, 소비하다　earn 벌다　extra 여분의

개념 ④ 빈칸 추론하기 2 (중·후반부에 빈칸이 제시된 경우)

글의 후반부에 빈칸이 제시된 경우는 주로 앞에 언급된 내용을 종합하여 결론을 내리거나 주제를 재확인하는 문장에서 핵심어를 찾는 유형이다.

❶ [1]이 포함된 문장을 읽고 어떤 정보를 찾아야 하는지를 파악한다.

❷ 앞부분에서 글의 중심 소재나 화제를 파악하고 글의 논리적 흐름에 맞게 빈칸의 내용을 추론한다. 이때 도입부에 소개된 화제나 관점이 강화되고 있는지 아니면 [2] 의견이 전개되는지에 주의한다.

❸ 답을 넣어 완성한 문장이 글의 전체적인 흐름상 자연스러운지 확인한다.

📋 1 빈칸 2 반대되는

지문으로 연습하기

다음 글의 빈칸에 들어갈 말로 가장 적절한 것은?

Humans are champion long-distance runners. As soon as a person and a chimp start running, they both get hot. Chimps quickly overheat; but humans do not, because they are much better at shedding body heat. According to one leading theory, ancestral humans lost their hair over successive generations because less hair allowed them to be cooler and more effective at long-distance running. That ability let our ancestors outmaneuver and outrun prey. Try wearing a couple of extra jackets — or better yet, fur coats — on a hot humid day and run a mile. Now, take those jackets off and try running again. You'll see what a difference _____ makes.

* shed: 떨어뜨리다　** outmaneuver: ~에게 이기다

words 111

① hot weather
② a lack of fur
③ muscle strength
④ excessive exercise
⑤ a diversity of species

© Song_about_summer / shutterstcok

🗹 전략 CHECK

❶ 빈칸이 포함된 문장을 읽고 '무엇'이 차이점을 만드는지를 찾아야 함을 파악한다.

❷ '열을 잘 식히기 때문에 인간은 장거리 달리기에 적합함'이 중심 소재이고, 털이 적을수록 더 시원하고 장거리 달리기에 효과적이기 때문에 조상들이 털을 잃어 왔다는 이론을 소개하며 재킷 두 개나 털 코트를 입고 달리는 것과 벗고 달리는 것을 시험해 보면 그 차이점을 알 수 있을 것이라는 결론을 말하고 있다.

❸ 마지막 문장의 '털의 부족이 만드는 차이점'은 털이 적은 것의 효과나 재킷이나 털 코트를 벗고 달리는 것의 결과와 의미가 통하고 흐름상 자연스럽다.

VOCA　champion 일류의　long-distance 장거리의　chimp 침팬지(= chimpanzee)　overheat 과열되다　leading theory 유력한 이론　ancestral 선조의　successive 잇따른　generation 세대　effective 효과적인　ancestor 선조, 조상　outrun 앞지르다　prey 먹잇감　better yet 차라리, 더 좋게는　fur 모피　humid 습한

1 다음 글에 드러난 'I'의 심경 변화로 가장 적절한 것은?

I was diving alone in about 40 feet of water when I got a terrible stomachache. I was sinking and hardly able to move. I could see my watch and knew there was only a little more time on the tank before I would be out of air. It was hard for me to remove my weight belt. Suddenly I felt a prodding from behind me under the armpit. My arm was being lifted forcibly. Around into my field of vision came an eye, which was the most wonderful eye I could ever imagine. It seemed to be smiling. It was the eye of a big dolphin. As I looked into that eye, I knew that I was safe. I felt that the animal was protecting me, lifting me toward the surface.

* prodding: 쿡 찌르기

words 132

① excited → bored
② pleased → angry
③ jealous → thankful
④ proud → embarrassed
⑤ frightened → relieved

전략 적용하기

심경 파악하기

❶ 'I'가 물속에서 혼자 [1   ]하고 있던 중에 복통이 일어나고 물속으로 가라앉고 있는 상황이었다.

❷❸ terrible stomachache, sinking, hardly able to move, only a little more time ~ out of air 등을 통해 초반의 심경을 알 수 있고, the most wonderful eye, smiling, [2   ], protecting me 등을 통해 변화된 심경을 알 수 있다.

🗒 1잠수 2safe

© FLICKETTI / shutterstock

VOCA dive 잠수하다   terrible 심한   stomachache 복통   sink 가라앉다   hardly 거의 ~ 않다   remove 벗다, 제거하다   weight belt 웨이트 벨트 (잠수·운동 때 무게를 더하기 위해 착용하는 벨트)   suddenly 갑자기   armpit 겨드랑이   forcibly 강제적으로, 강력하게   field of vision 시야   protect 보호하다   surface 표면, 수면

2 다음 글의 빈칸에 들어갈 말로 가장 적절한 것은?

© Walter Cicchetti / shutterstock

As the tenth anniversary of the terrorist attacks of September 11, 2001, approached, 9/11-related media stories peaked in the days immediately surrounding the anniversary date and then dropped off rapidly in the weeks thereafter. Surveys conducted during those times asked citizens to choose two "especially important" events from the past seventy years. Two weeks prior to the anniversary, before the media blitz began, about 30 percent of respondents named 9/11 as one of the important events. But as the anniversary drew closer, and the media treatment intensified, survey respondents started choosing 9/11 in increasing numbers — to a high of 65 percent. Two weeks later, though, after reportage had decreased to earlier levels, once again only about 30 percent of the participants placed 9/11 among their two especially important events of the past seventy years. Clearly, the _____ of news coverage can make a big difference in the *perceived* significance of an issue among observers as they are exposed to the coverage.

* blitz: 대선전, 집중 공세

words 161

① accuracy   ② tone   ③ amount
④ source   ⑤ type

VOCA   anniversary 기념일, 기일   attack 공격   approach 다가오다   related 관련된   media 매체, 미디어   peak 최고조에 달하다   immediately 바로 가까이에   surrounding 주위의   drop off 줄어들다   rapidly 급격히   thereafter 그 후   conduct 행하다   citizen 시민   prior 이전의, 앞의   respondent 응답자   intensify 증가하다   survey (설문) 조사   participant 참가자   coverage 보도   perceive 인식하다   significance 중요성   issue 문제   observer 관찰자   expose 노출시키다

1 다음 글에 드러난 'I'의 심경으로 가장 적절한 것은?

© Abscent Vector / shutterstock

One day I caught a taxi to work. When I got into the back seat, I saw a brand new cell phone sitting right next to me. I asked the driver, "Where did you drop the last person off?" and showed him the phone. "Right over there." He pointed at a girl who was walking up the street. We drove up to her and I rolled down the window yelling out to her, "Excuse me, isn't this yours?" "Yes, it's mine," she said in surprise. She was very thankful and by the look on her face I could tell how grateful she was. Her smile made me smile and feel really good inside. After she got the phone back, I heard someone walking past her say, "Today's your lucky day!" `words 130`

① angry　　　　② bored　　　　③ scared

④ pleased　　　⑤ regretful

VOCA get into ~에 타다　brand new 새로 출시된, 아주 새로운　drop off ~을 내려 주다　point at ~을 가리키다　roll down a window (차의) 창문을 내리다　yell out 외치다, 고함치다　grateful 고마워하는　get ~ back ~을 되찾다　past ~을 지나서

2 다음 글의 밑줄 친 부분이 가리키는 대상이 나머지 넷과 다른 것은?

Leaving a store, I returned to my car only to find that I'd locked my car key and cell phone inside the vehicle. When I was kicking a tire in frustration, a teenager riding his bike was passing by. "What's wrong?" ① he asked. I explained my situation. "But even if I could call my husband," I said, "he can't bring me his car key, since this is our only car." ② He handed me his cell phone. The thoughtful boy said, "Call your husband and tell him I'm coming to get ③ his key." "Are you sure? That's four miles round trip." "Don't worry about it." An hour later, he returned with the key. I offered ④ him some money, but he refused. "Let's just say I needed the exercise," he said. Then, like a cowboy in the movies, ⑤ he rode off into the sunset.

words 142

① he   ② He   ③ his
④ him   ⑤ he

© Vera Petrunina / shutterstock

VOCA return 돌아오다   lock 잠그다   frustration 절망   teenager 십 대   situation 상황   even if 비록 ~일지라도   round trip 왕복 여행
offer 제안하다   refuse 거절하다   cowboy 카우보이, 목동   sunset 저녁노을, 일몰

[3-4] 다음을 읽고, 질문에 답하시오.

Albert Einstein once boarded a train from Philadelphia. The conductor came around to punch the tickets and said, "Show me your ticket, please." Einstein reached into his vest pocket for the ticket, but did not find it. ① He checked his jacket pocket. There (A) was / were no ticket. He checked his brief case. But still, ② he could not find his ticket. The conductor noted ③ his obvious distress and kindly said, "I know who you are, Dr. Einstein. Don't worry about your ticket." Several minutes later the conductor turned around from the front of the traincar to see Einstein (B) continuing / continued to search under ④ his seat for the missing ticket. Quickly, he hurried back to assure the gray-haired gentleman. "Dr. Einstein, Dr. Einstein, I know who you are!" ⑤ he repeated. "Please don't worry about your ticket." Dr. Einstein slowly arose from his knees and said to the young conductor. "Son, you don't understand. I, too, know who I am. (C) That / What I don't know is where I'm going."

words 163

© spatuletail / shutterstock

VOCA board 승차(탑승)하다 conductor 차장 punch 구멍을 뚫다 reach (손을) 뻗다 vest 조끼 brief case 서류 가방 obvious 명백한 distress 고충, 곤란함 turn around 돌아서다 continue 계속하다 hurry 급히 가다 assure 안심시키다 arise 일어나다 knee 무릎

3 윗글의 밑줄 친 부분이 가리키는 대상이 나머지 넷과 <u>다른</u> 것은?

① He   ② he   ③ his

④ his   ⑤ he

문제 해결 전략

Albert Einstein과 기차의 1☐이 등장하고, 차장이 개표를 위해 표를 보여 달라고 했는데 Einstein이 표를 찾지 못하는 상황이다. ① 재킷 주머니를 확인하는 사람, ② 표를 찾지 못하는 사람, ③ 분명한 곤란함에 처한 사람, ④ 좌석 아래에서 표를 찾는 사람, ⑤ 2☐에게 당신이 누구인지 안다고 계속 말하는 사람 중 다른 한 사람을 고르면 된다.

目 1차장 2Einstein

4 윗글의 (A), (B), (C)의 각 네모 안에서 어법상 알맞은 말로 가장 적절한 것은?

	(A)	(B)	(C)
①	was	continuing	That
②	was	continuing	What
③	was	continued	What
④	were	continuing	That
⑤	were	continued	What

문제 해결 전략

(A) 「There is(1☐)+단수명사」 / 「There are(were)+복수명사」 (B) 「지각동사+목적어+목적격 보어」 구문에서 목적격 보어로 동사원형 또는 현재분사를 쓴다. (C) The thing(s) which(that)의 의미로 선행사를 포함하는 관계대명사는 2☐이다.

目 1was 2what

1 다음 글에 드러난 'I'의 심경 변화로 가장 적절한 것은?

© Gorodenkoff / shutterstock

문제 해결 전략

'I'는 생일날 꿈에 그리던 [1]를 선물 받고 항상 함께 지내다가 몇 달 후 강아지가 집을 나가 잃어버린 상황이다. surprised me with a puppy, always dreamed of, my best friend 등의 표현으로 초반의 심경을 알 수 있고, cried for hours, exhausted from my [2], my loss 등의 표현을 통해 변화된 심경을 알 수 있다.

🔑 1 강아지 2 grief

On my seventh birthday, my mom surprised me with a puppy waiting on a leash. It had beautiful golden fur and an adorable tail. It was exactly what I had always dreamed of and we istantly became best friends. I took the dog everywhere and slept with it every night. A few months later, the dog got out of the backyard through the open door and got lost. I couldn't find it anywhere. That night, I sat on my bed and cried for hours while my mother watched me silently from the doorway of my room. I finally fell asleep, exhausted from my grief. My mother never said a word to me about my loss, but I knew she felt the same as I did.

`words 125`

① delighted → sorrowful
② relaxed → annoyed
③ embarrassed → worried
④ excited → horrified
⑤ disappointed → satisfied

VOCA puppy 강아지 leash (개 등을 매어 두는) 가죽끈, 사슬 fur 털 adorable 사랑스러운 tail 꼬리 exactly 정확히 instantly 즉시, 곧바로 backyard 뒷마당 silently 조용히 doorway 문간 fall asleep 잠들다 exhaust 지치게 하다 grief 슬픔, 비탄 loss 상실

2 다음 글의 밑줄 친 부분이 가리키는 대상이 나머지 넷과 다른 것은?

© Oleskova Olha / shutterstock

While practicing ballet, Serene tried to do a pirouette in front of her mother but fell to the floor. Serene's mother helped ① her off the floor. She told her that she had to keep trying if she wanted to succeed. However, Serene was disappointed and almost in tears. ② She had been practicing very hard the past week but she did not seem to improve. Serene's mother said that ③ she herself had tried many times before succeeding at Serene's age. She had fallen so often that she sprained her ankle and had to rest for three months before she was allowed to dance again. Serene was surprised to hear that. Her mother was a famous ballerina and Serene had never seen ④ her fall or make a mistake in any of her performances. Listening to her mother made ⑤ her realize that she had to put in more effort than what she had been doing so far.   * pirouette: 피루엣(한쪽 발로 서서 빠르게 도는 발레 동작)

words 154

① her   ② She   ③ she
④ her   ⑤ her

VOCA practice 연습하다 ballet 발레 floor 바닥, 마루 succeed 성공하다 disappointed 실망한 in tears 눈물을 흘리며 past 지난 improve 나아지다 sprain (손목·발목 등을) 삐다 ankle 발목 allow 허락하다 performance 공연 realize 깨닫다 put in effort 노력을 기울이다

1 다음 글의 빈칸에 들어갈 말로 가장 적절한 것은?

If you're interested in science news, you will have noticed that _____ among animals has become a hot topic in the mass media. For example, in late 2007 the science media widely reported a study by Claudia Rutte and Michael Taborsky suggesting that rats display what they call "generalized reciprocity." They each provided help to an unfamiliar and unrelated individual, based on their own previous experience of having been helped by an unfamiliar rat. Rutte and Taborsky trained rats in a cooperative task of pulling a stick to get food for a partner. Rats that had been helped previously by an unknown partner were more likely to help others. Before this research was conducted, generalized reciprocity was thought to be unique to humans.

words 123

① friction
② diversity
③ hierarchy
④ cooperation
⑤ independence

문제 해결 전략

글의 전반부에 빈칸이 있는 경우로, 이어지는 예시를 통해 [1_____] 사이의 '무엇'이 대중 매체에서 뜨거운 화제가 되어 왔는지를 찾아야 한다. 빈칸 문장 이후에 쥐들이 보여 주는 '일반화된 호혜성'에 대한 연구가 보도되었다며 이전에 낯선 쥐에게 도움을 받은 경험이 있는 쥐들은 다른 낯선 쥐를 돕는 경향이 더 높았다는 실험 결과를 보여 주고 있는데, 이를 통해 동물들 사이의 '[2_____]'에 대한 화제임을 파악할 수 있다. 또한 provided help, having been helped, a cooperative task 등의 표현에서 반복·강조하고 있는 것에 주목하여 빈칸의 내용을 추론할 수 있다.

🔑 1 동물들 2 협동

ⓒ unoL / shutterstock

VOCA notice 알아차리다 topic 화제 mass media 대중 매체 suggest 시사하다 rat 쥐 display 보이다 generalize 일반화하다 reciprocity 상호주의, 호혜성 unfamiliar 낯선 unrelated 관계없는 individual 개인 previous 이전의 train 훈련하다 cooperative 협력적인 unique 고유한

2 다음 글의 빈칸에 들어갈 말로 가장 적절한 것은?

© Bodass Design / shutterstock

How funny are you? Some people are natural humorists but being funny is a set of skills that can be learned. Exceptionally funny people don't depend upon their memory to keep track of everything they find funny. In the olden days, great comedians carried notebooks to write down funny thoughts or observations and scrapbooks for news clippings that struck them as funny. Today, you can do that easily with your smartphone. If you have a funny thought, record it as an audio note. If you read a funny article, save the link in your bookmarks. Accept the fact that the world is a funny place and your existence within it is probably funnier. It is a blessing that gives you everything you need to see humor and craft stories on a daily basis. All you have to do is _____.

words 143

① keep away from new technology
② take risks and challenge yourself
③ have friendly people close to you
④ document them and then tell someone
⑤ improve interpersonal relationships at work

문제 해결 전략

글의 후반부에 빈칸이 있는 경우로, 빈칸 바로 앞 내용인 매일 ⨞1⨞ 점을 발견하고 재미있는 이야기를 지어낸다는 것과 관련하여 해야 할 일이 '무엇'인지를 찾아야 한다. 글의 앞부분에 '재미있음은 학습될 수 있는 기술'이라는 중심 소재가 제시되어 있고, 뛰어나게 웃긴 사람들은 재미있는 것들을 잊지 않기 위해 기억력에 의존하지 않는다고 언급하며 옛날에 코미디언들이 공책과 스크랩북을 가지고 다닌 것과 오늘날 스마트폰으로 그 일을 할 수 있다고 설명하고 있으므로 빈칸이 있는 마지막 문장은 재미있는 것을 ⨞2⨞하는 것의 필요성과 의미가 통해야 한다.

🖪 1재미있는 2기록

VOCA humorist 익살꾼 skill 기술 exceptionally 예외적으로, 특별히 depend upon ~에 의지하다 keep track of ~을 놓치지 않도록 하다 observation 관찰 scrapbook 스크랩북 clipping 오려낸 기사 record 녹음하다, 기록하다 article 기사 bookmark 북마크 accept 받아들이다 existence 존재 blessing 축복 craft 공들여 만들다 on a daily basis 매일

[3-4] 다음을 읽고, 질문에 답하시오.

Let's say you normally go to a park to walk or work out. Maybe today you should choose a different park. Why? Well, who knows? Maybe it's because you need the connection to the different energy in the other park. Maybe you'll run into people there that you've never met before. You could make a new best friend simply by visiting a different park. You never know what great things will happen to you until you get out of the zone where you feel comfortable. If you're staying in your comfort zone, and you're not pushing yourself past that same old energy, then you're not going to move forward on your path. By forcing yourself to do something different, you're awakening yourself on a spiritual level and you're forcing yourself to do something that will benefit you in the long run. As they say, _____. words 150

© Lyudochka / shutterstock

VOCA work out 운동하다 connection 연결 run into ~을 만나다 never ~ until ... ...하고 나서야 비로소 ~하다 zone 지대 comfortable 편안한 comfort 안락, 편안 forward 앞으로 path 진로 force ~ to do ~가 ...하게 하다 awaken 깨우치다 spiritual 영적인, 정신적인 benefit 이롭게 하다 in the long run 결국

3 윗글의 빈칸에 들어갈 말로 가장 적절한 것은?

① variety is the spice of life

② fantasy is the mirror of reality

③ failure teaches more than success

④ laziness is the mother of invention

⑤ conflict strengthens the relationship

문제 해결 전략

글의 앞부분에 '평소와는 다른 선택을 하는 것의 필요성'이 중심 소재로 제시되어 있다. 이어지는 내용에서 다른 곳에서 □1□ 기운과 연결될 필요가 있다고 설명한 후, 편안한 지대에서 벗어나 다른 일을 하도록 자신을 밀어붙임으로써 자신을 깨우치고 이롭게 할 수 있다며 다른 일을 할 필요성을 강조하고 있다. 따라서 빈칸에는 □2□의 긍정적인 영향을 말하는 내용이 와야 한다.

🔒 1다른 2다양성

4 윗글에서 다음 영영풀이에 해당하는 단어를 찾아 쓰시오.

(1) in a direction that is in front of you: _____

(2) an area that has particular features or characteristics: _____

(3) something that joins things together: _____

(4) relating to people's thoughts and beliefs, rather than to their bodies and physical surroundings: _____

문제 해결 전략

영영풀이 문제는 평소 새 단어를 접할 때 □1□을 찾아 의미를 이해하는 습관을 들이면 도움이 된다.

(1) direction(방향) (2) □2□(구역)
(3) joins things together(사물을 하나로 묶다) (4) relating to people's thoughts and beliefs(사람들의 생각과 믿음에 관한)가 핵심어로 수식어구나 절에서 구체적인 내용을 파악하여 답을 찾는다.

🔒 1영영사전 2area

1 다음 글의 빈칸에 들어갈 말로 가장 적절한 것은?

Just think for a moment of all the people upon whom your participation in your class depends. It's clear that the class requires a teacher to teach it and students to take it. However, it also depends on many other people and organizations. Someone had to decide when the class would be held and in what room, communicate that information to you, and enroll you in that class. Someone also had to write a textbook, and with the assistance of many other people — printers, editors, salespeople, and bookstore employees — it has arrived in your hands. Thus, a class that seems to involve just you, your fellow students, and your teacher is in fact ~~~~~~~~~~~~.

words 122

① more interesting than playing games
② the product of the efforts of hundreds of people
③ the place where students can improve writing skills
④ most effective when combined with online learning
⑤ the race where everyone is a winner

문제 해결 전략

'수업 참여를 좌우하는 사람들'이 글의 중심 소재이다. However 이하에서 수업이 이루어지기 위해 교사와 학생 외에도 많은 다른 사람들과 ⌷1⌷ 의 도움이 필요하다는 필자의 관점을 알 수 있고, 뒤에 구체적인 내용이 나열되어 있다. 따라서 결론이 되는 마지막 문장의 빈칸 내용은 '많은 사람들의 ⌷2⌷'과 의미가 통하는 것이어야 한다.

🔑 1 기관 2 노력

2 다음 글의 빈칸에 들어갈 말로 가장 적절한 것은?

Interestingly, in nature, ＿＿＿＿＿＿＿＿＿＿＿. The distinction between predator and prey offers a clear example of this. The key feature that distinguishes predator species from prey species is not the presence of claws or any other feature related to biological weaponry. The key feature that distinguishes between predator species and prey species is *the position of their eyes*. Predators evolved with eyes facing forward — which allows for binocular vision that offers accurate depth perception when pursuing prey. Prey, on the other hand, often have eyes facing outward, maximizing peripheral vision, which allows the hunted to detect danger that may be approaching from any angle. Consistent with our place at the top of the food chain, humans have eyes that face forward. We have the ability to judge depth and pursue our goals, but we can also miss important action on our periphery.

* depth perception: 거리 감각 ** periphery: 주변

words 150

① eyes facing outward are linked with the success of hunting
② the more powerful species have a narrower field of vision
③ humans' eyes facing forward enable them to detect danger
④ eyesight is closely related to the extinction of weak species
⑤ animals use their eyesight to identify members of their species

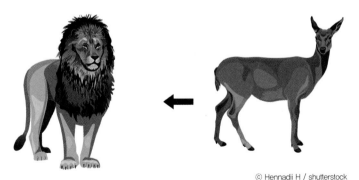

© Hennadii H / shutterstock

VOCA distinction 구별 predator 포식자 feature 특징 presence 존재 claw 발톱 biological 생물학적인 weaponry 무기 evolve 진화하다
binocular 두 눈의 accurate 정확한 pursue 뒤쫓다 outward 바깥쪽으로 maximize 최대화하다 peripheral 주변의 detect 감지하다
consistent 일치하는 narrow 좁은 vision 시야

1 다음 글에 드러난 Salva의 심경 변화로 가장 적절한 것은?

© tynyuk / shutterstock

Salva had to raise money for a project to help southern Sudan. Salva was supposed to make a speech and it was the first time that he spoke in front of an audience. There were more than a hundred people in the hall. Salva's knees were shaking as he walked to the microphone. "H-h-hello." His voice was shaking too. His hands trembling, he looked out at the audience. Everyone was looking at him. At that moment, he noticed that every face looked interested in what he had to say. People were smiling and seemed friendly. That made him feel a little better, so he spoke into the microphone again. "Hello," he repeated. He smiled, feeling at ease, and went on. "I am here to talk to you about a project for southern Sudan."

words 133

① nervous → relieved
② indifferent → excited
③ worried → disappointed
④ satisfied → frustrated
⑤ confident → embarrassed

VOCA raise money 모금하다 be supposed to ~하기로 되어 있다 make a speech 연설하다 audience 관중, 관객 hall 홀, 강당 microphone 마이크 tremble 떨리다, 흔들리다 notice 알아채다 at ease 편하게 go on 말을 계속하다

2 다음 글의 빈칸에 들어갈 말로 가장 적절한 것은?

Back in 1996, an American airline was faced with an interesting problem. At a time when most other airlines were losing money or going under, over 100 cities were begging the company to service their locations. However, that's not the interesting part. What's interesting is that the company turned down over 95 percent of those offers and began serving only four new locations. It turned down tremendous growth because _____. Sure, its executives wanted to grow each year, but they didn't want to grow too much. Unlike other famous companies, they wanted to set their own pace that could be sustained in the long term. By doing this, they established a safety margin for growth that helped them continue to thrive at a time when the other airlines were flailing.

*flail: 마구 흔들리다

words 138

① it was being faced with serious financial crises
② there was no specific long-term plan on marketing
③ company leadership had set an upper limit for growth
④ its executives worried about the competing airlines' future
⑤ the company had emphasized moral duties more than profits

© Getty Images Bank

 airline 항공사 be faced with ~에 직면하다 go under 파산하다 beg 청하다 location 장소 turn down 거절하다 tremendous 엄청난 executive 경영진 unlike ~와 다르게 pace 속도 sustain 유지하다 in the long term 장기적으로 establish 확립하다 safety margin 안전 여유 thrive 번영하다 leadership 지도부, 수뇌부 upper 상부의 limit 한계

3 다음 글의 밑줄 친 부분이 가리키는 대상이 나머지 넷과 다른 것은?

© Motortion Films / shutterstock

It was an ordinary morning and people were gradually starting to show up for work at a large company. The CEO of the company stepped out of a big black limousine. As usual, he walked up the stairs to the main entrance. ① He was just about to step through the large glass doors when he heard a voice say, "I'm very sorry, sir, but I cannot let you in without ID." The security guard, who had worked for the company for many years, looked his boss straight in the eyes, showing no sign of emotion on his face. The CEO was speechless. ② He felt his pockets to no avail. He had probably left ③ his ID at home. He took another look at the motionless security guard, and scratched his chin, thinking. Then ④ he turned around and went back to his limousine. The security guard was left standing, not knowing that by this time tomorrow, ⑤ he was going to be promoted to head of security. `words 164`

① He ② He ③ his
④ he ⑤ he

VOCA ordinary 보통의, 평범한   gradually 서서히   limousine 리무진   entrance 입구   be about to 막 ~하려는 참이다   ID 신분증
security guard 경비원, 보안요원   emotion 감정   speechless 말문이 막힌   to no avail 헛되이   motionless 움직이지 않는   scratch
긁다, 할퀴다   chin 턱   promote 승진시키다

4 다음 글의 빈칸에 들어갈 말로 가장 적절한 것은?

When you read another scientist's findings, it's necessary that you think critically about the experiment. You should ask yourself: Were observations recorded during or after the experiment? Do the conclusions make sense? Can the results be repeated? Are the sources of information reliable? You should also ask if the scientist or group conducting the experiment was unbiased. Being unbiased means that you have no special interest in the outcome of an experiment and you are not affected by the result of it. For example, if a drug company pays for an experiment to test how well one of its new products works, there is a special interest involved: The drug company profits if the experiment shows that its product is effective. Therefore, the experimenters are not _____. They might ensure the conclusion is positive and benefits the drug company. When you assess results, don't forget to think about any biases that may be present!

words 154

① inventive   ② objective
③ untrustworthy   ④ unreliable
⑤ decisive

© Nata-Lia / shutterstcok

VOCA   finding (연구의) 결과   necessary 필요한   critically 비판적으로   experiment 실험   observation 관찰   conclusion 결론   make sense 타당하다, 말이 되다   reliable 믿을 만한   unbiased 치우치지 않은   outcome 결과   involved 관련된   profit 이익을 보다   effective 효과적인   ensure 보장하다   assess 평가하다   present 있는, 존재하는

[1-2] 다음을 읽고, 질문에 답하시오.

© JoyImage / shutterstock

Since a great deal of day-to-day academic work is boring and repetitive, you need to be well motivated to keep doing it. For example, a mathematician sharpens her pencils, works on a proof, tries a few approaches, gets nowhere, and finishes for the day. A writer sits down at his desk, produces a few hundred words, decides they are no good, throws them in the bin, and hopes for better inspiration tomorrow. Though it may seem worthless in the short term, to produce something worthwhile — if it ever happens — may require years of such fruitless labor. The Nobel Prize-winning biologist Peter Medawar said that about four-fifths of his time in science was wasted, adding sadly that "nearly all scientific research leads nowhere." What kept all of these people going when things were going badly was their passion for their subject. Without such passion and effort, they would have achieved nothing.

words 150

VOCA academic 학업의 repetitive 반복적인 motivated 의욕을 가진, 동기가 부여된 sharpen 날카롭게 하다, 뾰족하게 하다 work on ~을 연구하다 get(lead) nowhere 아무런 성과를 내지 못하다 bin 쓰레기통 inspiration 영감 worthless 가치 없는 in the short term 단기적으로 worthwhile 가치 있는 fruitless 결실 없는, 무익한 labor 노동 biologist 생물학자 passion 열정 subject 주제 achieve 이루다, 성취하다

1 Write T if the statement is true and F if it is false.

(1) _____ You should be well motivated to stick at daily academic work.

(2) _____ A writer's labor that produces a few hundred words, decides they are no good, and throws them in the bin is worthless after all.

(3) _____ All of Peter Medawar's scientific research led nowhere.

2 Fill in the blanks and complete the summary.

주제 제시
매일 해야 하는 학업은 (1) _____이기 때문에 많은 의욕이 필요함

▼

예시를 통한 부연 설명
가치 있는 것을 만들어 내기 위해 수년간의 (2) _____ 노동이 필요할 수 있음
- 연필을 깎고, 증명을 위해 노력하며, 몇 가지 접근법을 시도하지만 아무런 성과 없이 하루를 끝내는 수학자
- 책상에 앉아 몇백 단어의 글을 창작하고, 그것이 마음에 들지 않아 쓰레기통에 던져 버리고, 내일 더 나은 영감을 기대하는 작가
- 과학에 들인 자신의 시간 중 5분의 4 정도가 헛되었다고 말한 노벨상 수상 (3) _____

▼

결론
자신의 주제에 대한 (4) _____과 노력이 있어야만 성공할 수 있음

글의 첫 문장에 주제가 제시되어 있고, 뒤이어 예시를 통해 주제를 부연 설명한 뒤에 마지막 문장에 결론이 나와 있어.

[3-4] 다음을 읽고, 질문에 답하시오.

Students often think they know the material even when they don't. One of the main reasons is that they mistake familiarity for understanding. Here is how it works: You read the chapter once, perhaps highlighting as you go. Then later, you read the chapter again, perhaps focusing on the highlighted material. As you read it over, the material is familiar because you remember it from before, and this familiarity might lead you to think, "Okay, I know that." The problem is that this feeling of familiarity does not necessarily mean that you know the material and it may be of no help when you have to come up with an answer on the exam. In fact, familiarity can often lead to errors on multiple-choice exams because you might pick a choice that looks familiar, only to find later that it was something you had read, but it wasn't really the best answer to the question.

`words 155`

© smolaw / shutterstock

VOCA material 자료 mistake A for B A를 B로 혼동하다 familiarity 친숙함 chapter (책의) 장 highlight 눈에 띄게 표시하다 focus 집중하다, 초점을 맞추다 of no help 도움이 되지 않는 come up with ~을 생각해 내다 multiple-choice 선다형의

3 Write T if the statement is true and F if it is false.

(1) _____ Highlighted material doesn't help you concentrate on reading.

(2) _____ The more times you read something, the more familiar you become with it.

(3) _____ Being familiar with the material doesn't always lead to good results on the exams.

주어진 문장의 내용을 파악하고 글에서 해당 내용을 찾아서 대조해 봐.

4 Fill in the blanks and complete the summary.

Topic	Reason	Problem
Students often think they know the material even when they don't.	They mistake (1) _____ for understanding. [Example] As you read the material over and over again, it feels familiar, which makes you think you (2) _____ the material.	It may be of no help on the exam. [Example] Students can often make errors on (3) _____ by picking an incorrect choice because they read it before and it looks familiar.

2^주 통합적으로 이해하라

글의 흐름과 무관한 문장 찾기, 글의 순서 배열하기, 글에서 문장이 들어갈 위치 찾기, 글의 요약문을 완성하는 문제는 글의 전체적인 문맥을 이해하고 문장 간의 연결이 논리적인지 잘 판단하는 것이 중요합니다.

무관한 문장 찾기

글의 순서 배열하기

문장의 위치 파악하기

이 문제가 너무 어려워. 주어진 문장의 위치를 찾는 문제인데 어떻게 하면 풀 수 있을까?

주어진 문장의 의미를 먼저 파악해서 앞뒤 내용을 추측해 봐. 그리고 연결어, 대명사 등을 잘 살펴 봐.

요약문 완성하기

이메일 내용이 엄청 길잖아. … 요약하면 다음 주 토요일에 하는 콘서트에 같이 가자는 얘기구나.

안녕, 민호야
너 혹시 록 음악을 좋아하니? 내가 아주 좋아하는 록 그룹이 있는데 음악이 아주 환상적이야. 너도 그들의 음악을 들어보면 아마 좋아하게 될 거야. 그래서 말인데, 그 록 그룹이 다음 주 토요일에 콘서트를 하거든. 시간이 되면 나랑 같이 갈래? 같이 점심 먹고 콘서트를 보면 좋을 것 같아. 네가 꼭 같이 갔으면 좋겠어, 민호야, 답장 기다릴게.

개념 ❶ 무관한 문장 찾기

글의 전체 흐름이나 주제에서 벗어나는 한 문장을 고르는 유형이다.
❶ 글의 도입부인 [1   ]이 주제문이거나 글의 소재를 소개하는 부분이므로 주의 깊게 살펴본다.
❷ 선택지의 내용을 차례대로 읽으며 글의 [2   ]와 내용이 통하는지 파악한다.
❸ 무관한 문장을 제외하고 글을 다시 읽으며 글의 흐름이 자연스러운지 확인한다.

📋 1첫 문장 2주제

지문으로 연습하기

☑ 전략 CHECK

다음 글에서 전체 흐름과 관계 <u>없는</u> 문장은?

Of the many forest plants that can cause poisoning, wild mushrooms may be among the most dangerous. ① This is because people sometimes confuse the poisonous and edible varieties, or they eat mushrooms without making a positive identification of the variety. ② Many people enjoy hunting wild species of mushrooms in the spring season, because they are excellent edible mushrooms and are highly prized. ③ However, some wild mushrooms are dangerous and people lose their lives due to mushroom poisoning. ④ Growing a high-quality product at a reasonable cost is a key aspect to farming edible mushrooms for profit. ⑤ To be safe, a person must be able to identify edible mushrooms before eating any wild one.

* edible: 먹을 수 있는

words 113

❶ 첫 문장에서 중독을 일으킬 수 있는 산림 식물 중 야생 버섯이 가장 위험한 것들 중 하나라고 글의 소재를 소개하고 있다.

❷ 사람들이 야생 버섯을 찾는 이유와 야생 버섯의 위험성에 대한 내용이 이어지다가 식용 버섯 재배의 비용에 관한 내용이 나오고 있다.

❸ 식용 버섯 재배의 비용에 관한 문장을 제외하고 글을 다시 읽으며 글의 흐름이 자연스러운지 확인한다.

VOCA poisoning 중독, 음독 wild mushroom 야생 버섯 confuse 혼동하다 poisonous 독성이 있는 variety (식물의) 품종 positive 확실한 identification 신원 확인 species 종(생물 분류의 기초 단위) prized 가치 있는 product 상품, 생산물 reasonable 합리적인, 타당한 aspect 측면 profit 이익, 수익

개념 ❷ 글의 순서 배열하기

주어진 글 다음에 이어질 글의 순서를 배열하여 한 편의 글이 되도록 완성하는 유형이다.

❶ 주어진 글을 먼저 읽고 글의 [1   ]와 내용을 파악한다.

❷ (A), (B), (C) 단락을 차례대로 읽으며 각 단락의 내용과 글의 전개 방식을 파악한다.

❸ 글의 순서를 알려주는 지시어나 [2   ]에 유의하여 글의 순서를 정한 후, 글의 흐름이 자연스러운지 다시 읽으면서 확인한다.

🔑 1소재 2연결어

지문으로 연습하기

주어진 글 다음에 이어질 글의 순서로 가장 적절한 것은?

Ideas about how much disclosure is appropriate vary among cultures.

(A) On the other hand, Japanese tend to do little disclosing about themselves to others except to the few people with whom they are very close. In general, Asians do not reach out to strangers.

(B) Those born in the United States tend to be high disclosers. They even show a willingness to disclose information about themselves to strangers. This may explain why Americans seem particularly easy to meet and are good at cocktail-party conversation.

(C) They do, however, show great care for each other, because they view harmony as essential to relationship improvement. They work hard to prevent outsiders from getting information they believe to be unfavorable.

* disclosure: (정보의) 공개

words 115

① (A) – (C) – (B)
② (B) – (A) – (C)
③ (B) – (C) – (A)
④ (C) – (A) – (B)
⑤ (C) – (B) – (A)

☑ 전략 CHECK

❶ 주어진 글은 문화마다 정보 공개에 관한 생각이 다르다는 내용이다.

❷ (A)는 일본인과 아시아인들의 정보 공개 성향, (B)는 미국인들의 정보 공개 성향, (C)는 그들이 조화를 중요하게 생각하여 서로를 배려하고 외부인이 정보를 얻지 못하게 노력한다는 내용으로, 미국인과 일본인의 정보 공개에 대한 성향을 비교하여 설명하는 글이다.

❸ (A)의 On the other hand, (C)의 They, however 등의 연결어와 지시어에 유의하여 글의 순서를 정한다.

© Rawpixel.com / shutterstock

VOCA appropriate 적절한 vary 서로 다르다 tend to do ∼하는 경향이 있다 in general 일반적으로 reach out to ∼에게 관심을 내보이다 willingness 기꺼이 하려는 의향(마음) explain 설명하다 view ∼ as ... ∼을 …이라고 간주하다 harmony 조화 essential 필수적인 improvement 발전, 개선 outsider 외부인 unfavorable 불리한, 형편이 나쁜

개념 ❸ 문장의 위치 파악하기

문장들 간의 연결성을 파악하여 주어진 문장이 들어갈 위치를 찾는 유형이다.
❶ 주어진 문장을 먼저 읽고 내용을 파악한다. 이때, 문장 속의 ☐1, 지칭어구, 연결어구 등을 잘 살펴본다.
❷ 글을 읽으며 내용의 흐름이 ☐2 하거나 논리적 비약이 일어나는 곳을 찾는다.
❸ 정답을 고른 후, 주어진 문장을 넣어 글을 읽으며 흐름이 자연스러운지 확인한다.

🗒 1대명사 2어색

지문으로 연습하기

글의 흐름으로 보아, 주어진 문장이 들어가기에 가장 적절한 곳은?

> Because of these obstacles, most research missions in space are accomplished through the use of spacecraft without crews aboard.

Currently, we cannot send humans to other planets. One obstacle is that such a trip would take years. (①) A spacecraft would need to carry enough air, water, and other supplies needed for survival on the long journey. (②) Another obstacle is the harsh conditions on other planets, such as extreme heat and cold. (③) Some planets do not even have surfaces to land on. (④) These explorations pose no risk to human life and are less expensive than ones involving astronauts. (⑤) The spacecraft carry instruments that test the compositions and characteristics of planets.　　*composition: 구성 성분

words 109

☑ 전략 CHECK

❶ 주어진 문장의 Because of these obstacles를 통해 승무원이 우주선에 탑승하지 못하게 하는 장애물들에 대한 내용 뒤에 들어갈 것이라고 예측할 수 있다.

❷ 인간을 다른 행성으로 보낼 수 없는 이유에 대한 내용이 이어지다가, 이런 탐험들은 인간의 생명에 아무런 위험도 주지 않는다는 내용이 나와 글의 흐름이 어색해진다.

❸ 내용의 흐름이 어색해진 문장 앞에 주어진 문장을 넣어 흐름이 자연스러운지 확인한다.

© 3Dsculptor / shutterstock

VOCA obstacle 장애물　accomplish 완수하다, 성취하다　spacecraft 우주선　crew 승무원　aboard 탑승하여　currently 현재　supply 물자, 보급품　harsh 혹독한　extreme 극심한　surface 표면　land 착륙하다　exploration 탐험, 탐사　pose (위험을) 제기하다　involve 포함하다　astronaut 우주 비행사　instrument 기구　characteristic 특징, 특성

개념 ❹ 요약문 완성하기

글 전체의 내용을 요약한 문장의 빈칸에 들어갈 말을 추론하는 유형이다.

❶ ☐1 과 선택지의 내용을 먼저 보고 글의 전반적인 흐름과 어떤 정보가 필요한지 파악한다.

❷ 글의 소재와 주제를 파악하고, 전체적인 내용을 포함하는 핵심 어구를 찾는다.

❸ 글의 주제나 핵심 어구가 요약문에 ☐2 로 제시되었거나 다른 형태로 서술되어 있는지 찾는다.

❹ 선택지의 어구를 넣어 요약문을 완성한 후, 글의 내용을 포괄적으로 다루는지 확인한다.

답 1 요약문 2 유의어

지문으로 연습하기

다음 글의 내용을 한 문장으로 요약하고자 한다. 빈칸 (A), (B)에 들어갈 말로 가장 적절한 것은?

Crows are a remarkably clever family of birds. They are capable of solving many more complex problems compared to other birds, such as chickens. After hatching, chickens peck busily for their own food much faster than crows, which rely on the parent bird to bring them food in the nest. However, when they become adults, chickens have very limited hunting skills. On the other hand, crows are much more flexible in hunting for food. Crows also end up with bigger and more complex brains. They have an extended period between hatching and flight from the nest, which enables them to develop their intelligence. *peck: (모이를) 쪼아 먹다 **words 103**

↓

Crows are more ___(A)___ than chickens because crows have a longer period of ___(B)___ .

	(A)		(B)
①	intelligent	…	dependency
②	passive	…	dependency
③	selfish	…	competition
④	intelligent	…	competition
⑤	passive	…	hunting

전략 CHECK

❶ 요약문의 내용은 까마귀가 어떤 더 긴 기간을 가지기 때문에 닭보다 더 어떠하다는 내용이다.

❷ 첫 문장과 마지막 문장에서 글의 소재와 주제를 알 수 있고 clever, develop their intelligence 등의 어구를 통해 까마귀의 영리함에 대한 글임을 알 수 있다.

❸ 본문의 핵심 어구인 clever는 선택지에서 유의어인 intelligent로 제시되어 있고, 본문의 an extended period between hatching and flight from the nest는 요약문과 선택지의 a longer period of dependency로 서술되어 있다.

VOCA crow 까마귀 remarkably 놀랄 만큼 be capable of ~할 수 있다 complex 복잡한 hatch 부화하다 rely on ~에 의존하다 nest 둥지 limited 제한된 flexible 유연한 end up with 결국 ~하게 되다 extended 연장된 flight (새 등이) 집을 떠남, 비행 intelligence 지능

1 주어진 글 다음에 이어질 글의 순서로 가장 적절한 것은?

We make decisions based on what we *think* we know. It wasn't too long ago that the majority of people believed the world was flat.

(A) It wasn't until that minor detail was revealed — the world is round — that behaviors changed on a massive scale. Upon this discovery, societies began to travel across the planet. Trade routes were established; spices were traded.

(B) This perceived truth impacted behavior. During this period, there was very little exploration. People feared that if they traveled too far they might fall off the edge of the earth. So for the most part, they didn't dare to travel.

(C) New ideas, like mathematics, were shared between societies which allowed for all kinds of innovations and advancements. The correction of a simple false assumption moved the human race forward. words 130

① (A) – (C) – (B)
② (B) – (A) – (C)
③ (B) – (C) – (A)
④ (C) – (A) – (B)
⑤ (C) – (B) – (A)

© Alberto Andrei Rosu / shutterstock

VOCA based on ~에 근거하여 majority 다수 flat 편평한, 평평한 minor 작은 detail 세부 사항 reveal 드러내다 massive scale 거대한 규모 discovery 발견 establish 설립하다 perceive 인지하다 edge 끝, 가장자리 dare 감히 ~하다 innovation 혁신 advancement 발전, 진보 correction 수정 assumption 추정, 가정

2 다음 글의 내용을 한 문장으로 요약하고자 한다. 빈칸 (A), (B)에 들어갈 말로 가장 적절한 것은?

We cannot predict the outcomes of sporting contests, which vary from week to week. It is the uncertainty of the result and the quality of the contest that consumers find attractive. For the sport marketers, this is problematic, as the quality of the contest cannot be guaranteed, no promises can be made in relations to the result and no assurances can be given in respect of the performance of star players. Unlike consumer products, sport cannot and does not display consistency as a key feature of marketing strategies. The sport marketers therefore must avoid marketing strategies based solely on winning. Instead, they must focus on developing product extensions such as the facility, parking, merchandise, souvenirs, food and beverages rather than on the core product (that is, the game itself).

`words 129`

↓

Sport has the essential nature of being ___(A)___, which requires that its marketing strategies ___(B)___ products and services more than just the sports match.

	(A)		(B)
①	unreliable	…	feature
②	unreliable	…	exclude
③	risky	…	ignore
④	consistent	…	involve
⑤	consistent	…	promote

전략 적용하기

요약문 완성하기

❶ 요약문은 스포츠가 '~한' 본질적 속성을 갖고 있으며, 이것은 그것의 마케팅 전략이 스포츠 경기보다는 상품과 서비스를 '~하도록' 요구한다는 내용이다.

❷ 글의 주제는 스포츠 경기의 불확실성 때문에 스포츠 [1] 전략은 스포츠 경기 자체보다는 스포츠 경기 이외의 상품 확장 개발에 집중해야 한다는 것이다.

❸ 본문의 주요 어구인 the uncertainty of the result, does not display consistency as a key feature of marketing strategies 등이 요약문과 선택지에 [2] 나 다른 형태로 서술되었는지 찾는다.

❹ 요약문을 완성한 후, 글의 내용을 포괄적으로 다루는지 확인한다.

🔖 1 마케팅 2 유의어

VOCA predict 예측하다 outcome 결과 consumer 소비자 attractive 매력적인 guaranteed 보장된, 확실한 assurance 확언, 장담 in respect of ~에 대한 consistency 일관성 feature 특징; 특징으로 삼다 strategy 전략, 계획 avoid 피하다 solely 오로지 extension 확대, 확장 facility 시설 merchandise 상품 souvenir 기념품 core product (기업의) 주역 제품 essential 본질적인

1 주어진 글 다음에 이어질 글의 순서로 가장 적절한 것은?

> When we compare human and animal desire we find many differences. Animals tend to eat with their stomachs, and humans with their brains.

(A) It is due, also, to the knowledge that pleasure is uncertain in an insecure world. Therefore, the immediate pleasure of eating must be exploited to the full, even though it does violence to the digestion.

(B) This is largely due to anxiety, to the knowledge that a constant supply of food is uncertain. Therefore, they eat as much as possible while they can.

(C) When animals' stomachs are full, they stop eating, but humans are never sure when to stop. When they have eaten as much as their bellies can take, they still feel empty, they still feel an urge for further gratification.　*gratification: 만족감*

words 124

① (A) − (C) − (B)
② (B) − (A) − (C)
③ (B) − (C) − (A)
④ (C) − (A) − (B)
⑤ (C) − (B) − (A)

문제 해결 전략

주어진 글은 인간과 동물의 욕망에 차이점이 있는데 동물은 위장으로, 사람은 □1□ 로 먹는 경향이 있다는 내용이다. 이에 대한 구체적인 설명으로 동물은 배가 부르면 먹는 것을 멈추지만, 인간은 언제 멈춰야 할지 확신하지 못한다는 내용이 이어진다. 인간이 먹는 것을 멈추지 못하는 한 가지 이유로 식량 공급의 불확실성에서 오는 □2□ 과, 또 다른 이유로 불안정한 세상에서 즐거움이 불확실하다는 인식 때문이라는 내용이 이어진다.

🗒 1뇌 2불안감

© Monkey Business Images /shutterstock

VOCA　compare 비교하다　stomach 위, 복부　due to ~ 때문에　insecure 불안정한　immediate 즉각적인　exploit 이용하다　to the full 최대한도로　do violence to ~를 해치다, ~에게 폭행을 가하다　digestion 소화　anxiety 불안, 염려　constant 끊임없는　supply 공급　belly 배, 복부　urge 충동, 욕구

2 다음 글에서 전체 흐름과 관계 없는 문장은?

© karnoff / shutterstcok

Given the widespread use of emoticons in electronic communication, an important question is whether they help Internet users to understand emotions in online communication. ① Emoticons are much more ambiguous relative to face-to-face cues and may end up being interpreted very differently by different users. ② Nonetheless, research indicates that they are useful tools in online text-based communication. ③ One study of 137 instant messaging users revealed that emoticons allowed users to correctly understand the level and direction of emotion, attitude, and attention expression and that emoticons were a definite advantage in nonverbal communication. ④ In fact, there have been few studies on the relationships between verbal and nonverbal communication. ⑤ Similarly, another study showed that emoticons were useful in strengthening the intensity of a verbal message.

* ambiguous: 모호한 ** verbal: 언어적인

words 122

VOCA given ~을 고려할 때 widespread 널리 퍼진 electronic communication 전자 통신 relative to ~에 비례하여 cue 단서, 신호 end up -ing 결국 ~이 되다 interpret 해석하다 nonetheless 그렇기는 하지만 indicate 보여 주다, 나타내다 attitude 태도 attention 주의, 주목 definite 확실한 advantage 장점, 유리한 점 intensity 강도, 강렬함

[3-4] 다음을 읽고, 질문에 답하시오.

> Color can impact how you perceive weight. Dark colors look heavy, and bright colors look less so. Interior designers often paint darker colors below brighter colors to put the viewer at ease.

(A) In fact, black is perceived to be twice as heavy as white. Carrying the same product in a black shopping bag, versus a white one, feels heavier. So, small but expensive products like neckties and accessories are often sold in dark-colored shopping bags or cases.

(B) In contrast, shelving dark-colored products on top can create the illusion that they might fall over, which can be a source of anxiety for some shoppers. Black and white, which have a brightness of 0% and 100%, respectively, show the most dramatic difference in perceived weight.

(C) Product displays work the same way. Place bright-colored products higher and dark-colored products lower, given that they are of similar size. This will look more stable and allow customers to comfortably browse the products from top to bottom.

words 161

© Runrun2 / shutterstock

VOCA impact 영향을 주다 put ~ at ease ~을 편안하게 해 주다 viewer 보는 사람 versus ~에 비해 accessory 액세서리 in contrast 그에 반해서 shelve 선반에 얹다 illusion 오해, 착각 respectively 각각 display 전시, 진열 stable 안정적인 customer 고객, 손님 browse 훑어보다

3 윗글의 주어진 글 다음에 이어질 글의 순서로 가장 적절한 것은?

① (A) − (C) − (B)

② (B) − (A) − (C)

③ (B) − (C) − (A)

④ (C) − (A) − (B)

⑤ (C) − (B) − (A)

문제 해결 전략

주어진 글에서 전체 글의 주제를 알 수 있으며, (C)의 첫 번째 문장의 work the same way는 주어진 글의 실내 디자이너들이 하는 방식을 말한다. (B)의 In ☐1 뒤에 (C) 단락의 내용과 반대되는 상황의 내용이 이어지고 있으며, 검은색이 흰색보다 두 배 더 무겁게 인식되기 때문에 작지만 값비싼 상품은 ☐2 색의 쇼핑백이나 케이스에 담겨 판매된다는 내용이다.

🖺 1 contrast 2 어두운

4 윗글의 내용과 일치하도록 빈칸에 알맞은 말을 본문에서 찾아 쓰시오.

Since _____ colors look heavy and _____ colors look light, it is recommended to display dark-colored products at the bottom of the shelf and _____ products at the top of the shelf when displaying products.

문제 해결 전략

어두운 색은 무거워 보이고 ☐1 색은 덜 무거워 보이므로 상품을 전시할 때는 어두운 색의 상품을 더 낮게, 밝은 색의 상품을 더 ☐2 배치하는 것이 안정적으로 보인다고 했다.

🖺 1 밝은 2 높이

1 다음 글에서 전체 흐름과 관계 없는 문장은?

© Robert Kneschke /shutterstock

Paying attention to some people and not others doesn't mean you're being dismissive. ① It just reflects a hard fact: there are limits on the number of people that we can possibly pay attention to or develop a relationship with. ② Some scientists even believe that the number of people with whom we can continue stable social relationships might be limited naturally by our brains. ③ The more people you know of different backgrounds, the more colorful your life becomes. ④ Professor Robin Dunbar has explained that our minds are only really capable of forming meaningful relationships with a maximum of about a hundred and fifty people. ⑤ Whether that's true or not, it's safe to assume that we can't be real friends with everyone.

* dismissive: 무시하는

words 120

VOCA pay attention to ~에 주의를 기울이다 **reflect** 나타내다, 반영하다 **hard fact** 명백한 사실 **limit** 한계; 제한하다 **social relationship** 사회적 관계 **background** 배경 **colorful** 다채로운 **professor** 교수 **form** 형성하다 **meaningful** 의미 있는 **maximum** 최대, 최고 **assume** 가정하다

>> 정답과 해설 56쪽

2 주어진 글 다음에 이어질 글의 순서로 가장 적절한 것은?

> The scientific study of the physical characteristics of colors can be traced back to Isaac Newton.

(A) It was only when Newton placed a second prism in the path of the spectrum that he found something new. The composite colors produced a white beam. Thus he concluded that white light can be produced by combining the spectral colors.

(B) One day, he spotted a set of prisms at a big county fair. He took them home and began to experiment with them. In a darkened room he allowed a thin ray of sunlight to fall on a triangular glass prism.

(C) As soon as the white ray hit the prism, it separated into the familiar colors of the rainbow. This finding was not new, as humans had observed the rainbow since the beginning of time.

*composite: 합성의

words 132

① (A) − (C) − (B)

② (B) − (A) − (C)

③ (B) − (C) − (A)

④ (C) − (A) − (B)

⑤ (C) − (B) − (A)

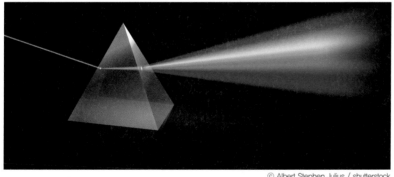

© Albert Stephen Julius / shutterstock

VOCA physical 물리적인 trace (기원을) 추적하다 path 길, 경로 conclude 결론을 내리다 combine 혼합하다, 결합시키다 spectral color 스펙트럼 색 spot 발견하다 county fair (정기) 시장 experiment 실험을 하다 allow 허락하다, 가능하게 하다 thin 얇은, 가는 triangular 삼각형의 separate into ~로 분리되다 observe 관찰하다

2주 3일 필수 체크 전략 1

1 글의 흐름으로 보아, 주어진 문장이 들어가기에 가장 적절한 곳은?

> Grown-ups rarely explain the meaning of new words to children, let alone how grammatical rules work.

Our brains are constantly solving problems. (①) Every time we learn, or remember, or make sense of something, we solve a problem. (②) Some psychologists have characterized all infant language-learning as problem-solving, extending to children such scientific procedures as "learning by experiment," or "hypothesis-testing." (③) Instead they use the words or the rules in conversation and leave it to children to figure out what is going on. (④) In order to learn language, an infant must make sense of the contexts in which language occurs; problems must be solved. (⑤) We have all been solving problems of this kind since childhood, usually without awareness of what we are doing.

words 120

문제 해결 전략

주어진 문장은 어른들이 아이들에게 문법적인 규칙과 새로운 단어의 1 ☐ 를 거의 설명하지 않는다는 내용이므로, 그렇다면 아이들이 어떻게 언어를 배워서 2 ☐ 를 해결하는지에 대한 내용이 뒤에 이어질 것을 예측해 볼 수 있다.

🔑 1 의미 2 문제

© Serhiy Kobyakov / shutterstock

VOCA rarely 좀처럼 ～하지 않는 explain 설명하다 let alone ～는 말할 것도 없이 grammatical 문법의 constantly 끊임없이 psychologist 심리학자 characterize 특징짓다, 규정하다 infant 유아 extend 확장하다 procedure 절차 hypothesis-testing 가설 검증 conversation 대화 figure out 알아내다 make sense of ～을 이해하다 context 맥락 occur 일어나다, 발생하다 awareness 인지

2 다음 글의 내용을 한 문장으로 요약하고자 한다. 빈칸 (A)와 (B)에 들어갈 말로 가장 적절한 것은?

Recent studies point to the importance of warm physical contact for healthy relationships with others. In one study, participants who briefly held a cup of hot (versus iced) coffee judged a target person as having a "warmer" personality (generous, caring). In another study, participants holding a hot (versus cold) pack were more likely to choose a gift for a friend instead of something for themselves. These findings illustrate that mere contact experiences of physical warmth activate feelings of interpersonal warmth. Moreover, this temporarily increased activation of interpersonal warmth feelings then influences judgments toward other people in an unintentional manner. Such feelings activated in one context last for a while thereafter and have influence on judgment and behavior in later contexts without the person's awareness. `words 124`

↓

> Experiencing physical warmth ___(A)___ interpersonal warmth, which happens in a(n) ___(B)___ way.

	(A)		(B)
①	promotes	…	flexible
②	promotes	…	automatic
③	affects	…	inconsistent
④	minimizes	…	obvious
⑤	minimizes	…	rapid

© Africa Studio / shutterstock

문제 해결 전략

첫 번째 문장의 the importance of ⬜1 physical contact for ~가 핵심 어구이다. 신체적인 따뜻함의 접촉 ⬜2 이 대인 간의 따뜻한 감정을 활성화하며, 이러한 감정의 활성화를 그 사람이 인식하지 못한 채 이후의 상황에서 판단과 행동에 영향을 미친다는 내용이다.

🔑 1 warm 2 경험

[3-4] 다음을 읽고, 질문에 답하시오.

There are some cultures (A) $\boxed{\text{what / that}}$ can be referred to as "people who live outside of time." The Amondawa tribe, (B) $\boxed{\text{living / lived}}$ in Brazil, does not have a concept of time that can be measured or counted. (①) Rather they live in a world of serial events, rather than seeing events as being rooted in time. (②) Researchers also found (C) $\boxed{\text{what / that}}$ no one had an age. (③) Instead, they change their names to reflect their stage of life and position within their society. So a little child will give up their name to a newborn sibling and take on a new one. (④) For example, we say, "the weekend is almost gone," or "I haven't got the time." We think such statements are objective, but they aren't. (⑤) We create these metaphors, but the Amondawa don't talk or think in metaphors for time.

* metaphor: 은유 ** sibling: 형제자매

words 157

© Bystrov / shutterstock

VOCA refer to ~ as ... ~을 …이라고 부르다 tribe 부족 concept 개념 measure 측정하다 rather 오히려 serial 연속되는 root 뿌리를 두다 〔박다〕 stage (발달상의) 단계 give up ~을 넘겨주다 newborn 갓 태어난 take on ~을 갖게 되다, ~을 맡다 statement 말, 진술 objective 객관적인 passing 흐름 think of ~ as ... ~을 …이라고 간주하다

3 윗글의 흐름으로 보아, 주어진 문장이 들어가기에 가장 적절한 곳은?

> In the U.S. we have so many metaphors for time and its passing that we think of time as "a thing."

①   ②   ③   ④   ⑤

문제 해결 전략

[1] 의 개념이 없는 Amondawa 부족에 대한 내용이 이어지다가 글의 흐름이 어색해지는 부분이 있다. 그리고 주어진 문장은 시간에 관한 많은 [2] 가 있는 미국에 대한 내용이므로 그와 관련된 내용이 있는 문장을 찾는다.

🔑 1 시간 2 은유

4 윗글의 (A), (B), (C)의 각 네모에서 어법상 알맞은 말로 가장 적절한 것은?

(A)	(B)	(C)
① that	living	that
② that	lived	what
③ what	living	what
④ what	lived	that
⑤ that	lived	that

문제 해결 전략

관계대명사 what은 [1] 를 포함하며 명사절을 이끈다. 현재분사는 능동·진행의 의미로 명사를 수식하는 역할을 하며, 과거분사는 [2] · 완료의 의미로 명사를 수식한다. 접속사 that은 주어, 목적어, 보어 역할을 하는 명사절을 이끈다.

🔑 1 선행사 2 수동

1 다음 글의 내용을 한 문장으로 요약하고자 한다. 빈칸 (A), (B)에 들어갈 말로 가장 적절한 것은?

While there are many reasons for cooperation, the eyes are one of the most important means of cooperation, and eye contact may be the most powerful human force we lose in traffic. It is, arguably, the reason why humans, normally a quite cooperative species, can become so noncooperative on the road. Most of the time we are moving too fast — we begin to lose the ability to keep eye contact around 20 miles per hour — or it is not safe to look. Maybe our view is blocked. Often other drivers are wearing sunglasses, or their car may have tinted windows. (And do you really want to make eye contact with those drivers?) Sometimes we make eye contact through the rearview mirror, but it feels weak, not quite believable at first, as it is not "face-to-face."

* tinted: 색이 옅게 들어간

words 135

↓

While driving, people become ___(A)___ , because they make ___(B)___ eye contact.

	(A)	(B)
①	uncooperative	⋯ little
②	careful	⋯ direct
③	confident	⋯ regular
④	uncooperative	⋯ direct
⑤	careful	⋯ little

문제 해결 전략

요약문의 내용은 [1] 하는 동안 사람들이 어떻게 되는데, 그 이유는 그들이 시선의 마주침을 ~하기 때문이라는 내용이다. 글의 도입부에서 [2] 를 알 수 있는데, 첫 번째 문장의 the eyes are one of the most important means of cooperation, and eye contact ~ we lose in traffic, 두 번째 문장의 humans, ~ can become so noncooperative on the road를 통해 요약문의 내용을 알 수 있다.

답 1운전 2주제

VOCA cooperation 협동, 협력 means 수단 eye contact 시선의 마주침 force 힘 traffic (차량) 운행, 교통 arguably 주장하건대 noncooperative 비협조적인 ability 능력 blocked 차단된, 막힌 rearview mirror (자동차의) 백미러

2 글의 흐름으로 보아, 주어진 문장이 들어가기에 가장 적절한 곳은?

> Yet libraries must still provide quietness for study and reading, because many of our students want a quiet study environment.

Concerns about sound in school libraries are much more important and complex today than they were in the past. (①) Years ago, before electronic resources were such a vital part of the library environment, we had only to deal with noise produced by people. (②) Today, the widespread use of computers, printers, and other equipment has added machine noise. (③) People noise has also increased, because group work and instruction are essential parts of the learning process. (④) So, the modern school library is no longer the quiet zone it once was. (⑤) Considering this need for library surroundings, it is important to design spaces where unwanted noise can be eliminated or at least kept to a minimum.

words 133

문제 해결 전략

주어진 문장이 역접의 접속사 [1]으로 시작하므로, 이 문장의 내용과 반대되는 내용이 나온 뒤에 주어진 문장이 들어갈 것으로 예측할 수 있다. 또한 마지막 문장의 this [2]가 가리키는 내용이 무엇인지 잘 찾아본다.

🔲 1Yet 2need

© DavidPinoPhotography /shutterstock

VOCA provide 제공하다 environment 환경 concern 염려, 걱정 complex 복잡한 electronic resources 전자 장비 vital 필수적인 equipment 장비 instruction 설명, 가르침 process 과정 consider 고려하다 surroundings 주위, 환경 eliminate 제거하다

1 다음 글에서 전체 흐름과 관계 <u>없는</u> 문장은?

© ValeStock / shutterstock

It would be nice if you could take your customers by the hand and guide each one through your store while pointing out all the great products you would like them to consider buying. ① Most people, however, would not particularly enjoy having a stranger grab their hand and drag them through a store. ② Rather, let the store do it for you. ③ Have a central path that leads shoppers through the store and lets them look at many different departments or product areas. ④ You can use this effect of music on shopping behavior by playing it in the store. ⑤ This path leads your customers from the entrance through the store on the route you want them to take all the way to the checkout.

`words 123`

VOCA point out 가리키다 particularly 특히 grab 붙잡다 drag 끌다 path 길 department (백화점 등의) 매장, 부서 area 구역, 지역 effect 효과, 영향 entrance 입구 route 경로, 길 checkout 계산대

2 주어진 글 다음에 이어질 글의 순서로 가장 적절한 것은?

> Students work to get good grades even when they have no interest in their studies. People seek job advancement even when they are happy with the jobs they already have.

(A) It's like being in a crowded football stadium, watching the crucial play. A spectator several rows in front stands up to get a better view, and a chain reaction follows.

(B) And if someone refuses to stand, he might just as well not be at the game at all. When people pursue goods that are positional, they can't help being in the rat race. To choose not to run is to lose.

(C) Soon everyone is standing, just to be able to see as well as before. Everyone is on their feet rather than sitting, but no one's position has improved.

* rat race: 치열하고 무의미한 경쟁

words 129

① (A) – (C) – (B)
② (B) – (A) – (C)
③ (B) – (C) – (A)
④ (C) – (A) – (B)
⑤ (C) – (B) – (A)

© TuiPhotoEngineer / shutterstock

VOCA interest 관심, 흥미 seek 추구하다, 찾다 advancement 발전, 진보 stadium 경기장 crucial 중요한 spectator 관중 row 줄
chain reaction 연쇄 반응 refuse 거부하다, 거절하다 pursue 추구하다 positional 위치와 관련된 can't help -ing ～하지 않을 수 없다
improve 나아지다, 개선되다

3 글의 흐름으로 보아, 주어진 문장이 들어가기에 가장 적절한 곳은?

© Qualit Design / shutterstock

A camping trip where each person attempted to gain the maximum rewards from the other campers in exchange for the use of his or her talents would quickly end in disaster and unhappiness.

The philosopher G. A. Cohen provides an example of a camping trip as a metaphor for the ideal society. (①) On a camping trip, he argues, it is unimaginable that someone would say something like, "I cooked the dinner and therefore you can't eat it unless you pay me for my superior cooking skills." (②) Rather, one person cooks dinner, another sets up the tent, another purifies the water, and so on, each in accordance with his or her abilities. (③) All these goods are shared and a spirit of community makes all participants happier. (④) Moreover, the experience would be ruined if people were to behave in such a way. (⑤) So, we would have a better life in a more equal and cooperative society.

words 152

VOCA attempt to ~하려고 하다 gain 얻다 reward 보상 in exchange for ~의 대가로 disaster 재앙 philosopher 철학자 ideal 이상적인 argue 주장하다 unimaginable 상상할 수 없는 superior 뛰어난 purify 정화하다 in accordance with ~에 맞추어, ~에 따라 spirit of community 공동체 의식 moreover 게다가 ruin 망치다 equal 평등한 cooperative 협력하는

4 다음 글의 내용을 한 문장으로 요약하고자 한다. 빈칸 (A), (B)에 들어갈 말로 가장 적절한 것은?

Have you noticed that some coaches get the most out of their athletes while others don't? A poor coach will tell you what you did wrong and then tell you not to do it again: "Don't drop the ball!" What happens next? The images you see in your head are images of you dropping the ball! Naturally, your mind recreates what it just "saw" based on what it's been told. Not surprisingly, you walk on the court and drop the ball. What does the good coach do? He or she points out what could be improved, but will then tell you how you could or should perform: "I know you'll catch the ball perfectly this time." Sure enough, the next image in your mind is you *catching* the ball and *scoring* a goal. Once again, your mind makes your last thoughts part of reality — but this time, that "reality" is positive, not negative.

`words 153`

↓

Unlike ineffective coaches, who focus on players'   (A)   , effective coaches help players improve by encouraging them to   (B)   successful plays.

     (A)   (B)

① scores   ⋯ complete

② scores   ⋯ remember

③ mistakes ⋯ picture

④ mistakes ⋯ ignore

⑤ strengths ⋯ achieve

© Microgen / shutterstock

VOCA notice 알다, 의식하다 athlete (운동)선수 poor 잘 못하는, 실력 없는 drop 떨어뜨리다 recreate 재현하다 court (테니스 등을 하는) 코트 perform 행하다 reality 현실 positive 긍정적인 negative 부정적인 ineffective 효과적이지 못한 encourage 격려하다

[1-2] 다음을 읽고, 질문에 답하시오.

© Sorapop Udomsri / shutterstock

In their study in 2007, Katherine Kinzler and her colleagues at Harvard showed that our tendency to identify with an in-group to a large degree begins in infancy and may be innate. Kinzler and her team took a bunch of five-month-olds whose families only spoke English and showed the babies two videos. In one video, a woman was speaking English. In the other, a woman was speaking Spanish. Then they were shown a screen with both women side by side, not speaking. In infant psychology research, the standard measure for interest is attention — babies will apparently stare longer at the things they like more. In Kinzler's study, the babies stared at the English speakers longer. In other studies, researchers have found that infants are more likely to take a toy offered by someone who speaks the same language as them. Psychologists routinely cite these and other experiments as evidence of our built-in preference for "our own kind."

words 157

VOCA colleague 동료 tendency 경향, 성향 identify with ~와 동일시하다 infancy 유아기 innate 선천적인 a bunch of 한 무리의, 다수의 side by side 나란히 psychology 심리학 measure 척도, 기준 apparently 분명히 offer 제공하다 routinely 일상적으로 cite 인용하다 evidence 증거 preference 선호(도)

1 Write T if the statement is true and F if it is false.

(1) _____ Kinzler and her team took a bunch of five-month-olds whose families only spoke Spanish.

(2) _____ In Kinzler's study, the babies stared at the Spanish speakers longer.

(3) _____ Infants are more likely to receive a toy offered by someone who speaks the same language as them.

2 Fill the blanks and complete the summary.

> **A Study by Katherine Kinzler And Her Colleagues in 2007**

A bunch of five-month-olds whose families only spoke (1) _____ were shown two videos.

In one video, a woman was speaking English.

In the other, a woman was speaking Spanish.

↓

When they were shown a screen with both women side by side, not speaking, the babies stared at the (2) _____ _____ longer.

↓

The Result of the Study

Much of our tendency to (3) _____ with an in-group begins in (4) _____ and may be innate.

첫 문장이 주제문이며 이 연구의 결과이기도 해.

[3-4] 다음을 읽고, 질문에 답하시오.

Imagine yourself at a party. It is dark and a group of friends ask you to take a picture of them. You grab your camera, point, and shoot your friends. The camera automatically turns on the flash as there is not enough light available to produce a correct exposure. The result is half of your friends appear in the picture with two bright red circles instead of their eyes. This is a common problem called the *red-eye effect*. It is caused because the light from the flash penetrates the eyes through the pupils, and then gets reflected to the camera from the back of the eyes where a large amount of blood is present. This blood is the reason why the eyes look red in the photograph. This effect is more noticeable when there is not much light in the environment. This is because pupils dilate when it is dark, allowing more light to get inside the eye and producing a larger red-eye effect.

* penetrate: 통과하다 ** pupil: 동공 *** dilate: 확장(팽창)하다

words 164

ⓒ Standret / shutterstock

VOCA shoot 촬영하다 automatically 자동적으로 available 이용할 수 있는 correct 정확한 exposure 노출 appear 나타나다, 나오다 common 흔한 get reflected 반사되다 blood 피, 혈액 noticeable 뚜렷한, 현저한

3 Write T if the statement is true and F if it is false.

(1) _____ You must turn on the flash when you take pictures in the dark.

(2) _____ If you take a picture of your friends in the dark, half of them appear in the picture with two bright red circles instead of their eyes.

(3) _____ The red-eye effect is more noticeable when there is too much light in the environment.

본문에서 주어진 문장의 내용에 해당하는 부분을 찾아서 대조해 봐.

4 Fill in the blanks and complete the summary.

What Happens When You Take a Picture in the Dark

There is not enough (1) _____ so the camera automatically turns on the flash.

↓

Light from the flash passes through the eyes through the pupils, and then is reflected to the camera from the back of the eyes with a large amount of (2) _____.

↓

As a result, the eyes look (3) _____ in the picture. This is called the (4) _____ effect.

BOOK 2 마무리 전략

핵심 한눈에 보기

1주 전략 REVIEW

❶ 심경 파악하기

* 글의 시간적·공간적 배경과 등장인물이 처한 상황을 파악한다.
* 주인공의 심경이나 글의 분위기를 나타내는 표현에 유의하고, 심경을 나타내는 형용사는 미리 익혀둔다.

❷ 지칭 추론하기

* 등장인물과 대략적인 상황을 먼저 파악한다.
* 대명사의 성과 수에 주의하여 앞뒤 문장에서 무엇을 가리키는지 찾는다.

❸ 빈칸 추론하기 1 (전반부에 빈칸이 제시된 경우)

* 주제문에 해당하는 핵심 어구를 찾는 경우가 많으므로 빈칸이 포함된 문장을 먼저 읽고 중심 소재를 파악한다.
* 글의 주제가 마지막에 반복되는 경우가 많으므로 마지막 문장을 주의 깊게 읽는다.

❹ 빈칸 추론하기 2 (중·후반부에 빈칸이 제시된 경우)

* 빈칸이 포함된 문장을 먼저 읽고 어떤 정보를 찾아야 하는지 파악한다.
* 앞부분에서 글의 중심 소재를 파악하고, 글의 논리적 흐름에 맞게 빈칸의 내용을 추론한다.

2주 전략 REVIEW

❶ 무관한 문장 찾기

* 첫 문장이 주제문이거나 글의 소재를 소개하므로 주의 깊게 살펴본다.
* 선택지의 내용을 차례대로 읽으며 글의 주제와 내용이 통하는지 파악한다.

❷ 글의 순서 배열하기

* 주어진 글을 먼저 읽고 글의 소재를 파악한 뒤, 주어진 단락을 차례대로 읽으며 글의 전개 방식을 파악한다.
* 글의 순서를 알려주는 지시어나 연결어에 유의하여 글의 순서를 정한다.

❸ 문장의 위치 파악하기

* 주어진 문장을 먼저 읽으며 문장 속의 대명사, 지칭어구, 연결어구 등을 잘 살펴본다.
* 글을 읽으며 흐름이 어색하거나 논리적 비약이 일어나는 곳을 찾아 주어진 문장을 넣어본다.

❹ 요약문 완성하기

* 요약문과 선택지의 내용을 먼저 보고 어떤 정보가 필요한지 파악한다.
* 글의 주제를 파악하고 핵심 어구를 찾아 요약문에 유의어로 제시되었거나 다른 형태로 서술되어 있는지 찾는다.

엄마, 제가 글쓰기 숙제를 했는데 잘 했는지 한번 봐 주세요.

어디 보자. … 첫 번째 문장이 주제문이구나. 음… 그런데 여기 네 번째 문장이 주제에서 좀 벗어나는 것 같아. 이 문장을 빼거나 주제에 맞게 좀 수정하면 좋은 글이 될 것 같구나.

[1-2] 다음을 읽고, 질문에 답하시오.

Garnet blew out the candles and lay down on her bed. It was too hot even for a sheet. She lay there sweating, feeling the heat as if she were covered in a thick blanket. Listening to the empty thunder that brought no rain, she whispered, "I wish the drought would end." Late in the night, Garnet had a feeling that something she had been waiting for was about to happen. She lay quite still, listening to the sound from outside the window. The thunder rumbled again, sounding much louder. And then slowly, one by one, as if someone were dropping pennies on the roof, came the raindrops. Garnet held her breath hopefully. The sound paused. "Don't stop! Please!" she whispered. Then the rain burst strong and loud upon the world. Garnet leaped out of bed and ran to the window. She shouted with joy, "It's raining hard!" <u>그녀는 그 뇌우가 선물처럼 느껴졌다.</u>

words 157

© Dudarev Mikhail / shutterstock

VOCA blow out (촛불 등을) 불어서 끄다 candle (양)초 lie down 눕다 sheet 시트, 홑이불 sweat 땀을 흘리다 blanket 담요 empty 빈, 공허한 thunder 천둥 whisper 속삭이다 drought 가뭄 rumble (천둥·지진 따위가) 우르르 울리다 penny 페니(영국의 작은 동전) raindrop 빗방울 hold one's breath 숨을 죽이다 pause 잠시 멈추다 burst 터지다 leap 뛰어오르다 thunderstorm 뇌우

1 윗글에 드러난 Garnet의 심경 변화로 빈칸에 알맞은 말을 ㅣ보기ㅣ에서 찾아 쓰시오.

┌─ 보기 ┐
horrified	disappointed	wishful	lonely	jealous
proud	embarrassed	ashamed	indifferent	excited

Garnet was _____ for rain.

➡ The heavy rain made her _____.

TIP 글의 전반부에 있는 Garnet의 말 "I wish the drought would end."와 글의 ☐1☐에 있는 Garnet leaped out of bed and ran to the window. She shouted with ☐2☐, ~에서 Garnet의 심경 변화를 알 수 있다.

🔑 1후반부 2 joy

2 윗글의 밑줄 친 우리말을 ㅣ조건ㅣ에 맞게 영작하시오.

┌─ 조건 ┐
〈보기〉에서 한 단어를 제외한 모든 단어를 사용할 것

┌─ 보기 ┐
as	she	though	felt
a present	was	the thunderstorm	is

➡ _____

TIP '(마치) ~인 것처럼'의 의미를 나타낼 때 「☐1☐ though+가정법 ☐2☐」로 표현한다.

🔑 1 as 2 과거

[3-4] 다음을 읽고, 질문에 답하시오.

© NicoElNino / shutterstock

Suppose that you are busy working on a project one day and you have no time to buy lunch. All of a sudden your best friend shows up with your favorite sandwich.

(A) The key difference between these two cases is the level of trust. You trust your best friend so much that you won't worry about him knowing you too well, but you certainly would not give the same level of trust to a stranger.

(B) He tells you that he knows you are busy and he wants to help you out by buying you the sandwich. In this case, you are very likely to appreciate your friend's help.

(C) However, if a stranger shows up with the same sandwich and offers it to you, you won't appreciate it. Instead, you would be confused. You would likely think "Who are you, and how do you know what kind of sandwich I like to eat?" `words 152`

VOCA suppose 가정하다   all of a sudden 갑자기   show up 나타나다   key 주요한   trust 신뢰, 믿음; 신뢰하다, 믿다   stranger 낯선 사람   appreciate 고마워하다   offer 주다, 제공하다   instead 대신에   confused 혼란스러운

3 윗글의 주어진 글 다음에 이어질 글의 순서로 가장 적절한 것은?

① (A) – (C) – (B)

② (B) – (A) – (C)

③ (B) – (C) – (A)

④ (C) – (A) – (B)

⑤ (C) – (B) – (A)

TIP 각 단락에서 글의 순서를 알려주는 지시어나 ① 를 찾는다. (A)의 these two cases, (B)의 He, (C)의 ② 등에 유의하여 글의 순서를 정한다.

图 1 연결어 2 However

4 윗글의 내용과 일치하도록 빈칸에 알맞은 말을 쓰시오.

If your close friend buys you a sandwich when you are busy, you will ＿＿＿＿＿ it, but if a stranger gives you a sandwich, you will not appreciate it. The reason is the difference in the level of ＿＿＿＿＿.

TIP 친한 친구가 샌드위치를 사다 주었을 때와 낯선 사람이 샌드위치를 사다 주었을 때 우리가 받아들이는 것에 ① 가 있는데, 그것은 ② 수준의 차이 때문이라는 글이다.

图 1 차이 2 신뢰

1 다음 글에 드러난 Annemarie의 심경으로 가장 적절한 것은?

Annemarie and her best friend Ellen were running along the sidewalk to get home quickly. Annemarie ran far ahead of her friend as she raced through the streets past small shops in the neighborhood. Annemarie looked up, panting, just as she reached the corner. Her heart seemed to skip a beat. "*Halte!*" the soldier ordered in a stern voice. The German word was as familiar as it was scary. Annemarie had heard it often enough before, but it had never been directed at her until now. Behind her, Ellen also slowed and stopped. Annemarie stared up. There were two soldiers in front of her. That meant two helmets, two sets of cold eyes glaring at her, and four tall shiny boots planted firmly on the sidewalk, blocking her path to home. And it meant two guns, gripped in the hands of the soldiers. She was motionless as she stared at the guns.

* pant: (숨을) 헐떡이다

words 152

① proud and satisfied
② envious and furious
③ tense and frightened
④ bored and indifferent
⑤ relieved and confident

VOCA

sidewalk 인도
neighborhood 이웃
one's heart skips a beat
매우 긴장하거나 놀라다
soldier 군인
stern 엄격한, 단호한
direct 향하게 하다
glare 노려보다
shiny 빛나는, 번쩍이는
plant (단단히) 놓다(두다)
firmly 굳게, 단단히
block 막다
grip 꽉 쥐다
motionless 움직이지 않는

© Save nature and wildlife / shutterstock

2 다음 글의 빈칸에 들어갈 말로 가장 적절한 것은?

If you ask a physicist how long it would take a marble to fall from the top of a ten-story building, he will likely answer the question by assuming that the marble falls in a vacuum. In reality, the building is surrounded by air, which applies friction to the falling marble and slows it down. Yet the friction on the marble is so small that its effect is negligible. Assuming the marble falls in a vacuum simplifies the problem without substantially affecting the answer. Economists make assumptions for the same reason: Assumptions can simplify the complex world and make it easier to understand. To study the effects of international trade, for example, we might assume that the world consists of only two countries and that each country produces only two goods. By doing so, we can _____. Thus, we are in a better position to understand international trade in the real complex world.

* negligible: 무시할 수 있는

words 161

① prevent violations of consumer rights
② understand the value of cultural diversity
③ guarantee the safety of experimenters in labs
④ focus our thinking on the essence of the problem
⑤ realize the differences between physics and economics

VOCA

physicist 물리학자
marble 구슬
vacuum 진공
be surrounded by ~에 둘러싸이다
friction 마찰
slow down 속도를 늦추다
simplify 단순화하다
substantially 대체로, 실질적으로
affect 영향을 주다
economist 경제학자
complex 복잡한
international 국제적인
consist of ~으로 이루어지다
position 위치

ASSUMPTION

© garagestock / shutterstock

[3-4] 다음을 읽고, 질문에 답하시오.

© Stephen Coburn / shutterstock

An elderly carpenter was ready to retire. He told his boss of his plans to leave the house-building business to live a more leisurely life with ① his family. He would miss the paycheck each week, but he thought it was the right time to retire. The boss was sorry to see his good worker go and asked if ② he could build just one more house before retiring, as a personal favor. The carpenter said yes, but over time it was easy to see that ③ his heart was not in his work. He used poor materials and didn't put much time or effort into his last work. It was an unfortunate way to end his lifelong career. When ④ he finished his work, his boss came to check out the house. Then ⑤ he handed the front-door key to the worker and said, "This is your house, my gift to you." The carpenter was very surprised. If he had known he was building his own house, ~~~~~~~~~~~~~~~~~~~~.

words 171

3 윗글의 밑줄 친 he[his]가 가리키는 대상이 나머지 넷과 다른 것은?

① his   ② he   ③ his

④ he   ⑤ he

4 윗글의 빈칸에 들어갈 말로 가장 적절한 것은?

① he wouldn't have retired

② he would have found another job

③ he would have received the gift

④ he would have done his best work

⑤ he wouldn't have done his best work

VOCA

elderly 나이 지긋한
carpenter 목수
retire 은퇴하다
leisurely 느긋한, 여유 있는
paycheck 월급
personal 개인적인
favor 부탁
material 재료, 소재
effort 노력, 수고
unfortunate 유감스러운
lifelong 일생의
career 경력

[5-6] 다음을 읽고, 질문에 답하시오.

© OlgaChernyak / shutterstock

VOCA

fossil 화석
examine 검사하다, 조사하다
seldom 좀처럼 ~ 않는
certain 특정한, 일정한
community 군집
diverse 다양한
tropical forest 열대 우림
recent 최근의
capture 정확히 포착하다, 담아
내다
diversity 다양성
creature 생물
decompose 부패되다
rapidly 빠르게, 급속히
occasionally 가끔, 때때로
entire 전체의

Fossils give us information about how animals and plants lived in the past. But as much as we can learn by examining fossils, it is important to remember that they seldom _____. Things only fossilize under certain sets of conditions. Modern insect communities are highly diverse in tropical forests, but the recent fossil record captures little of that diversity. (①) Since many creatures are consumed entirely or decompose rapidly when they die, there may be no fossil record at all for important groups. (②) In other words, the fossil record has gaps. (③) Maybe when you were born your parents took lots of pictures, but over the years they took photographs occasionally, and sometimes they got busy and forgot to take pictures at all. (④) Very few of us have a complete photo record of our life. (⑤) Fossils are just like that. Sometimes you get very clear pictures of the past, while at other times there are big gaps, and you need to notice what they are.

* decompose: 부패하다

words 175

5 윗글의 ①~⑤ 중 주어진 문장이 들어가기에 가장 적절한 곳은?

> It's a bit similar to a family photo album.

①   ②   ③   ④   ⑤

6 윗글의 빈칸에 들어갈 말로 가장 적절한 것은?

① tell the entire story   ② require further study

③ teach us a wrong lesson   ④ change their original traits

⑤ make room for imagination

1 다음 글에서 전체 흐름과 관계 <u>없는</u> 문장은?

VOCA

deliver 배달하다, 전달하다
humanity 인류, 인간
coal 석탄
run out of ~이 고갈되다
finite 한정적인
solar energy 태양 에너지
tiny 아주 작은
preserve 보존하다
fuel 연료
opportunity 기회
efficiently 효율적으로
abundant 풍부한
strike (빛이 어떤 표면에) 부딪치다

The sun is a very important source of energy for humans. In a single week, the sun delivers more energy to our planet than humanity has used through the burning of coal, oil, and natural gas through *all of human history*. And the sun will keep shining on our planet for billions of years. ① Our challenge isn't that we're running out of energy. ② It's that we have been focused on the wrong source — the small, finite one that we're using up. ③ Indeed, all the coal, natural gas, and oil we use today is just solar energy from millions of years ago, a very tiny part of which was preserved deep underground. ④ Our efforts to develop technologies that use fossil fuels have shown meaningful results. ⑤ Our challenge, and our opportunity, is to learn to efficiently and cheaply use the *much more abundant* source that is the new energy striking our planet each day from the sun.

words 155

2 다음 글의 내용을 한 문장으로 요약하고자 한다. 빈칸 (A), (B)에 들어갈 말로 가장 적절한 것은?

VOCA

orangutan 오랑우탄
participate 참여[참가]하다
individually 개별적으로
experimenter 실험자
object 물건, 물체
retrieve 되찾다
ape 유인원
transfer 옮기다
distinguish 구별하다

A study on chimpanzees and orangutans was conducted at the Leipzig Zoo in Germany. Thirty-four zoo chimpanzees and orangutans participating in the study were each individually tested in a room, where they were put in front of two boxes. An experimenter would place an object inside one box and leave the room. Another experimenter would enter the room, move the object into the other box and exit. When the first experimenter returned and tried retrieving the object from the first box, the great ape would help the experimenter open the second box, which it knew the object had been transferred to. However, most apes in the study did not help the first experimenter open the second box if the first experimenter was still in the room to see the second experimenter move the item. The findings show the great apes understood when the first experimenter still thought the item was where he or she last left it. `words 157`

↓

> According to the study, great apes can distinguish whether or not people have a(n) ___(A)___ belief about reality and use this understanding to ___(B)___ people.

	(A)		(B)
①	false	…	help
②	ethical	…	obey
③	scientific	…	imitate
④	irrational	…	deceive
⑤	widespread	…	correct

[3-4] 다음을 읽고, 질문에 답하시오.

A god called Moinee was defeated by a rival god called Dromerdeener in a terrible battle up in the stars. Moinee fell out of the stars down to Tasmania to die.

(A) He took pity on the people, gave them bendable knees and cut off their inconvenient kangaroo tails so they could all sit down at last. Then they lived happily ever after.

(B) Then he died. The people hated having kangaroo tails and no knees, and they cried out to the heavens for help. Dromerdeener heard their cry and came down to Tasmania to see what the matter was.

(C) Before he died, he wanted to give a last blessing to his final resting place, so he decided to create humans. But he was in such a hurry, knowing he was dying, that he forgot to give them knees; and he absent-mindedly gave them big tails like kangaroos, which meant they couldn't sit down.

words 152

3 주어진 글 다음에 이어질 글의 순서로 가장 적절한 것은?
① (A) − (C) − (B)　　　　② (B) − (A) − (C)
③ (B) − (C) − (A)　　　　④ (C) − (A) − (B)
⑤ (C) − (B) − (A)

4 윗글의 내용과 일치하지 <u>않는</u> 것은?
① Moinee라는 신은 전투에서 패배했다.
② Moinee는 Tasmania로 떨어져 죽었다.
③ Moinee가 만든 인간들은 무릎이 없었다.
④ Moinee가 만든 인간들은 큰 꼬리가 있었다.
⑤ 사람들의 외침을 들은 Moinee는 사람들에게 무릎을 만들어 주었다.

[5-6] 다음을 읽고, 질문에 답하시오.

VOCA

purpose 목적
biological clock 생체 시계
principal 주요한
preferential 우선권을 주는
reliably 확실하게
external 외부의
interaction 상호 작용
precise 정확한
despite ~에도 불구하고
phenomena phenomenon
(현상)의 복수형
trigger 계기, 유인
synchronizer 동기화 장치
reliable 믿을 수 있는
primary 주된
absence 부재, 없음

© VectorMine / shutterstock

Daylight isn't the only signal that the brain can use for the purpose of biological clock resetting, ⓐ though it is the principal and preferential signal, when present. (①) ⓑ So long as they are reliably repeating, the brain can also use other external cues, ⓒ such as food, exercise, and even regularly timed social interaction. (②) All of these events have the ability to reset the biological clock, allowing it to strike a precise twenty-four-hour note. (③) ⓓ Despite not receiving light cues due to their blindness, other phenomena act as their resetting triggers. (④) Any signal that the brain uses for the purpose of clock resetting is termed a zeitgeber, from the German "time giver" or "synchronizer." (⑤) ⓔ Otherwise, while light is the most reliable and thus the primary zeitgeber, there are many factors that can be used in addition to, or in the absence of, daylight.

* zeitgeber 자연 시계

words 158

5 윗글의 흐름으로 보아, 주어진 문장이 들어가기에 가장 적절한 곳은?

> It is the reason that individuals with certain forms of blindness do not entirely lose their circadian rhythm. ** circadian rhythm 24시간 주기 리듬

①   ②   ③   ④   ⑤

6 윗글의 밑줄 친 ⓐ~ⓔ 중 쓰임이 어색한 것은?

① ⓐ   ② ⓑ   ③ ⓒ   ④ ⓓ   ⑤ ⓔ

일등공략 필승학습!
단기간에 끝장내자!

중학 영어 장문 독해

BOOK 3
정답과 해설

특목고 대비
일등
전략

천재교육

정답은
이안에
있어!

중학 영어 장문 독해

BOOK 3
정답과 해설

정답과 해설
차례

정답과 해설

1 ②   2 ②   3 ②   4 ③

1 주제 찾기 | 답 ②

❶ Although individual preferences vary, / touch (both what we touch with our fingers / and the way things
양보의 부사절을 이끄는 접속사   S   관계대명사   ~하는 방식

feel / as they come in contact with our skin) / is an important aspect of many products. ❷ Consumers like
시간의 부사절을 이끄는 접속사(~할 때)   V   전치사구(명사 수식)   V

some products / because of their feel. ❸ Some consumers buy / skin creams and baby products / for their
~ 때문에

soothing effect on the skin. ❹ In fact, consumers / who have a high need for touch / tend to like products
현재분사(능동)   주격 관계대명사   tend+to부정사: ~하는 경향이 있다

/ that provide this opportunity. ❺ When consumers buy products / with material properties, / such as
주격 관계대명사   시간의 부사절을 이끄는 접속사   ~와 같은

clothing or carpeting, / they like goods / they can touch in stores / more than products / they only see and
(that)   비교급   (that)

read about online or in catalogs.

해석 ❶ 개인의 선호는 다양하지만, 촉감(우리가 손가락으로 만지는 것과 물건이 우리의 피부에 접촉될 때 느껴지는 방식 둘 다)은 많은 제품의 중요한 측면이다. ❷ 소비자들은 어떤 제품을 그것의 감촉 때문에 좋아한다. ❸ 일부 소비자들은 피부 진정 효과 때문에 피부용 크림과 유아용품을 구입한다. ❹ 실제로, 촉감에 대한 욕구가 많은 소비자는 이런 기회를 제공하는 제품을 좋아하는 경향이 있다. ❺ 소비자가 의류나 카펫과 같은 물질적 속성이 있는 제품을 살 때, 그들은 온라인이나 카탈로그에서 보고 읽기만 하는 제품보다 상점에서 만져 볼 수 있는 제품을 더 좋아한다.

해설 첫 문장에서 촉감이 많은 제품의 중요한 측면이라고 말한 후 촉감 때문에 제품을 구매하고 선호하는 경향의 예를 들고 있으므로 ② '소비자에게 중요한 요소로서의 촉감'이 주제로 가장 적절하다.

① 온라인 쇼핑몰 이용의 장점

③ 소비자의 요구를 이해하는 것의 중요성

④ 소비자의 피드백을 받는 것의 필요성

⑤ 최신 스타일 제품의 인기

반복되는 어구를 통해 글쓴이가 강조하는 내용을 파악해.

2 제목 찾기 | 답 ②

❶ The loss of many traditional jobs / will partly be offset / by the creation of new human jobs. ❷ Primary
조동사의 수동태 (offset - offset - offset)

care doctors / who diagnose known diseases and give familiar treatments / will probably be replaced
주격 관계대명사   과거분사(수동)   수동태: ~에 의해 대체되다

by AI doctors. ❸ But because of that, / there will be much more money / to pay human doctors and lab
비교급 강조   to부정사의 형용사적 용법

assistants / to do innovative research / and develop new medicines or surgical procedures. ❹ **AI might**
조동사(추측)

help / create new human jobs in another way. ❺ <u>Instead of</u> humans competing with AI, / <u>they</u> could focus
~ 대신에   = humans

<u>on servicing and using AI.</u> ❻ For example, <u>the replacement</u> of human pilots by drones / <u>has eliminated</u>
└─ 전치사+동명사 ─┘   S   V1 (현재완료)

some jobs / but <u>created</u> many new opportunities / in maintenance, remote control, and cyber security.
(has) V2

해석 ❶ 많은 전통적인 직업의 소실은 인간의 새로운 직업의 생성에 의해서 부분석으로 상쇄될 것이나. ❷ 밝혀진 질병을 진단하고 일반적인 처방을 내리는 일반 진료 의사들은 아마도 AI 의사에 의해 대체될 것이다. ❸ 그러나 이것 때문에 획기적인 연구를 하고 새로운 약이나 수술 절차를 개발하도록 인간 의사와 실험실 조교에게 지급할 돈이 훨씬 더 많을 것이다. ❹ AI는 또 다른 방식으로 인간의 새로운 직업을 만드는 것을 도울지도 모른다. ❺ 인간이 AI와 경쟁하는 대신에, 그들은 AI를 정비하고 활용하는 것에 집중할 수 있다. ❻ 예를 들어, 드론에 의한 인간 조종사의 대체는 몇몇 직업을 없애 왔지만, 정비, 원격조종, 그리고 사이버 보안에 있어서 많은 새로운 기회를 만들어 왔다.

해설 전통적인 직업의 소실이 새로운 직업에 의해 부분적으로 상쇄될 것이라고 하며 AI가 인간의 일을 대체하더라도 인간은 AI를 정비하고 활용하는 등으로 AI가 인간의 새로운 직업을 만드는 데 도움이 될 수 있다는 주제의 글이다. 따라서 ② 'AI는 정말로 당신의 직업에 대한 위협인가?'가 제목으로 가장 적절하다.

① 무엇이 로봇을 더 똑똑하게 만드는가?
③ 조심해라! AI는 당신의 마음을 읽을 수 있다
④ 미래의 직업들: 덜 일하고 더 벌기
⑤ AI 개발을 위한 새로운 도전들

3 주장 및 요지 찾기 | **답** ②

❶ Many people <u>think of</u> <u>what might happen in the future</u> / <u>based on</u> past failures / and <u>get trapped</u> by
V1   관계대명사(of의 목적어 역할을 하는 명사절을 이끎)   ~에 근거하여   V2

them. ❷ For example, <u>if</u> you <u>have failed</u> in a certain area before, / when the same situation happens, / you
조건의 부사절을 이끄는 접속사   현재완료

anticipate what might happen in the future, / and <u>thus</u> fear traps you in yesterday. ❸ Do not base your
그래서

decision on / <u>what yesterday was.</u> ❹ Your future is not your past / and you have a better <u>future to come.</u> ❺
간접의문문(의문사+주어+동사)   to부정사의 형용사적 용법

You must <u>decide to forget</u> / and let go of your past. ❻ Your past experiences can <u>take away</u> today's dreams
decide+to부정사: ~하기로 결심하다   ~을 가지고 가다

/ only when you <u>allow them to control you.</u>
allow+O+O·C(to부정사): ~가 …하도록 (허락)하다

해석 ❶ 많은 사람은 과거의 실패에 근거하여 미래에 일어날 수도 있는 일들에 대해 생각하고 그것에 사로잡힌다. ❷ 예를 들어, 만약 여러분이 전에 특정 분야에서 실패한 적이 있다면, 같은 상황이 발생할 때 여러분은 미래에 무슨 일이 일어날지 예상하게 되고, 그래서 두려움이 여러분을 과거에 가두어 버린다. ❸ 과거가 어땠는지에 근거하여 결정을 내리지 말라. ❹ 여러분의 미래는 여러분의 과거가 아니고 여러분에게는 다가올 더 나은 미래가 있다. ❺ 여러분은 과거를 잊고 놓아 주기로 결심해야 한다. ❻ 과거의 경험이 여러분을 지배하게 할 때만 그것이 현재의 꿈을 앗아 간다는 것을 기억해라.

해설 많은 사람이 과거의 실패에 근거하여 미래에 일어날 일을 두려워하고 그것이 사람들을 과거에 가두어 버릴 수 있다며, 더 나은 미래를 위해 과거를 잊고 놓아 주어야 할 필요성에 대해 말하고 있다. 따라서 ②가 필자가 주장하는 바로 가장 적절하다.

4 목적 찾기 | 답 ③

Dear Mr. Stevens,

❶ This is a reply to your inquiry / about the shipment status of the desk / that you purchased at our store /
목적격 관계대명사

on September 26. ❷ Unfortunately, / the delivery of your desk / will take longer than expected / because
불행히도   비교급

of the damage / that occurred during the shipment / from the furniture manufacturer to our warehouse.
during+기간: ~ 동안   from A to B: A에서 B로

❸ We have ordered the same model of the desk from the manufacturer, / and we expect / that delivery
현재완료(완료)   명사절(목적어)을 이끄는 접속사

will take place within two weeks. ❹ As soon as the desk arrives, / we will telephone you immediately / and
일어나다   ~하자마자

arrange a convenient delivery time. ❺ We regret the inconvenience / this delay has caused you.
(that)   현재완료(결과)

Sincerely,

Justin Upton

해석 Stevens 씨께,

❶ 이것은 당신이 9월 26일 우리 가게에서 구매한 책상의 배송 상황 문의에 대한 회신입니다. ❷ 불행히도, 당신의 책상 배송이 가구 제조업체에서 우리 창고로 배송되는 동안 발생한 파손 때문에 예상된 것보다 더 오래 걸릴 것입니다. ❸ 우리는 제조업체로부터 똑같은 모델의 책상을 주문했고, 그 배송이 2주 안에 이뤄질 것으로 예상합니다. ❹ 우리는 그 책상이 도착하자마자 당신에게 바로 전화해서 편리한 배송 시간을 정할 것입니다. ❺ 우리는 이 지연이 당신에게 일으킨 불편에 대해 유감으로 생각합니다.

진심을 담아,

Justin Upton 드림

해설 글의 처음에 책상 배송 상황 문의에 대한 회신이라고 밝힌 후, 가구 제조업체에서 창고로 배송 중 발생한 제품 파손 때문에 책상을 다시 주문하여 배송이 지연될 것임을 알리고 있다. 따라서 ③이 글의 목적으로 가장 적절하다.

> the shipment status of the desk, the delivery of your desk will take longer 등의 표현에 주목해.

---

1 ②   2 ①

1 주제 찾기 | 답 ②

❶ Animals as well as humans / join in play activities. ❷ In animals, / play has long been a way of /
A as well as B: B뿐만 아니라 A도   현재완료(계속)   ~의 방식

learning and practicing skills and behaviors / that are necessary for future survival. ❸ In children, too, / play
주격 관계대명사   S

has important functions / during development. ❹ From its earliest beginnings in infancy, / play is a way
V   S V

/ in which children learn about the world / and their place in it. ❺ Children's play serves as a training
전치사+관계대명사(= 관계부사 how)   (about)   ~로서

ground / for developing physical abilities — skills like walking, running, and jumping / that are necessary

_{주격 관계대명사}

for everyday living. ❻ Play also allows children / to try out and learn social behaviors / and to acquire

_{allow+O+O·C(to부정사)} _(to) _{O·C}

values and personality traits / that will be important in adulthood. ❼ For example, they learn / how to

_{주격 관계대명사} _{how+to부정사: ~하는 방식}

compete and work together with others, / how to lead and follow, / how to make decisions, and so on.

_(to) _(to) _{등등}

[해석] ❶ 인간뿐만 아니라 동물도 놀이 활동에 참여한다. ❷ 동물에게 있어 놀이는 오랫동안 미래 생존에 필요한 기술과 행동을 학습하고 연마하는 방식이었다. ❸ 아이들에게 있어서도 놀이는 발달하는 동안 중요한 기능을 한다. ❹ 유아기의 가장 초기부터, 놀이는 아이들이 세상과 그 안에서의 그들의 위치에 대해 배우는 방식이다. ❺ 아이들의 놀이는 신체 능력 — 매일의 삶에 필요한 걷기, 달리기, 그리고 점프하기와 같은 기술을 발달시키기 위한 훈련의 토대로서 역할을 한다. ❻ 놀이는 또한 아이들이 사회적 행동을 시도하고 배우며, 성인기에 중요할 가치와 성격적 특성을 습득하도록 한다. ❼ 예를 들어, 그들은 다른 사람들과 경쟁하고 함께 일하는 방식, 이끌고 따르는 방식, 결정하는 방식 등을 배운다.

[해설] 놀이 활동이 인간과 동물의 발달과 생존에 중요한 기능을 하는데 놀이를 통해 아이들은 세상에 대해 배우고, 신체 능력을 발달시키며 사회적 행동과 성인기에 중요할 가치 등을 배우게 된다는 내용의 글이다. 따라서 ② '아이들의 발달에 있어서 놀이의 역할'이 글의 주제로 가장 적절하다.
① 창의적 아이디어를 시도하는 것의 필요성
③ 인간과 동물의 놀이의 차이점
④ 아이들의 신체 능력을 발달시키는 방법
⑤ 다양한 발달 단계에서 아이들의 요구

2 주장 및 요지 찾기 | **답** ①

❶ Practically / anything of value requires / that we should take a risk of failure / or being rejected. ❷ This

_{of+명사 = 형용사} _V _{명사절(목적어)을 이끄는 접속사} _{동명사의 수동태(of의 목적어)}

is the price / we all must pay for achieving the greater rewards / which are lying ahead of us. ❸ To take

_(that) _{전치사+동명사} _{주격 관계대명사} _{to부정사의 명사적 용법(주어)}

risks means / that you will succeed sometime / but never to take a risk means / that you will never

_{언젠가} _{to부정사의 부정형: never(not)+to부정사}

succeed. ❹ Life is filled with a lot of risks and challenges / and if you want to get away from all these

_{be filled with: ~으로 가득 차 있다} _{to부정사의 명사적 용법(목적어)}

difficulties, / you will be left behind in the race of life. ❺ A person / who can never take a risk / can't learn

_{조동사의 수동태} _{주격 관계대명사}

anything. ❻ For example, if you never take the risk to drive a car, / you can never learn to drive. ❼ If you

_{to부정사의 부사적 용법(목적)} _{to부정사의 명사적 용법(목적어)}

never take the risk of being rejected, / you can never have a friend or partner. ❽ Similarly, if you never

_{동명사의 수동태}

take the risk of attending an interview, / you will never get a job.

_{동명사(of의 목적어)}

[해석] ❶ 사실상 가치 있는 것은 어떤 것이든 우리가 실패나 거절당할 위험을 무릅쓸 것을 요구한다. ❷ 이것은 우리 앞에 놓인 더 큰 보상을 성취하기 위해 우리 모두가 지불해야 하는 대가이다. ❸ 위험을 무릅쓴다는 것은 언젠가 성공할 것이라는 것을 의미하지만 위험을 전혀 무릅쓰지 않는 것은 결코 성공하지 못할 것임을 의미한다. ❹ 인생은 많은 위험과 도전으로 가득 차 있으며, 이 모든 어려움에서 벗어나기를 원하면 인생이라는 경주에서 뒤처지게 될 것이다. ❺ 결코 위험을 무릅쓰지 못하는 사람은 아무것도 배울 수 없다.

❻ 예를 들어, 만약 차를 운전하기 위해 위험을 무릅쓰지 않는다면, 여러분은 결코 운전을 배울 수 없다. ❼ 거절당할 위험을 무릅쓰지 않는다면 친구나 파트너를 절대 얻을 수 없다. ❽ 마찬가지로 면접에 참석하는 위험을 무릅쓰지 않는다면, 여러분은 결코 일자리를 얻지 못할 것이다.

[해설] 첫 문장이 주제문으로 가치 있는 모든 것은 위험을 무릅쓸 것을 요구하고 도전으로 가득 찬 인생에서 위험을 무릅쓰지 못하는 사람은 아무것도 얻을 수 없다는 것이 중심 내용이다. 따라서 ①이 요지로 가장 적절하다.

1 ③   **2** ②   **3** ①   **4** ④

1 주제 찾기 | 답 ③

❶ Like <u>anything else</u> <u>involving</u> effort, / compassion takes practice. ❷ We have to work at getting into
↳ 현재분사   get into the habit of: ~하는 습관을 기르다

<u>the habit of</u> standing with others / <u>in their time of</u> need. ❸ Sometimes / <u>offering help</u> is a simple matter
in time of: ~한 경우에   동명사구(주어)

in our daily lives / such as <u>remembering to speak</u> a kind word to someone / <u>who</u> is down, / or spending
remember+to부정사: ~할 것을 기억하다   주격 관계대명사

an occasional Saturday morning / volunteering for a favorite cause. ❹ At other times, / <u>helping</u> involves
동명사(주어)

some real sacrifice. ❺ "A bone to the dog / is not charity," / Jack London said. ❻ "Charity is <u>the bone</u> /

<u>shared</u> with the dog, / when you are just <u>as hungry as</u> the dog." ❼ If we practice / taking the many small
과거분사(수동)   as+형용사 원급+as: ~만큼 …한

opportunities to help others, / we'll be in ready to act / when those <u>times</u> / <u>requiring</u> real, hard sacrifice /
↳ 현재분사(능동)

come along.

해석 ❶ 노력과 관련된 다른 어떤 것과 마찬가지로, 연민은 연습이 필요하다. ❷ 우리는 곤경에 빠진 다른 사람들과 함께 하는 습관을 기르는 데 매진해야 한다. ❸ 때때로 도움을 주는 것은 낙담한 사람에게 친절한 말을 해 줄 것을 기억하거나 가끔 토요일 아침에 좋아하는 자원 봉사를 하는 것과 같은 우리 일상의 단순한 일이다. ❹ 다른 때에는, 남을 돕는 것은 진정한 희생을 수반한다. ❺ Jack London은 "개에게 뼈를 주는 것은 자선이 아니다. ❻ 당신이 개만큼 배가 고플 때 개와 함께 나누는 그 뼈가 자선이다."라고 말했다. ❼ 만약 우리가 다른 사람들을 돕기 위해 많은 작은 기회들을 가지는 연습을 하면, 우리는 진정한 힘든 희생이 필요한 시기가 올 때 행동할 준비가 될 것이다.

해설 연민은 연습이 필요하다고 한 첫 문장이 주제문으로 도움은 일상의 단

순한 일부터 진정한 희생을 수반하는 것이 있는데 남을 돕는 작은 기회들을 연습하면 힘든 희생이 필요한 도움도 줄 수 있을 것이라고 글을 마무리하고 있다. 따라서 ③ '남을 돕는 연습의 중요성'이 주제로 가장 적절하다.

① 새로운 습관을 형성하는 데 있어서의 어려움 ② 친절하게 말하는 연습의 효과 ④ 어려움에 처한 사람들을 돕기 위한 수단 ⑤ 다른 사람들과 조화롭게 사는 것의 이점

> 첫 번째 문장에서 글의 중심 소재를 알 수 있어.

2 제목 찾기 | 답 ②

❶ If you want to <u>protect</u> yourself <u>from</u> colds and flu, / regular exercise <u>may</u> be the great <u>immunity-</u>
protect A from B: A를 B로부터 보호하다   조동사(추측)   면역력 촉진제

<u>booster</u>. ❷ Moderate aerobic exercise / <u>can</u> more than halve your risk for respiratory infections / and other
조동사(가능)

common winter diseases. ❸ But <u>when</u> you feel sick, / the story changes. ❹ "Exercise is great for prevention,
시간의 부사절을 이끄는 접속사

/ but <u>it</u> can be very bad for therapy," / says <u>David Nieman</u>, / the director of the Human Performance Lab.
= exercise   └─ 동격 ─┘

❺ Research shows / <u>that moderate exercise has no effect on the duration</u> / or seriousness of the common
명사절(목적어)을 이끄는 접속사   have effect on: ~에 영향을 미치다

cold. ❻ If you have / the flu or other forms of <u>fever-causing infections</u>, / exercise can slow recovery / and,

현재분사 ↵

therefore, / is a bad idea. ❼ <u>Your immune system</u> <u>is working</u> overtime / to <u>fight off the infection</u>, / and

그러므로　　　　　　　　　S1　　　　　　　V1　　　　　　　　　　～와 싸워 물리치다

exercise, a form of physical stress, / <u>makes</u> <u>that task</u> <u>harder</u>.

S2　　　　삽입 어구　　　　V2　　　O　　O·C(형용사)

해석 ❶ 만약 여러분이 자신을 감기와 독감으로부터 보호하고 싶다면, 규칙적인 운동이 훌륭한 면역력 촉진제가 될 수도 있다. ❷ 적당한 에어로빅 운동은 여러분이 호흡기 감염과 다른 흔한 겨울 질병에 걸릴 위험을 반감시켜 주는 것 그 이상을 해 줄 수 있다. ❸ 그러나 여러분이 아플 때는 이야기가 달라진다. ❹ Human Performance Lab의 관리자인 David Nieman은 "운동은 예방에는 좋지만, 치료에는 매우 나쁠 수 있다."라고 말한다. ❺ 연구는 적당한 운동이 일반 감기의 지속 기간이나 심각성에 영향을 미치지 않는다는 것을 보여 준다. ❻ 만약 여러분이 독감이나 다른 형태의 열을 일으키는 감염에 걸렸다면, 운동은 회복을 늦출 수 있고, 따라서 좋지 않은 방안이다. ❼ 여러분의 면역 체계는 그 감염을 물리치기 위해서 시간을 넘겨서 일하고 있으며, 신체적 스트레스의 한 형태인 운동은 그 과업을 더 어렵게 만든다.

해설 규칙적인 운동은 훌륭한 면역 촉진제일 수 있지만 아플 때는 그렇지 않다고 한 후, 운동이 예방에는 좋지만 치료에는 나쁠 수 있고 독감이나 다른 열을 일으키는 감염병의 회복을 늦춘다고 설명하고 있다. 따라서 ② '아플 때 운동하기: 좋은 행동인가?'가 제목으로 가장 적절하다.

① 당신이 운동을 너무 많이 하고 있다는 징후들 ③ 당신의 면역력을 증가시키는 강력한 음식 ④ 지금 당신이 운동을 시작해야 하는 이유 ⑤ 감기의 증상들: 인후통, 기침 등

> 도입부에 언급한 내용과 But 이하에 반전되는 내용에서 글쓴이의 의도를 파악해.

3~4 주제 찾기 | 답 3 ① 4 ④

❶ <u>When</u> we read a number, / we are more <u>influenced</u> by the leftmost digit / than by the rightmost, / <u>since</u>

시간의 부사절을 이끄는 접속사　　　　수동태　　　　　　　　　　　　　　　　　이유의 부사절을 이끄는 접속사

that is the order / <u>in which</u> we read, and process, them. ❷ <u>The number 799</u> <u>feels</u> remarkably <u>less</u> than 800

전치사+관계대명사　　　　　　　　　　　　S　　　　V　　　little의 비교급

/ because we see 799 <u>as</u> 7—something / and 800 as 8—something, / <u>whereas</u> 798 feels pretty much like

～로서　　　　　　　　　　　　　　　　～에 반하여

799. ❸ <u>Since</u> the nineteenth century, / shopkeepers <u>have taken</u> advantage of this trick. ❹ They have chosen

～ 이래　　　　　　　　　　　　　현재완료(계속)

prices <u>ending</u> in a 9, / <u>to give</u> the impression / <u>that</u> a product is cheaper than it is. ❺ Surveys show /

↳ 현재분사(능동)　　to부정사의 부사적 용법(목적)　　동격의 명사절을 이끄는 접속사

<u>that</u> around a third to two-thirds of all retail prices now / end in a 9. ❻ <u>Though</u> we are all <u>experienced</u>

명사절(목적어)을 이끄는 접속사　　　　　　　　　　　　　　　　　양보의 부사절을 이끄는 접속사　과거분사(수동)

shoppers, / we are still fooled. ❼ In 2008, researchers at the University of Southern Brittany / monitored

↵

a local pizza restaurant / <u>that</u> was serving five types of pizza / at €8.00 each. ❽ When one of the pizzas

주격 관계대명사

<u>was reduced</u> / in price to € 7.99, / <u>its share of sales</u> <u>rose</u> / <u>from</u> a third of the total <u>to</u> a half.

수동태　　　　　　　　　　　　　　S　　　V　　　from A to B: A에서 B로

해석 ❶ 우리가 수를 읽을 때 우리는 가장 오른쪽보다 가장 왼쪽 숫자에 의해 더 영향을 받는데, 그것이 우리가 그것들을 읽고 처리하는 순서이기 때문이다. ❷ 수 799가 800보다 현저히 작게 느껴지는 것은 우리가 799를 7로 시작하는 어떤 것으로, 800을 8로 시작하는 어떤 것으로 인식하기 때문인데, 반면에 798은 799와 상당히 비슷하게 느껴진다. ❸ 19세기 이래 소매상인들은 이 착각을 이용해 왔다. ❹ 그들은 상품이 실제보다 싸다는 인상을 주기

위해 9로 끝나는 가격을 선택해 왔다. ❺ 조사에 따르면 모든 소매가격의 1/3에서 2/3 정도가 지금은 9로 끝난다. ❻ 우리가 모두 경험이 많은 소비자일지라도, 우리는 여전히 속는다. ❼ 2008년에 Southern Brittany 대학의 연구자들이 각각 8.00유로로 다섯 종류의 피자를 제공하고 있는 지역 피자 음식점을 관찰했다. ❽ 피자 중 하나가 7.99유로로 가격이 인하되었을 때, 그것의 판매 점유율은 전체의 1/3에서 1/2로 증가했다.

해설 **3** 수를 읽을 때 가장 왼쪽 숫자에 영향을 더 받아서 799를 800보다 현저히 작게 느낀다고 설명하며 이 때문에 상인들이 9로 끝나는 가격을 선택해 왔다는 것이 중심 내용으로, 글의 마지막에 8.00유로에서 7.99유로로 인하된 피자의 판매 점유율이 증가한 것을 예로 들고 있다. 따라서 ① '사람들이 수를 읽는 방식을 이용한 가격 책정 전략'이 주제로 가장 적절하다.

② 지역 경제 동향을 보여 주는 소비 양식 ③ 판매자의 신용을 강화하기 위한 숫자 더하기 ④ 시장 규모와 상품 가격 사이의 관계 ⑤ 가게 환경을 바꿈으로써 고객을 속이는 판매 속임수

4 소매상인들은 상품이 실제 가격보다 더 싸다는 인상을 주기 위해 9로 끝나는 가격을 선택해 왔다(They have chosen prices ending in a 9, ~ cheaper than it is.)고 했으므로 (A)에는 ends(끝나다), (B)에는 cheaper(더 싼)가 알맞다.

상품의 가격이 숫자 9로 끝나면 소비자들은 아마도 그 상품이 실제보다 더 싸다고 느낄 것이다.

2일 필수 체크 전략 2

BOOK 1 · 18~19쪽

1 ④　　**2** ⑤

1 주제 찾기 | 답 ④

❶ Human beings are driven by a natural desire / to form and maintain interpersonal relationships. ❷
　be driven by: ~에 의해 움직이다　　　　to부정사의 형용사적 용법

From this viewpoint, / people seek relationships with others / to fill a basic need / and this need becomes
　이러한 관점에서　　　　　　　　　　　　　to부정사의 부사적 용법(목적)

the basis / of many emotions, actions, and decisions throughout life. ❸ Probably, the need to belong / is a
　　　　　　　　　　　　　　　　　　　~동안 죽　　　　　　　　　to부정사의 형용사적 용법

product of human beings' evolutionary history / as a social species. ❹ Human beings have long depended
　　　　　　　　　　　　　　　　　　~로서　　　　　　　　　　현재완료(계속)

on the cooperation of others / for the supply of food, protection from predators, / and the gaining of
depend on: ~에 의존하다

essential knowledge. ❺ Without the formation and maintenance of social bonds, / early human beings
　　　　　　　　　　~이 없었다면(without 가정법)

probably would not have been able to deal with / or adapt to their physical environments. ❻ Thus, seeking
　would have p.p.: 가정법 과거완료 주절의 동사　　　　　~에 적응하다　　　　　　　　따라서　동명사(주어) –
　　　단수 취급

closeness and meaningful relationships / has long been vital for human survival.
　　　　　　　　　　　　　　　　단수 동사 / 현재완료(계속)

해설 ❶ 인간은 대인 관계를 형성하고 유지하려는 타고난 욕구에 의해 움직인다. ❷ 이러한 관점에서, 인간은 근본적인 욕구를 충족시키기 위해 타인과의 관계를 추구하며, 이 욕구는 일생에 걸쳐 많은 감정, 행동, 그리고 결정들의 기초가 된다. ❸ 아마도, 소속되려는 욕구는 사회적 종으로서의 인간 진화 역사의 산물이다. ❹ 인간은 식량의 공급, 포식자로부터의 보호, 그리고 필수적인 지식의 습득을 위해 타인들의 협력에 오랫동안 의존해 왔다. ❺ 사회적 유대의 형성과 유지가 없었다면, 초기 인간들은 아마도 그들의 물리적 환경에 대처하거나 적응하지 못했을 것이다. ❻ 따라서 친밀함과 의미 있는 관계를 추구하는 것은 오랫동안 인간의 생존에 필수적이었다.

해설 인간은 대인 관계를 형성, 유지하려는 욕구에 의해 움직인다고 언급한 후 사회적 유대가 없었다면 초기 인간들이 환경에 적응하지 못했을 것이고 친밀한 대인 관계를 형성하고 유지하려는 욕구가 인간 생존을 위해 필수적이었다고 결론짓고 있다. 따라서 ④ '인간의 생존을 위해 사회적 유대를 형성할 필요'가 주제로 가장 적절하다.

① 다른 사람들과 일하는 것의 어려움 ② 진화에서 중요한 요소로서의 감정 ③ 다른 사람들과 친밀한 관계를 유지하는 방법 ⑤ 인간 진화가 환경에 미치는 영향

> relationships with others ~ a basic need, the need to belong, the cooperation of others 등 반복, 강조되는 표현에 주목해.

2 제목 찾기 | 답 ⑤

❶ Every event that causes you to smile / makes you feel happy / and produces feel-good chemicals in
<small>every+단수명사　주격 관계대명사　　　　　　　　 V1　　감각동사+형용사　　　　　　 V2</small>

your brain. ❷ Try to force your face to smile / even when you are stressed / or feel unhappy. ❸ The facial
<small>　　　　 try+to부정사: ~하려고 노력하다　　　　　　 시간의 부사절을 이끄는 접속사</small>

muscular pattern / produced by the smile / is linked to all the "happy networks" in your brain. ❹ So / it
<small>　　　　　　　　　 ↖ 과거분사(수동)　　　 V(수동태)</small>

will in turn naturally calm you down / and change your brain chemistry / by releasing the same feel-good
<small>　　 결과적으로　　　　　　　　　　　　　　　　　　　　　　　　　 by+동명사: ~함으로써</small>

chemicals. ❺ Researchers studied / the effects of a genuine and forced smile on individuals / during a

stressful event. ❻ The researchers had participants perform stressful tasks / while they were not smiling,
<small>　　　　　　　　　　　　 S　　 V(사역동사)　　 O　　 O·C(동사원형)　　　　 부사절을 이끄는 접속사(~하는 동안)</small>

/ smiling, / or holding chopsticks crossways in their mouths / (in order to force the face / to form a
<small>　　　　　　　　　　　　　　　　　　　　　　　　 = to부정사(목적. ~하기 위해)</small>

smile). ❼ The results of the study showed / that smiling during stressful events, / whether it was forced or
<small>　　　　　　　　　　　　　　　　　 명사절(목적어)을 이끄는 접속사　　 부사절을 이끄는 접속사(~이든 아니든)</small>

genuine, / reduced the intensity of the stress response in the body / and lowered heart rate levels / after

recovering from the stress.

해석 ❶ 여러분을 미소 짓게 만드는 온갖 사건들은 여러분이 행복감을 느끼게 하고, 여러분의 뇌에서 기분을 좋게 만들어 주는 화학 물질을 생산해내도록 한다. ❷ 심지어 스트레스를 받거나 불행하다고 느낄 때조차 억지 미소를 지어 보도록 해라. ❸ 미소에 의해 만들어지는 안면 근육의 형태는 뇌의 모든 '행복 연결망'과 연결되어 있다. ❹ 그래서 그것은 자연스럽게 여러분을 안정시키고 기분을 좋게 만들어 주는 동일한 화학 물질들을 배출함으로써 뇌의 화학 작용을 변화시킬 것이다. ❺ 연구자들은 스트레스가 상당한 상황에서 진정한 미소와 억지 미소가 개개인들에게 미치는 영향을 연구하였다. ❻ 연구자들은 참가자들이 미소 짓지 않거나, 미소 짓거나, (억지 미소를 짓게 하기 위해) 입에 젓가락을 옆으로 물고서 스트레스를 수반한 과업을 수행하도록 했다. ❼ 연구의 결과는 미소는, 그것이 억지이든 진정한 것이든, 스트레스가 상당한 상황에서 신체의 스트레스 반응의 강도를 줄였고, 스트레스로부터 회복한 후의 심장 박동률의 수준도 낮추었다는 것을 보여 주었다.

해설 미소 짓는 것은 뇌에서 기분 좋게 만드는 화학 물질을 생산한다고 한 후, 스트레스를 받을 때조차도 미소를 지어야 하는 필요성을 언급하며 진정한 미소이든 억지 미소이든 미소가 스트레스 반응 강도를 줄여 주었다는 연구 결과로 주제를 뒷받침하고 있다. 따라서 ⑤ '억지 미소도 스트레스를 줄이는 데 도움이 되는가?'가 제목으로 가장 적절하다.

① 스트레스가 많은 사건들의 원인과 결과 ② 스트레스의 개인적 징후와 패턴들 ③ 신체와 두뇌가 스트레스에 어떻게 반응하는가 ④ 스트레스: 행복을 위한 필요악

---

1 ①　　2 ③　　3 ⑤　　4 ②

1 주장 및 요지 찾기 | 답 ①

❶ Something comes over most people / when they start writing. ❷ They write in a language / different
<small>　　　　　 (격한 감정 등이) ~에게 밀려오다　　　　　　　　　　　　　　　　 동명사(목적어)</small>

from the one / they would use / if they were talking to a friend. ❸ If, however, / you want people to read
<small>　　　　 ∧　　 가정법 과거 주절의 동사　　 가정법 과거 조건절의 동사　　　　　　　　　　 S　 V　　 O　 O·C(to부정사)</small>
<small>　 (that)</small>

and understand / what you write, / write it in spoken language. ❹ Written language is more complex / and
   (to)   관계대명사   과거분사(수동)   비교급

it takes more work to read. ❺ It is also more formal and distant, / which makes the readers lose attention.
                                             관계대명사의 계속적 용법 V   O   O·C(동사원형)

❻ You don't need to use complex sentences / to express ideas. ❼ Even specialists in some complicated field
                                  to부정사의 부사적 용법(목적)

/ express their ideas simply. ❽ They don't use sentences any more complex / than they do / when talking
                    = Specialists   (they are)

about what to have for lunch. ❾ If you simply manage to write in spoken language, / you have a good start
     what+to부정사: 무엇을 ~할지   manage+to부정사: ~해내다

/ as a writer.

해석 ❶ 대부분의 사람들이 글쓰기를 시작할 때 그들에게 어떤 생각이 밀려온다. ❷ 그들은 친구들에게 이야기할 경우에 사용할 법한 말과는 다른 언어로 글을 쓴다. ❸ 하지만, 만약 사람들이 당신이 쓴 것을 읽고 이해하기를 원한다면, 구어체로 글을 써라. ❹ 문어체는 더 복잡하고 읽기에 더 수고스럽다. ❺ 그것은 또한 더 형식적이고 거리감이 들게 하여 독자로 하여금 주의를 잃게 만든다. ❻ 생각을 표현하기 위해 복잡한 문장을 사용할 필요는 없다. ❼ 심지어, 어떤 복잡한 분야의 전문가들조차도 자신의 생각을 단순하게 표현한다. ❽ 그들은 그들이 점심으로 무엇을 먹을지에 대해 이야기할 때 사용하는 것보다 복잡한 문장을 사용하지는 않는다. ❾ 만약 당신이 구어체로 글을 쓰게 된다면, 당신은 작가로서 좋은 출발을 하는 것이다.

해설 글을 쓸 때 일상 언어와는 다르게 글을 쓰려고 하는 경향이 있는데 문어체는 복잡하고 읽기에 수고스러우며 독자의 주의를 잃게 만들기 때문에 구어체로 글을 쓰는 것이 좋다는 주제의 글이다. 따라서 ①이 필자가 주장하는 바로 가장 적절하다.

2 목적 찾기 | 답 ③

To whom / it may concern:

❶ I was born and raised / in the city of Boulder / and have enjoyed our beautiful natural spaces / for my
       └─ 수동태 ─┘   현재완료(계속)

whole life. ❷ By the way, / I'm worried about the proposed Pine Hill walking trail / because it would cut
                  be worried about: ~에 대해 걱정하다   ~ 사이로 길을 내다

through the land / which is home to a variety of species. ❸ Wildlife faces pressure from development, /
               주격 관계대명사   여러 가지의

and these animals need space / where they can hide from human activity. ❹ Although / trails may serve
                       관계부사   조동사(가능)   양보의 부사절을 이끄는 접속사

as a wonderful source for us / to access the natural world / and appreciate the wildlife within it, / if we
    to부정사의 의미상 주어   to부정사의 형용사적 용법(source 수식)   (to)   조건의 부사절을 이끄는 접속사

continue to destroy natural environments / with excess trails, / the wildlife will stop using these areas.
    to부정사의 명사적 용법(목적어)   stop+동명사: ~하는 것을 멈추다

❺ Please reconsider / whether the proposed walking trail / is absolutely necessary.
               명사절을 이끄는 접속사(~인지 아닌지)

Sincerely,

Tyler Stuart

해석 관계자 귀하,

❶ 저는 Boulder 시에서 태어나고 자랐으며 평생 동안 우리의 경치 좋은 자연 공간을 누려 왔습니다. ❷ 그런데, 저는 제안된 Pine Hill 산책로에 대해 걱정이 되는데 그것이 다양한 종들의 서식지인 그 땅을 지나게 될 것이기 때문입니다. ❸ 야생 동물은 개발로부터의 압력에 직면해 있고, 이 동물들은 인간 활동으로부터 숨을 수 있는 공간이 필요합니다. ❹ 비록 산책로는 우리가

자연 세계에 접근하고 그 안의 야생 동물을 감상할 수 있는 훌륭한 원천의 역할을 할지도 모르지만, 만약 우리가 계속해서 과도한 산책로들로 자연 환경을 파괴한다면 야생 동물은 이 지역들을 이용하는 것을 중단할 것입니다. ❺ 제안된 산책로가 정말로 필요한지 재고해 주시기 바랍니다.

Tyler Stuart 드림

해설 Boulder 시민이 관계자에게 보내는 편지로 개발 제안된 Pine Hill 산책로가 다양한 종들의 서식지를 지나게 될 것을 걱정하며, 야생 동물들이 인간

활동으로부터 숨을 곳이 필요하다고 말했다. 또한 마지막에 그 산책로가 정말로 필요한지 재고해 달라고 부탁하고 있으므로 ③이 글의 목적으로 가장 적절하다.

Please reconsider ~에서 글쓴이가 무엇을 부탁하고 있는지를 파악해.

3~4 주장 및 요지 찾기 | 답 3 ⑤ 4 ②

❶ How do you encourage other people / when they are changing their behavior? ❷ Suppose you see a
　　　　　　　　　　　　　　　　　 시간의 부사절을 이끄는 접속사　　　　　　　　　　　　　　명령문

friend / who is on a diet / and has been losing a lot of weight. ❸ Maybe you want to tell her / that she looks
　　　　 주격 관계대명사　　　　　　 현재완료 진행　　　　　　　　　　　　　　　　　 명사절(목적어)을 이끄는 접속사

great / and she must feel wonderful. ❹ It feels good for someone / to hear positive comments, / and this
　　　　^(that)　조동사(강한 추측)　 가주어　　　　 의미상 주어　　　　 진주어

feedback will often be encouraging. ❺ However, / if you end the discussion there, / then the only feedback
　　　S　　　^(that)

your friend is getting / is about her progress toward an outcome. ❻ Instead, / continue the discussion
　　　　　　　　　　V

/ focusing on the process of the change. ❼ Ask about / what she is doing / that has allowed her to be
　　分사구문　　　　　　　　　　　　　　　　　　　　　간접의문문(의문사+주어+동사) 주격 관계대명사 V　 O　 O·C

successful. ❽ What is she eating? ❾ Where is she working out? ❿ How often does she work out? ⓫ What

are the lifestyle changes / that she has made? ⓬ When the conversation focuses on the process of change /
　　　　　　　　　　　　 목적격 관계대명사　현재완료(결과)

rather than the outcome, / it reinforces the value of creating a sustainable process.
　~보다는　　　　　　　　　　　　　　　　　전치사+동명사

해석 ❶ 당신은 다른 사람들이 그들의 행동을 바꾸려고 하고 있을 때 어떻게 그들을 격려하는가? ❷ 다이어트 중이며 몸무게가 많이 줄고 있는 한 친구를 당신이 만난다고 가정해 보자. ❸ 아마도 당신은 그녀가 멋져 보이고 기분이 정말 좋겠다고 그녀에게 말하고 싶을 것이다. ❹ 누구든 긍정적인 말을 듣는 것은 기분이 좋고 이런 피드백은 종종 고무적일 것이다. ❺ 그러나 만약 당신이 거기서 대화를 끝낸다면, 당신의 친구가 받게 되는 유일한 피드백은 결과를 향한 그녀의 진전에 대한 것뿐이다. ❻ 대신, 변화의 과정에 초점을 두어 그 대화를 계속해라. ❼ 그녀의 성공을 가능하게 한 어떤 것을 하고 있는지 물어라. ❽ 그녀가 무엇을 먹고 있는가? ❾ 그녀가 어디서 운동을 하고 있는가? ❿ 그녀가 얼마나 자주 운동을 하는가? ⓫ 그녀가 만들어 낸 생활양식의 변화는 무엇인가? ⓬ 그 대화가 결과보다 변화의 과정에 초점을 맞출 때, 그것은 지속 가능한 과정을 만들어 내는 가치를 강화시킨다.

해설 3 다른 사람들이 행동을 바꾸려고 할 때 그들을 격려하기 위해서 변화의 결과를 언급하고 대화를 끝내기보다는 변화 과정에 초점을 두어 대화하는 것이 지속 가능한 과정을 만드는 가치를 강화시킨다며 과정에 초점을 두어 대화해야 할 필요성을 강조하고 있다. 따라서 ⑤가 필자가 주장하는 바로 가장 적절하다.

4 (A) 선행사 a friend를 수식하는 절을 이끄는 관계대명사가 필요한데, 뒤에 동사 is가 이어지므로 주격 관계대명사인 who가 와야 한다. (B) 「It(가주어) - to부정사(진주어)」 구문으로, 문장의 주어인 to hear positive comments가 길기 때문에 뒤에 쓰고 문장 앞에는 진주어를 대신하는 가주어 It이 와야 한다. (C) '(목적어)가 ~하도록 허락하다'라는 뜻의 「allow+목적어+to부정사」 구문으로 allow의 목적격 보어인 to부정사 to be가 와야 한다.

3일 필수 체크 전략 **2**

1 ④   2 ④

1 주장 및 요지 찾기 | 답 ④

❶ FOBO, or Fear of a Better Option, / is the anxiety / that something better will come along, / which
　　　　　　　　　　　　　　　　　　　　　　　　　　　　　　동격의 명사절을 이끄는 접속사　　　　　　　　관계대명사의 계속적 용법

makes it undesirable / to focus on existing choices / when making a decision. ❷ It's a pain of abundance
　　　가목적어　　O·C(형용사)　　　　　　진목적어(to부정사구)　　　(you are)

/ that drives you to keep all of your options open / and to avoid risks. ❸ Rather than assessing your
　주격 관계대명사　　O　O·C1(to부정사)　　　　　　　　　　　　　　　O·C2　　　　　　　　　동명사1

options, / choosing one, / and moving on with your day, / you delay the inevitable. ❹ It's like hitting the
　　　　　동명사2　　　　동명사3(병렬구조)　　　　　　　　　the+형용사 = 명사　　그것은 ~와 같다

snooze button on your alarm clock / only to pull the covers over your head / and fall back asleep. ❺ If you
　　　　　　　　　　　　　　　　　　　to부정사의 부사적 용법(결과)　　　　　　　　　(to)

hit snooze enough times, / you'll end up being late and racing for the office, / your day and mood
　　　　　　　　　　　　　└─ end up+동명사: 결국 ~하게 되다 ─┘

ruined. ❻ While pressing snooze / feels so good at the moment, / it eventually demands a price.
　　　　　　양보의 부사절을 이끄는 접속사(~할지라도, ~하지만)

해석 ❶ FOBO 혹은 더 나은 선택에 대한 두려움은 더 나은 어떤 것이 생길 것이라는 불안감인데, 이것은 결정을 내릴 때 기존의 선택지에 집중하는 것을 탐탁지 않게 한다. ❷ 그것은 여러분이 모든 선택지를 열어 두고 위험을 피하도록 만드는 풍족함의 고통이다. ❸ 여러분의 선택지들을 평가하고, 하나를 선택하고 여러분의 하루를 살아가기보다는, 여러분은 꼭 해야 할 것을 미룬다. ❹ 그것은 알람시계의 스누즈 버튼을 누르고는 결국 이불을 머리 위로 뒤집어쓰고 다시 잠들어 버리는 것과 같다. ❺ 스누즈 버튼을 많이 누르면, 결국 늦게 되어 사무실로 달리게 되고, 여러분의 하루와 기분을 망치게 된다. ❻ 스누즈 버튼을 누르는 것이 그때는 기분이 아주 좋겠지만, 그것은 결국 대가를 요구한다.

해설 더 나은 선택이 있을 거라는 두려움으로 기존의 선택지에 집중하지 못하는 것은 풍족함의 고통이라고 말한 후, 꼭 해야 할 일을 미루는 것을 알람시계의 스누즈 버튼을 누르고 다시 잠들어 버려 하루를 망치게 되는 것에 비유하며 결정을 미루는 것이 결국 대가를 요구하는 일이라는 부정적 견해를 이야기하고 있다. 따라서 ④가 글의 요지로 가장 적절하다.

> Fear of a Better Option, the anxiety, a pain of abundance, ruined 등의 부정적인 표현에 유의하여 글쓴이의 의도를 파악해.

2 목적 찾기 | 답 ④

Dear Mr. John Smith,

❶ I am a staff member at the Eastville Library, / and I work weekday afternoons. ❷ Each day, / as school
　　　　　　　　　　　　　　　　　　　　　　　　　　　　　　　　　　　　　each+단수명사　　접속사(~할 때)

closes, / dozens of students come to the library / to do homework or borrow books. ❸ The students spend
　　　　　수십의　　　　　　　　　　　　　to부정사의 부사적 용법(목적)　(to)　　　　　　　spend time+동명사:

their time / using the library's computers, / reading books, / or socializing in a safe place. ❹ If there were
~하는 데 시간을 보내다 / 동명사1　　　　　　　　동명사2　　　　동명사3　　　　　　　　가정법 과거

no libraries, / many of these children would go home / to empty houses. ❺ Thus, / the library is the only
(If+주어+동사의 과거형 ~, 주어+조동사의 과거형+동사원형: 만약 ~한다면 …할 텐데)

place / that provides a secure, supervised alternative to being home alone. ❻ Your proposed policy of
　　　주격 관계대명사　　　　　　　과거분사(수동)↘　　　　　　　　　　　　　　　　　　　S1

closing libraries on Mondays / as a cost cutting measure / <u>could be</u> harmful to the se children, / and I <u>am</u>

V1   S2 V2

certain <u>that</u> there are other <u>ways</u> / to save money. ❼ I don't want <u>these children</u> to lose the place / to go on

명사절을 이끄는 접속사   to부정사의 형용사적 용법   O   O·C(to부정사)

Monday afternoons. ❽ So / I <u>urge</u> you and other city council members / to cancel the plan / and to keep

└── urge+O+O·C(to부정사): ~가 …하도록 촉구하다 ──┘

libraries open!

Sincerely,

Kyle Tucker

해석 John Smith 씨에게,

❶ 저는 Eastville 도서관 직원이고 평일 오후에 근무합니다. ❷ 매일 학교가 끝날 때 수십 명의 학생들이 숙제를 하거나 책을 빌리기 위해 도서관에 옵니다. ❸ 그 학생들은 도서관의 컴퓨터를 사용하거나 책을 읽거나 안전한 장소에서 어울리며 시간을 보냅니다. ❹ 만약 도서관이 없다면 이 아이들 중에 다수는 아무도 없는 집으로 갈 것입니다. ❺ 따라서 도서관은 집에 혼자 있는 것에 대한 안전한, 관리되는 대안을 제공하는 유일한 장소입니다. ❻ 비용 절감 방안으로 귀하가 제안한 월요일마다 도서관을 휴관하는 정책은 이 아이들에게 해로울 수 있으며 저는 돈을 아낄 다른 방법들이 있다는 것을 확신합니다. ❼ 저는 이 아이들이 월요일 오후마다 갈 곳을 잃는 것을 원하지 않습니다. ❽ 그래서 저는 귀하와 다른 시 의회 의원들이 이 계획을 취소하고 도서관을 계속 열 것을 촉구합니다!

Kyle Tucker 드림

해설 도서관 직원이 시 의회 의원에게 보내는 편지로 학생들이 방과 후에 도서관에 와서 시간을 보내는 것이 집에서 혼자 있는 것에 대한 안전한 대안이라고 말하며 월요일에 도서관을 휴관하는 정책은 아이들에게 해로울 수 있으므로 휴관 계획을 취소해 줄 것을 촉구하고 있다. 따라서 글의 목적으로 ④가 가장 적절하다.

> 마지막 문장에 글쓴이가
> 요구하는 내용이 잘 드러나 있어.

누구나 합격 전략 BOOK 1 · 26~29쪽

1 ①   **2** ③   **3** ③   **4** ②

1 주제 찾기 | 답 ①

해석 패스트 패션은 매우 낮은 가격에 가능한 빨리 디자인되고, 만들어지고, 소비자에게 팔리는 유행 의류를 의미한다. 패스트 패션 상품은 계산대에서 당신에게 많은 비용을 들게 하지 않을지는 모르지만, 그것들은 심각한 대가를 수반한다: 일부는 아직 어린 아이들인, 수천만의 개발도상국 사람들이 흔히 노동착취공장이라고 이름 붙여진 종류의 공장에서 오랜 시간 동안 위험한 환경에서 일한다. 대부분의 의류 작업자들은 간신히 생존할 정도의 임금을 받는다. 패스트 패션은 또한 환경에 해롭다. 의류는 유독성 화학 물질을 이용해 만들어지고 전 세계로 운반된다. 그것은 석유 산업 다음으로 의류 산업을 세계에서 두 번째로 큰 오염원으로 만든다. 그리고 매년 의류 수백만 톤이 버려지고 매립지에 쌓인다.

해설 패스트 패션이 심각한 대가를 수반한다고 언급한 후 개발도상국에서의 열악한 작업 환경, 유독성 화학 물질을 이용해 만들어지고 매년 수백만 톤의 의류가 버려져서 환경에도 해롭다는 문제점을 열거하고 있다. 따라서 ① '패스트 패션 산업 뒤에 숨은 문제들'이 주제로 가장 적절하다.

② 패스트 패션이 생활 방식에 미치는 긍정적인 영향
③ 패션 산업이 성장하고 있는 이유
④ 작업 환경을 개선해야 할 필요성
⑤ 개발도상국가들의 심각한 대기 오염

2 목적 찾기 | 답 ③

해석 Wildwood 지역 주민들께,

Wildwood Academy는 장애와 학습의 어려움을 가진 아이들을 돕고자 하는 지역 학교입니다. 현재 200명이 넘는 학생들이 등록되어 있습니다. 올해 저희는 학생들 각각이 그들의 음악적 능력을 발전시킬 기회를 갖기를 바라며 음악 수업을 추가 개설할 계획입니다. 이 수업을 시작하기 위해, 저희는 지금 저희가 가지고 있는 것보다 더 많은 악기가 필요합니다. 저희는 여러분이 집을 둘러보고 더 이상 사용하지 않을지도 모르는 악기를 기부하기를 요청합니다. 기부된 각 악기는 필요로 하는 학생에게 주어질 것입니다. 악기를 기부하기를 원하시면 저희에게 전화만 주시면 됩니다. 기꺼이 저희가 방문하여 악기를 가져가겠습니다.

교장 Karen Hansen 드림

해설 지역 학교 교장이 지역 주민들에게 쓴 편지로 학교에서 추가로 개설되는 음악 수업을 위해 악기가 더 필요하므로 집에서 더 이상 사용하지 않는 악기를 기부해 달라고 요청하고 있다. 따라서 ③이 목적으로 가장 적절하다.

3 제목 찾기 | 답 ③

해석 포유류는 다른 동물군에 비해 색이 덜 화려한 경향이 있지만 얼룩말은 두드러지게 흑백의 모습을 하고 있다. 당신은 얼룩말에게 이러한 줄무늬가 있는 이유가 궁금한 적이 있는가? 이렇게 대비가 큰 무늬가 무슨 목적을 수행할까? 색의 역할이 항상 명확한 것은 아니다. 줄무늬를 지님으로써 얼룩말이 얻을 수 있는 것이 무엇인지에 대한 이 질문은 많은 과학자들을 1세기가 넘도록 곤혹스럽게 했다. 이 신비를 풀기 위해, 야생 생물학자 Tim Caro는 탄자니아에서 얼룩말을 연구하면서 10년 이상을 보냈다. 그는 답을 찾기 전에 이론을 하나씩 하나씩 배제해 나갔다. 줄무늬는 얼룩말들을 시원하게 유지시켜 주지도 않았고, 포식자들을 혼란스럽게 하지도 않았다. 2013년에 그는 얼룩말의 가죽으로 덮인 파리 덫을 설치했다. 그리고 이에 대비하여 영양의 가죽으로 덮인 다른 파리 덫들도 준비했다. 그는 파리가 줄무늬 위에 앉는 것을 피하는 것처럼 보인다는 것을 알게 되었다. 더 많은 연구 후에, 그는 줄무늬가 질병을 옮기는 곤충으로부터 얼룩말을 실제로 구할 수 있다는 결론을 내렸다.

해설 얼룩말에게 줄무늬가 있는 이유에 대한 궁금증을 제기하며 그에 대한 연구 결과로 줄무늬가 파리와 같은 질병을 옮기는 곤충의 접근을 막는다고 설명했다. 따라서 ③ '얼룩말의 줄무늬: 파리에 대한 자연의 방어'가 제목으로 가장 적절하다.

① 무슨 동물이 얼룩말의 포식자인가? ② 어떤 포유류가 가장 다채로운 가죽을 갖고 있는가? ④ 무늬: 숨기 위한 것이 아닌 과시하기 위한 것 ⑤ 각 얼룩말은 고유의 줄무늬를 갖고 태어난다

4 주장 및 요지 찾기 | 답 ②

해석 내가 고등학교에 다닐 때, 커피숍에서 공부하면서 소음이나 그들 주변에서 일어나는 모든 것에 방해를 받지 않을 수 있는 학생들이 있었다. 아주 조용하지 않으면 도서관에서조차 공부할 수 없는 학생들도 있었다. 후자의 학생들은 도서관에서조차 그들이 추구하는 유형의 완전한 침묵을 얻는 것이 불가능했기 때문에 집중할 수 없었다. 이 학생들은 개인 침실을 제외하고는 어디에서도 공부하는 것이 매우 어렵다는 것을 알게 된 집중에 방해가 되는 것들의 희생자였다. 그러나 요즘 세상에 집중에 방해가 되는 것들로부터 도망치는 것은 불가능하다. 집중에 방해가 되는 것들은 어디에나 있지만, 목표를 달성하고 싶다면 여러분은 집중에 방해가 되는 것들에 대처하는 법을 배워야 한다. 여러분 주위에서 집중에 방해가 되는 것들을 제거할 수는 없지만, 그것들이 여러분을 제한하지 않도록 하는 방식으로 그것들과 함께 살아가는 것을 배울 수 있다.

해설 주변 소음에 방해 받지 않고 공부할 수 있는 학생과 아주 조용한 상태에서만 공부할 수 있는 학생이 있는데, 요즘 세상에 집중을 방해하는 것들로부터 도망치는 것은 불가능하므로 집중에 방해가 되는 것들에 대처하는 방법을 배우며 함께 살아가야 한다는 것이 중심 내용이다. 따라서 ②가 필자가 주장하는 바로 가장 적절하다.

1 (1) F (2) F (3) T **2** (1) Walking (2) bicycle lanes (3) exercise facilities (4) surroundings
3 (1) b (2) c (3) a **4** (1) 삼키기 (2) 따뜻하게 (3) 에너지 (4) 열대 우림

1~2 내용 일치 | 📖 1 (1) F (2) F (3) T 2 (1) Walking (2) bicycle lanes (3) exercise facilities (4) surroundings

해석 전문가들은 사람들에게 "승강기 대신 계단을 이용하라" 또는 "직장까지 걷거나 자전거를 타라"라고 조언한다. 그것들은 일상에서 건강을 유지하기 위한 좋은 방법이다. 계단을 오르는 것은 좋은 운동이고, 이동 수단으로 걷거나 자전거를 타는 사람들은 대개 신체적 활동에 대한 필요를 충족시킨다. 하지만 많은 사람들은 자신의 환경에서 그러한 선택을 가로막는 장벽에 부딪힌다. 안전한 인도 혹은 표시된 자전거 차선이 없는 도로에서 걷거나 자전거를 타는 것을 선택하는 사람은 거의 없을 것이다. 차량이 빠르게 지나가거나 공기가 오염된 도로 또한 사람들이 걷거나 자전거 타는 것을 방해할 수도 있다. 현대식 건물에서 불편하고 안전하지 않은 계단통(계단을 포함한 건물의 수직 공간)에서 계단을 오르는 것을 선택하는 사람은 거의 없을 것이다. 이와는 대조적으로, 안전한 자전거 도로와 산책로, 공원, 자유롭게 이용할 수 있는 운동 시설이 있는 동네에 사는 사람들은 자주 그것들을 사용한다. 다시 말해, 그들의 주변 환경이 신체 활동을 장려한다.

해설 **1** (1) 승강기 대신 계단을 이용하는 것은 건강을 유지하기 위한 좋은 방법이라고 했으므로 일치하지 않는다. (2) 표시된 자전거 차선이 없는 도로 위에서 자전거 타기를 선택할 사람이 거의 없을 것이라고 했으므로 일치하지 않는다. (3) 공원이 있는 동네에 사는 사람들은 자주 그곳을 이용하고 그것이 신체 활동을 하도록 장려한다고 했으므로 일치한다.

(1) 건강을 유지하기 위해서 승강기를 타는 것이 계단을 이용하는 것보다 더 좋다. (2) 표시된 자전거 차선이 있는 도로 위에서 자전거 타기를 선택할 사람

은 거의 없을 것이다. (3) 동네의 공원들은 사람들이 더 많은 신체 활동을 하는 데 도움이 된다.

2 첫 문단에서 신체 활동의 요구를 만족시키는 일상 속 방법들에 관해 언급되었고, 이어지는 문단에서 걷기나 자전거 타기를 선택할 수 없게 만드는 환경 요인에 대해 설명하고, 세 번째 문단에서 반대로 신체 활동을 장려하는 주변 환경을 제시하고 있다.

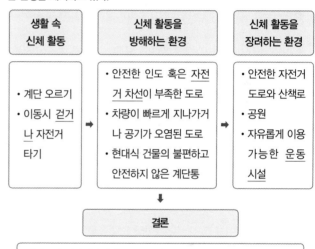

생활 속 신체 활동	신체 활동을 방해하는 환경	신체 활동을 장려하는 환경
• 계단 오르기 • 이동시 걷거나 자전거 타기	• 안전한 인도 혹은 자전거 차선이 부족한 도로 • 차량이 빠르게 지나가거나 공기가 오염된 도로 • 현대식 건물의 불편하고 안전하지 않은 계단통	• 안전한 자전거 도로와 산책로 • 공원 • 자유롭게 이용 가능한 운동 시설

결론

여러분의 일상에서의 운동 가능 여부는 주변 환경의 영향을 받는다.

3~4 내용 일치 | 📖 3 (1) b (2) c (3) a 4 (1) 삼키기 (2) 따뜻하게 (3) 에너지 (4) 열대 우림

해석 씹기는 삼킴을 위한 음식의 더 작은 조각들과 소화 효소가 작용하는 더 노출된 표면으로 이어진다. 다시 말해서, 그것은 한입의 음식으로부터 더 많은 연료와 원료를 추출하는 것을 의미한다.

씹는 능력은 포유류가 체내에서 자신의 몸을 따뜻하게 하는데 그것은 연료가 필요하기 때문에 그들에게 특히 중요하다. 씹기는 포유류에게 낮은 물론 서늘한 밤 동안에도 활동하고, 더 추운 기후나 기온이 변하는 장소에서 사는 데 필요한 에너지를 준다. 그것은 그들에게 더 먼 거리를 가고, 천적을 피하고, 먹이를 포획하고 새끼를 낳고 돌볼 수 있게 하는 더 높은 수준의 활동과 이동 속도를 유지하게 한다.

포유류는 어느 정도는 그들의 이빨로 인해 북극 툰드라부터 남극의 유빙까지, 심해부터 고도가 높은 산꼭대기까지 그리고 열대 우림부터 사막까지 매우 다양한 서식지에서 살 수 있다.

해설 **3** (1) 첫 번째 단락은 음식을 삼키기 위해 더 작은 조각으로 만들고 소화 효소가 작용하기 위해 표면을 더 노출시키는 씹기의 효용을 말하고 있으므로 b가 제목으로 적절하다. (2) 포유류가 체내에서 몸을 따뜻하게 하는 동

물이기 때문에 씹기가 포유류에게 중요하다고 밝히며, 그들이 추운 기후에서 살고, 먼 거리를 이동하며 포식자를 피하고 새끼를 돌보는 등 활동하는 데 필요한 에너지를 준다는 내용이므로 c가 제목으로 적절하다. (3) 극지방에서 사막까지 포유류가 살고 있는 다양한 서식지를 나열한 후 그럴 수 있는 것이 어느 정도는 그들의 이빨 때문이라고 말하고 있으므로 a가 제목으로 적절하다.

(1) 단락 1 – b. 씹기: 소화 과정에 도움을 줌 (2) 단락 2 – c. 포유류에게 중요한 씹기 (3) 단락 3 – a. 무엇이 포유류를 다양한 지역에 살게 했는가

4 (1) Chewing leads to smaller particles of food for swallowing에서 씹기는 삼키기 위해 음식을 더 작게 만들어 준다고 했다. (2) because they heat their bodies from within ~에서 포유류가 체내에서 몸을 따뜻하게 하기 위한 연료가 필요하기 때문에 씹기가 포유류에게 중요하다고 했다. (3) Chewing gives mammals the energy which is needed ~에서 씹기가 포유류에게 활동에 필요한 에너지를 준다는 것을 알 수 있다. (4) 마지막 문장에서 어느 정도는 포유류의 이빨, 즉 저작 능력으로 인해 포유류가 다양한 곳에서 살 수 있게 되었다고 했고, 그 장소들이 나열되어 있다.

BOOK 1 2주 세부 정보를 찾아라

1일 개념 돌파 전략

BOOK 1 36~39쪽

1 ⑤   2 ③   3 ④   4 ③

1 내용 일치 | 답 ⑤

❶ Sigrid Undset was born in Denmark / in 1882. ❷ She was the eldest of three daughters. ❸ She moved to

the+최상급+of+복수명사: ~ 중에서 가장 …한/하게

Norway / at the age of two. ❹ Her early life was strongly influenced / by her father's historical knowledge.

수동태

❺ When she was sixteen, / she got a job at an engineering company / to support her family. ❻ She read

시간의 부사절을 이끄는 접속사   to부정사의 부사적 용법(목적)   과거시제(read-read-read)

a lot / and acquired a good knowledge of Nordic / as well as foreign literature, / English in particular. ❼

A as well as B: B뿐만 아니라 A도   특히

She wrote thirty six books / and received the Nobel Prize for Literature in 1928. ❽ One of her novels / has

노벨문학상

been translated into more than eighty languages. ❾ She escaped Norway / during the German occupation,

현재완료 수동태   during+기간: ~ 동안

/ but she returned / after the end of World War Ⅱ.

해석 ❶ Sigrid Undset은 1882년 덴마크에서 태어났다. ❷ 그녀는 세 자매 중 첫째 딸이었다. ❸ 그녀는 2살에 노르웨이로 이주하였다. ❹ 그녀의 어린 시절은 아버지의 역사적 지식에 크게 영향을 받았다. ❺ 그녀는 16세에 가족을 부양하기 위해 기술 회사에 취업을 하였다. ❻ 그녀는 책을 많이 읽었고, 외국 문학, 특히 영국 문학뿐만 아니라 북유럽 문학에 관한 상당한 지식을 습득하였다. ❼ 그녀는 36권의 책을 집필하였고 1928년에 노벨 문학상을 수상하였다. ❽ 그녀의 소설 중 한 권은 80개 이상의 언어로 번역되었다. ❾ 그녀는 독일 점령 기간 중 노르웨이를 떠났으나, 2차 세계대전이 종료된 후 돌아왔다.

해설 마지막 문장에서 독일 점령 기간 중 노르웨이를 탈출했지만 2차 세계대전이 종료된 후 돌아왔다고 했으므로, ⑤는 글의 내용과 일치하지 않는다.

> 선택지의 수치, 연도, 부정어 등에 유의하여 본문의 문장을 꼼꼼히 대조해야 해.

2 안내문 이해하기 | 답 ③

Science Selfie Competition

❶ Do you want to get a chance / to win science goodies? ❷ Just submit / a selfie of yourself / enjoying

to부정사의 형용사적 용법   동사원형(명령문)   현재분사(능동)

science outside of school!

❸ **Deadline**: Friday, March 20, 2020, 6 p.m.

❹ **Details**: • Your selfie should include a visit / to any science museum / or a science activity at home.

조동사(의무)   ~로

- ❺ Be as creative as you like, / and write one short sentence about the selfie.
  <u>as+형용사 원급+as: ~만큼 …한(원급 비교 구문)</u>
- ❻ Only one entry <u>per</u> person!
  <u>~당</u>
- ❼ Email your selfie / with your name and class / to mclara@oldfold.edu.

❽ Winners <u>will be announced</u> / on March 27, 2020. ❾ Please visit www.oldfold.edu / <u>to learn</u> more about
<u>조동사의 수동태</u>   <u>to부정사의 부사적 용법(목적)</u>
the competition.

해석 **과학 셀카 사진 대회**
❶ 좋은 과학 용품을 상으로 받을 기회를 얻고 싶은가요? ❷ 학교 밖에서 과학을 즐기는 자신의 셀카 사진을 출품하기만 하면 됩니다!
❸ **마감 기한:** 2020년 3월 20일 금요일 오후 6시
❹ **세부 사항:** • 셀카 사진에는 과학 박물관 방문이나 집에서 하는 과학 활동이 포함되어야 합니다.
• ❺ 마음껏 창의력을 발휘하고, 셀카 사진에 관한 하나의 짧은 문장을 쓰세요.
• ❻ 1인당 한 장의 출품작만!
• ❼ 셀카 사진을 이름 및 소속 학급과 함께 mclara@oldfold.edu로 이메일로 보내세요.

❽ 수상자는 2020년 3월 27일에 발표될 것입니다. ❾ 대회에 관한 더 많은 정보를 원하시면 www.oldfold.edu를 방문하세요.

해설 1인당 한 장의 출품작만 출품할 수 있다고 했으므로 ③은 안내문의 내용과 일치하지 않는다.

3 도표 파악하기 | 답 ④

❶ The above graph shows <u>the number of</u> medals / <u>that</u> the top 5 countries won during the 2016 Summer
                              <u>~의 수</u>   <u>목적격 관계대명사</u>
Olympic Games, / <u>based on</u> the medal count of the International Olympic Committee (IOC). ❷ Of the
               <u>~에 근거하여</u>
5 countries, / the United States won <u>the most</u> medals in total, about 120. ❸ <u>As for</u> gold medals, / Great
                                         <u>the+최상급</u>   <u>~에 관해 말하면</u>
Britain won more than China <u>did</u>. ❹ China, Russia, and Germany / won <u>fewer</u> than 20 silver medals each.
                     <u>= won</u>   <u>few의 비교급</u>
❺ <u>The number of bronze medals</u> / <u>won</u> by the United States / <u>was</u> less than twice the number of bronze
                   <u>S</u>   <u>과거분사(수동)</u>   <u>V</u>   <u>little의 비교급</u> <u>2배</u>
medals / won by Germany. ❻ Each of the top 5 countries / won more than 40 medals in total.

해석 ❶ 위 그래프는 국제올림픽위원회의 메달 집계를 바탕으로 2016년 하계 올림픽 동안 상위 5개 국가들이 획득한 메달의 수를 보여 준다. ❷ 5개 국가들 중, 미국이 총합 약 120개로 가장 많은 메달을 획득하였다. ❸ 금메달의 경우, 영국이 중국보다 더 많이 획득하였다. ❹ 중국, 러시아, 독일은 각각 20개 미만의 은메달을 획득하였다. ❺ 미국이 획득한 동메달 수는 독일이 획득한 동메달 수의 두 배보다 적었다(→ 많았다). ❻ 상위 5개 국가는 총 40개 이상의 메달을 각각 획득하였다.

해설 ④ 미국의 동메달 수는 38개, 독일의 동메달 수는 15개이므로 '미국의 동메달 수가 독일의 동메달 수의 두 배보다 적었다'는 내용은 일치하지 않는다.

> 비교급, 최상급, 수치 표현에 유의하여
> 도표의 내용을 꼼꼼히 대조해야 해.

4 어휘 | 답 ③

❶ We often ignore small changes / because they don't <u>seem to matter</u> very much / in <u>the moment</u>. ❷ If
seem+to부정사: ~인 것처럼 보이다   당장은

you save <u>a little</u> money now, / you're still not a millionaire. ❸ If you study Spanish / <u>for an hour</u> tonight, /
약간의(불가산명사 수식)   for+구체적인 시간: ~ 동안

you still <u>haven't learned</u> the language. ❹ We make <u>a few</u> changes, / but the results never seem to come
현재완료   약간의(가산명사 수식)   가목적어

quickly / and we return to our previous routines. ❺ The slow pace of change / also <u>makes</u> <u>it</u> <u>easy</u> /
V   O·C(형용사)

to break a bad habit. ❻ If you eat an unhealthy meal today, / the scale doesn't move much. ❼ A single
진목적어(to부정사구)

decision / is <u>easy to ignore</u>. ❽ But when we repeat small errors / <u>by following</u> poor decisions, / our small
to부정사의 부사적 용법(정도)   by+동명사: ~함으로써

choices add up to bad results. ❾ Many missteps / eventually <u>lead to</u> a problem.
~으로 이어지다

해석 ❶ 우리는 흔히 작은 변화들이 당장은 크게 중요한 것 같지 않아서 그 것들을 무시한다. ❷ 지금 돈을 약간 모아도, 여러분은 여전히 백만장자가 아니다. ❸ 오늘 밤에 스페인어를 한 시간 동안 공부해도, 여러분은 여전히 그 언어를 익힌 것은 아니다. ❹ 우리는 약간의 변화를 만들어 보지만, 그 결과는 결코 빨리 오지 않는 것 같아서 우리는 이전의 일상으로 돌아간다. ❺ 변화의 느린 속도는 또한 나쁜 습관을 버리기 쉽게(→ 어렵게) 만든다. ❻ 오늘 몸에 좋지 않은 음식을 먹어도 저울 눈금은 크게 움직이지 않는다. ❼ 하나의

결정은 무시하기 쉽다. ❽ 하지만 우리가 잘못된 결정을 따름으로써 작은 오류를 반복한다면, 우리의 작은 선택들이 모여 좋지 않은 결과를 만들어낸다. ❾ 많은 실수는 결국 문제로 이어진다.

해설 ❸ 작은 변화들은 결과를 빨리 볼 수 없어서 무시하기 쉽고 이전의 일 상으로 돌아간다는 내용에 이어 변화의 속도가 느린 것이 나쁜 습관을 버리는 것을 어렵게 만든다고 해야 자연스러우므로 easy(쉬운)가 아니라 difficult(어려운) 등이 와야 한다.

1일 개념 돌파 전략 2   BOOK1 · 40~41쪽

1 ④   2 ⑤

1 안내문 이해하기 | 답 ④

Greenville Community Cleanup Day

❶ The 6th annual Greenville Community Cleanup Day / is <u>just around the corner</u>! ❷ It's a good
임박하여

<u>opportunity</u> / <u>to show</u> your community / <u>that</u> you care.
to부정사의 형용사적 용법   명사절(직접목적어)을 이끄는 접속사

■❸ **When**: Saturday, October 17, 2020   ■❹ **Where**: North Strand Recreation Center

·❺ Participants <u>will be transported</u> / by bus / <u>to clean</u> up litter.
조동사의 수동태   to부정사의 부사적 용법(목적)

■❻ **Who**: · Any residents / <u>who</u> want to join the clean up
주격 관계대명사

·❼ Children under the age of 10 / <u>must be accompanied</u> by an adult.
조동사의 수동태

■❽ **Cleanup Schedule**: ·9:00 a.m.: Registration ·❾ 9:30 a.m. – 11:30 a.m.: Cleanup at various locations

✓ ❿ Safety vests and gloves / will be provided.
　　　　　　　　　　　　　　　　조동사의 수동태

✓ ⓫ Don't forget to wear closed-toe shoes.
　　　　　　forget+to부정사: (미래에) ~할 것을 잊다

✓ ⓬ All participants / will get a free T-shirt and snack.
　　　　　　　　　　　　　조동사(미래)

⓭ If you want to sign up for the event, / email your name and phone number / to info@gvcommunity.org.
조건의 부사절을 이끄는 접속사

[해석] **Greenville Community Cleanup Day**

❶ 제6회 연례 Greenville Community Cleanup Day가 곧 열립니다! ❷ 여러분이 마을에 관심이 있다는 것을 보여 줄 좋은 기회입니다.

■ ❸ 언제: 2020년 10월 17일 토요일

■ ❹ 어디서: North Strand Recreation Center

· ❺ 참가자들은 청소를 위해 버스를 타고 이동할 것입니다.

■ ❻ 누가: · 청소에 참가하기 원하는 거주민은 누구나

· ❼ 10세 미만의 어린이는 성인과 동행해야 합니다.

■ ❽ 청소 일정: · 오전 9시: 등록

· ❾ 오전 9시 30분 ~ 오전 11시 30분: 다양한 장소에서 청소

✓ ❿ 안전 조끼와 장갑이 제공될 것입니다. ✓ ⓫ 앞이 막힌 신발을 신고 오는 것을 잊지 마세요. ✓ ⓬ 모든 참가자들은 티셔츠와 간식을 무료로 받을 것입니다.

⓭ 행사에 등록을 원하시면 이름과 전화번호를 info@gvcommunity.org로 이메일로 보내 주세요.

[해설] Safety vests and gloves will be provided.로 보아 안전 조끼와 장갑은 제공될 것이므로 ④는 일치하지 않는다.

2 도표 파악하기 | [정답] ⑤

❶ The above table / shows the average age of last regular participation of children / in a sport / and the average length of participation / based on a 2019 survey. ❷ Among the eight sports above, / soccer was the
　　　　　　　　　　　　　　　　　　　　　　　　　　　　　~를 바탕으로
only sport / that children quit / at an average age of younger than 10. ❸ Children quit / playing ice hockey
　　　　　　목적격 관계대명사　　　　　　　　　　　　　　　　　　　　　　　　　　S1　　　V1　　　동명사(quit의 목적어)
and tennis / at the same age on average, / but the average length of participation in ice hockey / was
　　　　　　　　　　　　　　　　　　　　　　　　　　　　S2　　　　　　　　　　　　　　　V2
longer than that in tennis. ❹ Basketball, field hockey, and golf were sports / which children quit playing on
　　　　　　　　　　　　　　　　　　　　　　　　　　　　　　　　　　목적격 관계대명사
average / before they turned 12, / but golf had the shortest average participation length / among the three
　　　　　　　　　　　　　　　　　　　　　　　└── the+최상급 ~ among+복수명사: ~ 중에서 가장 …한/하게 ──┘
sports. ❺ Children quit skateboarding / at the average age of 12, / and the average length of participation /
was the same as golf. ❻ Meanwhile, / children quit participating in track and field / at the average age of
　　　　　~와 같은　　　　　　한편　　　　　　　　　　　　　　　　　　　　　　육상경기
13, / but the average length of participation / was the shortest / among the eight sports.

[해석] ❶ 위 표는 2019년 조사를 바탕으로 어린이들이 마지막으로 스포츠에 정기적으로 참여한 평균 연령과 평균 참여 기간을 보여 준다. ❷ 위 여덟 개의 스포츠 중에서 축구는 어린이들이 평균 10세보다 어린 나이에 중단한 유일한 스포츠였다. ❸ 어린이들은 아이스하키와 테니스를 평균적으로 같은 연령에 중단했지만, 아이스하키에 참여한 평균 기간은 테니스보다 더 길었다. ❹ 농구, 필드하키 그리고 골프는 어린이들이 평균적으로 12세가 되기 전에 중단한 스포츠였지만, 골프는 이 세 가지 스포츠 중에서 평균 참여 기간이 가장 짧았다. ❺ 어린이들은 평균 12세에 스케이트보드 타기를 중단했고, 그 평균 참여 기간은 골프와 같았다. ❻ 한편, 어린이들은 육상경기 참여를 평균 13세에 중단했으나, 평균 참여 기간은 여덟 개의 스포츠 중에서 가장 짧았다 (→ 두 번째로 짧았다).

해설 ⑤ 육상경기를 평균 13세에 중단한 것은 맞지만 육상경기의 평균 참여 기간은 2년, 테니스의 평균 참여 기간은 1.9년으로 테니스의 평균 참여 기간이 가장 짧았다.

> 마지막으로 스포츠에 참여한 평균 연령과 평균 참여 기간을 종목별로 잘 구분해야 해.

2일 필수 체크 전략 1 BOOK 1 · 42~45쪽

1 ③　　2 ③　　3 ③　　4 (1) photographer　(2) photography　(3) combat　(4) Pulitzer Prize　(5) Vietnam

1 내용 일치 | 답 ③

❶ Ellen Church was born in Iowa / in 1904. ❷ After she graduated from Cresco High School, / she studied
　　　　　　　　　　　　　　　　　　　　　~ 후에(접속사)　graduate from: ~을 졸업하다

nursing / and worked as a nurse in San Francisco. ❸ She suggested to Boeing Air Transport / that nurses
　　　　　　　　　　~로서　　　　　　　　　　　　　　　　　　　　~에게　　　　　　　　명사절(목적어)을 이끄는 접속사

should take care of passengers during flights / because most people were frightened of flying. ❹ In 1930,
조동사(도덕적 의무나 충고)　　　　　　　　during+기간: ~ 동안　　　　　　　　be frightened of: ~을 무서워하다

she became the first female flight attendant in the U.S. / and worked on a Boeing 80A / from Oakland,

California to Chicago, Illinois. ❺ Unfortunately, / a car accident injury / forced her to end her career after
　　　　　　　　　　　　　　　　　　　　　　　　　　　　　　　force+O+O·C(to부정사): ~가 억지로 …하도록 시키다

only eighteen months. ❻ Church started nursing again / at Milwaukee County Hospital / after getting a
　　　　　　　　　　　　　　　　　　　　　　　　　　　　　　　　　　　　　　　전치사+동명사

degree in nursing education / at the University of Minnesota. ❼ During World War II, / she served as a

captain / in the Army Nurse Corps / and received an Air Medal. ❽ Ellen Church Field Airport / in her
　　　　　　육군 간호 부대　　　　　　　　　　항공 훈장

hometown, Cresco, / was named after her.
└──── 동격 ────┘　　~의 이름을 따서 붙인

해석 ❶ Ellen Church는 1904년에 Iowa에서 태어났다. ❷ Cresco 고등학교를 졸업한 후, 그녀는 간호학을 공부했고 San Francisco에서 간호사로 일했다. ❸ 그녀는 대부분의 사람이 비행을 무서워하기 때문에 간호사가 비행 중에 승객을 돌봐야 한다고 Boeing Air Transport에 제안했다. ❹ 1930년에 그녀는 미국 최초의 여성 비행기 승무원이 되어 California 주 Oakland에서 Illinois 주 Chicago까지 Boeing 80A를 타고 근무했다. ❺ 불행하게도, 자동차 사고 부상으로 그녀는 겨우 18개월 후에 일을 그만두어야 했다. ❻ Church는 Minnesota 대학에서 간호 교육학 학위를 받은 후 Milwaukee County 병원에서 다시 간호사 일을 시작했다. ❼ 제2차 세계대전 중 그녀는 육군 간호 부대에서 대위로 복무했고 항공 훈장을 받았다. ❽ 그녀의 고향인 Cresco에 있는 Ellen Church Field 공항은 그녀의 이름을 따서 붙였다.

해설 미국 최초 여성 비행기 승무원이 되었지만 자동차 사고 부상으로 겨우 18개월 후에 일을 그만두어야 했다고 했으므로 ③은 일치하지 않는다.

2 안내문 이해하기 | 답 ③

Dinosaur Museum

❶ Established in 1993, / the Dinosaur Museum / has developed into the largest display of dinosaur / and
　　수동태 분사구문　　　　　　　　　　　　　　　　　　　현재완료(결과)　　　the+최상급

prehistoric life in Canada.

❷ Hours · 9:00 a.m. — 5:00 p.m. (Monday — Friday)

· **❸** 9:00 a.m. — 3:00 p.m. (Saturday & Sunday)

❹ Admission · $4 for adults, $2 for students & children

❺ Programs · Paint a Dinosaur Egg!
<u>명령문(동사원형으로 시작)</u>

❻ At 10:00 a.m. <u>every day</u>, / kids <u>can</u> paint a dinosaur egg / and take it home.
every+단수명사 ⟶ 조동사(가능, 허가) ⟶ (can)

❼ Dinosaur Quiz – At 2:00 p.m. / during the weekend, / one winner of the quiz / <u>will be given</u> a real <u>fossil</u>
조동사의 수동태 ⟶ 화석

/ as a prize.

❽ Guided Tours – The tours <u>run</u> at 11:00 a.m. / and 1:00 p.m. every day.
운영하다 ⟶ (at)

❾ The tours are free / and require no bookings. **❿** Just <u>show up</u>!
나타나다

⓫ Notice · Food and pets / <u>are not allowed</u> / in the museum.
수동태의 부정형: be동사+not+과거분사

· **⓬** Please do not touch / <u>or</u> climb on the exhibits.
(do not)

해석 **공룡 박물관**

❶ 1993년에 설립된 공룡 박물관은 캐나다에서 공룡과 선사 시대의 생활을 보여 주는 가장 큰 전시관으로 발전해 왔습니다.
❷ 운영 시간 · 오전 9시 ~ 오후 5시 (월요일 ~ 금요일)
· ❸ 오전 9시 ~ 오후 3시 (토요일, 일요일)
❹ 입장료 · 성인 4달러, 학생 및 어린이 2달러
❺ 프로그램 · 공룡 알을 색칠해 보세요! ❻ 매일 오전 10시에 아이들은 공룡 알을 색칠해 집에 가져갈 수 있습니다. · ❼ 공룡 퀴즈 – 주말 동안 오후 2시에, 퀴즈의 우승자 한 명은 진짜 화석을 상품으로 받을 것입니다. · ❽ 가이드가 동행하는 관람 – 관람은 매일 오전 11시와 오후 1시에 운영됩니다. ❾ 관람은 무료이며 예약이 필요하지 않습니다. ❿ 그냥 오시면 됩니다!
⓫ 공지 사항 · 음식과 애완동물은 박물관에서 허용되지 않습니다. · ⓬ 전

시품에 손을 대거나 올라가지 마십시오.

해설 Dinosaur Quiz의 one winner of the quiz will be given a real fossil as a prize에서 퀴즈 우승자는 진짜 화석을 상품으로 받을 것이라고 했으므로 ③이 안내문의 내용과 일치한다. ① 일요일은 오전 9시에서 오후 3시까지 운영한다. ② 어린이의 입장료는 2달러이다. ④ 가이드 동행 관람은 예약이 필요 없다. ⑤ 애완동물은 입장이 금지된다.

> 운영 시간, 입장료, 프로그램,
> 공지사항을 꼼꼼히 확인해.

3~4 내용 일치 | 답 **3** ③ **4** (1) photographer (2) photography (3) combat (4) Pulitzer Prize (5) Vietnam

❶ Eddie Adams was born / in New Kensington, Pennsylvania. **❷** He developed his <u>passion for photography</u>
~에 대한 열정

/ in his teens, / <u>when</u> he became a staff photographer / for his high school newspaper. **❸** <u>After graduating</u>,
관계부사의 계속적 용법 ⟶ 전치사+동명사

/ he joined the United States <u>Marine Corps</u> / <u>during</u> the Korean War, / <u>where</u> he captured scenes from
해병대 ⟶ during+기간: ~ 동안 ⟶ 관계부사의 계속적 용법

the war / <u>as</u> a <u>combat photographer</u>. **❹** In 1958, / he became staff at the *Philadelphia Evening Bulletin*, /
~로서 ⟶ 종군 사진 기자

a daily evening newspaper / published in Philadelphia. ❺ In 1962, he joined the Associated Press (AP), /
└─ 과거분사(수동)

and after 10 years, he left the AP / to work as a freelancer / for *Time* magazine. ❻ He took his best-known
          to부정사의 부사적 용법(목적)

photograph, the *Saigon Execution* / during the Vietnam War / and it earned him / the Pulitzer Prize for
└──── 동격 ────┘   V   I·O   D·O

Spot News Photography in 1969. ❼ He was also noted for shooting portraits / of many celebrities and
                                              be noted for: ~으로 유명하다

politicians. ❽ He shot / more than 350 covers of magazines / with portraits of political leaders / such as
              촬영하다(shoot-shot-shot)   ~와 같은

Deng Xiaoping, Richard Nixon, and George Bush.

해석 ❶ Eddie Adams는 Pennsylvania 주 New Kensington에서 태어났다. ❷ 그는 자신의 고등학교 신문 사진 기자가 되어, 십대 시절에 사진에 대한 열정을 키웠다. ❸ 졸업 후, 그는 한국전쟁 중에 미국 해병대에 입대했고, 그곳에서 그는 종군 사진 기자로 전쟁 장면을 촬영했다. ❹ 1958년, 그는 Philadelphia에서 발간된 석간신문 〈Philadelphia Evening Bulletin〉의 직원이 되었다. ❺ 1962년에 그는 연합통신사(AP)에 입사했고, 10년 뒤, 그는 〈Time〉 잡지사에서 프리랜서로 일하기 위해 연합통신사를 떠났다. ❻ 베트남 전쟁 동안 그는 그의 가장 유명한 사진인 〈Saigon Execution〉을 찍었고 그것은 그에게 1969년 특종기사 보도 사진 부문의 퓰리처상을 가져다 주었다. ❼ 그는 또한 많은 유명 인사나 정치가들의 인물 사진 촬영으로도 유명했다. ❽ 그는 350개가 넘는 잡지 표지에 실린 Deng Xiaoping, Richard Nixon, George Bush와 같은 정치 지도자들의 사진을 촬영했다.

해설 3 1962년에 연합통신사(AP)에 입사했고, 10년 뒤 〈Time〉 잡지사에서 일하기 위해 연합통신사를 떠났다고 했으므로 ③은 일치하지 않는다.

4 Eddie Adams는 전쟁 장면들뿐만 아니라 유명 인사와 정치가들의 사진을 많이 찍은 미국인 사진가였다. 사진에 대한 그의 흥미는 그가 고등학교 신문 사진 팀에 합류하게 했다. 졸업 후에 그는 한국전쟁 동안 미해병대에서 종군 사진 기자로 복무했다. 그는 베트남에서 찍은 〈Saigon Execution〉으로 1969년에 특종기사 보도 사진 부문의 퓰리처상을 받았다.

> Eddie Adams의 직업, 십대 시절, 〈Saigon Execution〉에 관한 내용을 잘 파악해.

2일 필수 체크 전략 2   BOOK 1 · 46~47쪽

1 ⑤   2 ④

---

1 안내문 이해하기 | 답 ⑤

 Discount Deal

❶ Don't miss this great opportunity / to buy a premium TV / at a low price. ❷ It is available / only for a
   부정 명령문   └─ to부정사의 형용사적 용법

limited period of time!

❸ **Promotion Information**

□ ❹ **Premium Specification & Low Price**

❺ 65-inch 4K Smart LED TV (2018 Model)   ❻ Price: $900 (Regular Price: $1,200)

□ **❼ Promotion Period** From August 1 to August 31

□ **❽ Long-term Installment Purchase**
　　　　　　장기적인

❾ If the price is still <u>too</u> expensive / <u>to be paid</u> / all <u>at once</u>, / you can pay <u>monthly</u> / over <u>up to</u> six months.
　　too+형용사+to부정사: 너무 ~해서 …할 수 없다 ⌐　수동태　　　한꺼번에　　　　　다달이　　　　~까지

□ **❿ Delivery and Installation**

⓫ Delivery is free. ⓬ If you want <u>the TV</u> <u>installed</u>, / we provide installation services / for an additional $50
　　　　　　　　　　　　　　　　O　　O·C(과거분사)

fee.

□ **⓭ Free Gift** A free bluetooth headset / <u>that</u> works perfectly with the TV / <u>will be given</u> to every buyer.
　　　　　　　　　　　　　　　　주격 관계대명사　　　　　　　　　　　조동사의 수동태

해석 Big TV Discount Deal
❶ 프리미엄 TV를 저렴한 가격으로 구매할 수 있는 좋은 기회를 놓치지 마세요. ❷ 그것은 한정된 기간 동안만 유효합니다!
❸ 판매 촉진 정보
□❹ 프리미엄 사양 & 낮은 가격
❺ 65인치 4K 스마트 LED TV (2018 모델) ❻ 가격: $900 (정상가: $1,200)
□❼ 판매 촉진 기간 8월 1일부터 8월 31일까지
□❽ 장기 할부 구매 ❾ 한 번에 지불하기에 가격이 여전히 너무 비싸다면 최대 6개월까지 할부로 지불할 수 있습니다.

□❿ 배송 및 설치 ⓫ 배송은 무료입니다. ⓬ TV 설치를 원하시면, 50달러 추가 비용으로 설치 서비스를 제공해 드립니다.
□⓭ 무료 증정품 모든 구매자에게 TV와 완벽하게 호환되는 무료 블루투스 헤드셋이 주어집니다.

해설 A free bluetooth headset ~ will be given to every buyer.에서 모든 구매자에게 무료 블루투스 헤드셋이 주어진다고 했으므로 ⑤가 안내문의 내용과 일치한다. ① 300달러 할인된 가격에 판매한다. ② 한 달 동안 진행된다. ③ 최대 6개월까지 할부 가능하다. ④ 배송비는 무료이다.

---

2 내용 일치 | 답 ④

❶ Born in 1867, / Sarah Breedlove was an American businesswoman / and <u>social activist</u>. ❷ She <u>was</u>
　　　　　　　　　　　　　　　　　　　　　　　　　　　　　사회 운동가

<u>orphaned</u> / at the age of seven / so her early life <u>was marked by</u> <u>hardship</u>. ❸ In 1888, / she moved to St.
be orphaned: 고아가 되다　　　　　　　　　be marked by: ~으로 특징지어지다　고난

Louis / and worked there as a washerwoman / <u>for more than a decade</u> / <u>earning barely more than a dollar</u>
　　　　　　　　　　~로서　　　　　　　　for+구체적인 시간: ~ 동안　　　분사구문

a day. ❹ <u>During this time</u>, / long hours of backbreaking labor and a poor diet / <u>caused her hair to fall</u> out.
　　　during+기간: ~ 동안　　　　　　　　　　　　　　　　cause+O+O·C(to부정사): ~가 …하도록 (야기)하다

❺ She tried <u>everything available</u> / <u>to stop her hair loss</u> / but had no success. ❻ <u>After working</u> as a maid for
　　　　　　「-thing+형용사」 어순　　　to부정사의 부사적 용법(목적)　　　　　　　전치사+동명사

a chemist, / she invented a successful hair care product / and sold <u>it</u> across the country. ❼ <u>Not only did she</u>
　　　　　　　　　　　　　　　　　　　　　　　= hair care product　not only A (but) also B: A뿐만 아니라 B도

sell hair care products, / she <u>also</u> employed and trained <u>lots of</u> women / as sales agents for a share of the
부정어 도치: not only+do(does/did)+주어+동사원형　　　　많은(= many)

profits. ❽ In the process, / she became America's first self-made female millionaire / and she <u>gave</u> <u>Black</u>
　　　V　　I·O

women everywhere <u>an opportunity</u> / for financial <u>independence</u>.
　　　　　　　　　　　D·O　　　　　　　　　독립

해석 ❶ 1867년에 태어난 Sarah Breedlove는 미국인 사업가이자 사회 운동가였다. ❷ 그녀는 7살에 고아가 되었고 그녀의 어린 시절은 고난으로 특징지어졌다. ❸ 1888년에 그녀는 St. Louis로 이사했고, 그곳에서 10년 넘게 세탁부로 일하면서 하루에 겨우 1달러가 넘는 돈을 벌었다. ❹ 이 시기 동안 장시간의 고된 노동과 열악한 식사가 그녀의 머리카락을 빠지게 했다. ❺ 그녀는 탈모를 막기 위해 할 수 있는 모든 것을 시도했지만 성공하지 못했다. ❻ 화학자의 가정부로 일한 후 그녀는 성공적인 모발 관리 제품을 발명했고 그것을 전국에 판매했다. ❼ 그녀는 모발 관리 제품을 판매했을 뿐만 아니라, 수익금의 할당을 위해 많은 여성을 판매 대리인으로 고용하여 교육하기도 했다. ❽ 그 과정에서 그녀는 미국 최초의 자수성가한 여성 백만장자가 되었고

모든 곳의 흑인 여성들에게 재정적 독립의 기회를 주었다.

해설 she invented a successful hair care product and sold it across the country에서 모발 관리 제품을 수입하여 판매한 것이 아니라 발명하여 판매했다는 것을 알 수 있으므로 ④는 글의 내용과 일치하지 않는다.

> invent는 '발명하다'이고, '수입하다'는 import라는 것을 기억해.

3일 필수 체크 전략 ❶ BOOK 1 · 48~51쪽

1 ⑤ **2** ② **3** ③ **4** ②

1 도표 파악하기 | 🔁 ⑤

❶ The above graph shows / what devices British people considered the most important / when connecting
<u>간접의문문(의문사+주어+동사)</u>   (they were)
to the Internet / in 2014 and 2016. ❷ More than <u>a third</u> of UK Internet users / <u>considered</u> smartphones <u>as</u>
                                            3분의 1   └─ consider A as B: A를 B로 여기다 ─┘
their most important device / for Internet access in 2016. ❸ In the same year, / the smartphone overtook

the laptop / as the most important device / <u>for accessing</u> the Internet. ❹ In 2014, UK Internet users /
        little의 최상급   전치사+동명사
<u>were</u> the <u>least likely to select</u> a tablet / as their most important device / for Internet access. ❺ <u>In contrast</u>,
be likely+to부정사: ~하는 경향이 있다   대조적으로
a desktop <u>was selected</u> the least / as their most important device / for Internet access in 2016. ❻ The
        수동태
proportion of UK Internet users / <u>who</u> considered a desktop as their most important device / for Internet
                                주격 관계대명사
access / <u>increased by</u> half from 2014 to 2016.
        increase by: ~만큼 증가하다

해석 ❶ 위 도표는 2014년과 2016년에 영국인들이 인터넷 접속을 할 때 어떤 장치들이 가장 중요하다고 생각했는지를 보여 준다. ❷ 2016년도에 3분의 1이 넘는 영국 인터넷 사용자들은 스마트폰을 가장 중요한 인터넷 접속 장치로 여겼다. ❸ 같은 해에, 스마트폰이 인터넷 접속을 위한 가장 중요한 장치로서 랩탑을 추월하였다. ❹ 2014년에, 영국 인터넷 사용자들은 인터넷 접속을 위한 가장 중요한 장치로 태블릿을 가장 적게 선택하는 경향이 있었다. ❺ 대조적으로, 2016년에는 인터넷 접속을 위해 가장 중요한 장치로 데스크탑이 가장 적게 선택되었다. ❻ 데스크탑을 인터넷 접속을 위한 가장 중요한 장치로 여긴 영국 인터넷 사용자들의 비율은 2016년도에 2014년도 비율의 <u>절반만큼 증가하였다(→ 절반 정도 감소하였다)</u>.

해설 ⑤ 2014년도에 데스크탑을 인터넷 접속을 위한 가장 중요한 장치로 여긴 영국 인터넷 사용자의 비율은 20%이고 2016년도에는 12%로, 절반만큼 증가한 것이 아니라 감소하였다.

2 어휘 | 답 ②

❶ Social connections are necessary / for our survival and well-being / so we <u>not only</u> cooperate with
to부정사의 부사적 용법(목적)

others to build relationships / <u>but also</u> compete with others for friends. ❷ And often / we do both / at
not only A but also B: A뿐만 아니라 B도

the same time. ❸ Take gossip. ❹ <u>Through</u> gossip, / we can <u>bond with our friends</u> / <u>by sharing</u> <u>interesting</u>
동시에   *~을 통해*   *~와 유대를 형성하다*   *by+동명사: ~함으로써*   *현재분사(능동)*

<u>details</u>. ❺ But at the same time, / we are creating potential enemies / in the targets of our gossip. ❻ Or

consider rival holiday parties / <u>where</u> people compete / <u>to see</u> <u>who will attend</u> *their* party. ❼ We <u>can</u> even
관계부사   *to부정사의 부사적 용법(목적)*   *간접의문문*   *조동사(가능)*

see this tension in social media / <u>as</u> people compete / for the <u>most</u> friends and followers. ❽ At the same
접속사(~할 때)   *many의 최상급*

time, / competitive exclusion / can also generate cooperation. ❾ High school social clubs and country

clubs / use this formula / to great effect: ❿ They produce loyalty / and <u>lasting</u> social bonds / through
현재분사

selective inclusion *and exclusion*.

해석 ❶ 사회적 관계는 우리의 생존과 웰빙을 위해 필수적이어서 우리는 관계를 형성하기 위해 다른 사람과 협력할 뿐만 아니라, 친구를 얻기 위해 다른 사람과 경쟁하기도 한다. ❷ 그리고 자주 우리는 동시에 둘 다 한다. ❸ 가십을 생각해 보자. ❹ 가십을 통해 우리는 친구들과 흥미로운 세부사항을 공유함으로써 유대를 형성할 수 있다. ❺ 그러나 동시에 우리는 가십의 대상들 중에서 잠재적인 적을 만들어낸다. ❻ 또는 누가 '그들의' 파티에 참석할 것인지를 알아보기 위해 경쟁하는 라이벌 관계의 휴일 파티를 생각해 보라. ❼ 우리는 심지어 소셜 미디어에서도 사람들이 가장 많은 친구들과 팔로워들을 얻기 위해 경쟁할 때 이러한 긴장감을 볼 수 있다. ❽ 동시에 경쟁적 배제는 또한 협력도 만들어낼 수 있다. ❾ 고등학교 친목 동아리와 컨트리 클럽은 이러한 공식을 사용하여 큰 효과를 발휘한다. ❿ 그들은 선택적인 포함 '그리고 배제'를 통해서 충성과 지속적인 사회적 유대를 형성한다.

해설 사회적 관계 형성을 위해 다른 사람과 협력하는 동시에 경쟁도 하고 선택적 포함과 배제가 지속적인 사회적 유대를 형성한다는 주제의 글이다. 이러한 맥락에서 볼 때 (A) 가입을 통해 유대를 형성하는 동시에 가입 대상 중 잠재적인 적을 '만들어낸다'는 의미로 creating이 알맞다. / forgive: 용서하다 (B) 소셜 미디어에서 사람들이 친구를 얻기 위해 경쟁할 때 '긴장감'을 볼 수 있다는 내용으로 tension이 알맞다. / harmony: 조화 (C) 뒤에 나오는 예인 고등학교 친목 동아리와 컨트리 클럽이 선택적 포함과 배제를 통해 유대를 형성한다는 내용으로 보아 경쟁적 배제가 협력 또한 '만들어낼' 수 있다는 의미로 generate가 알맞다. / prevent: 방해하다

답을 고른 후 앞뒤 문맥이 자연스러운지 확인해 봐.

3~4 어휘 | 답 3 ③   4 ②

❶ Recent research suggests / <u>that</u> evolving humans' relationship with dogs / changed the structure of both
명사절(목적어)을 이끄는 접속사   *현재분사*

species' brains. ❷ <u>One of the various physical changes</u> / <u>caused</u> by domestication / is the size of the brain.
one of+복수명사: ~들 중 하나   *과거분사(수동)*

❸ <u>It was reduced</u> by about 16 percent for horses, / 34 percent for pigs, / and 10 to 30 percent for dogs.
수동태

❹ This change is because / <u>once</u> humans started to take care of these animals, / <u>they</u> no longer needed
~하자마자   *= these animals*

various brain functions / <u>in order to</u> survive. ❺ Animals <u>who were</u> fed and protected by humans / <u>did not</u>
~하기 위해   *주격 관계대명사*   *(who were)*   *V*

need many of the skills / required by their wild ancestors. ❻ As a result, they lost the parts of the brain /
└ 과거분사(수동)　　　　　　　　　　　　　　　　　결과적으로

which were related to those abilities. ❼ A similar process occurred for humans, / who seem to have been
주격 관계대명사　be related to: ~와 관계가 있다　　　　　　　　　　　관계대명사의 계속적 용법　현재완료 수동태

domesticated by wolves. ❽ About 10,000 years ago, / when the role of dogs was firmly established / in
└── 수동태 ──┘

most human societies, / the human brain also shrank by about 10 percent.
　　　　　　　　　　　　　　　　shrink by: ~만큼 줄어들다

해석 ❶ 최근의 연구는 진화하는 인간과 개와의 관계가 두 종 모두의 뇌 구조를 바꿨다는 것을 시사한다. ❷ 사육으로 인해 야기된 다양한 신체적 변화들 중 하나는 뇌의 크기이다. ❸ 그것은 말은 약 16%, 돼지는 34% 그리고 개는 10에서 30% 감소했다. ❹ 이 변화는 일단 인간이 이 동물들을 돌보기 시작하면서 그것들이 생존하기 위해 다양한 뇌 기능을 더는 필요로 하지 않았기 때문이다. ❺ 인간이 먹이를 주고 보호해 주는 동물들은 그것들의 야생 조상들에 의해 요구된 기술 중 많은 것들을 필요로 하지 않았다. ❻ 결과적으로 그들은 그러한 능력들과 관련된 뇌의 부분들을 잃어버렸다. ❼ 유사한 과정이 인간에게 나타났는데, 그들은 늑대에 의해 길들여진 것으로 보인다. ❽ 약 만 년 전, 개의 역할이 대부분의 인간 사회에서 확실하게 정해졌을 때, 인간의 뇌도 약 10% 줄어들었다.

해설 3 (A) 이어지는 내용인 뇌의 크기의 감소는 '신체적' 변화이므로 physical이 알맞다. / psychological: 심리적인 (B) 다양한 뇌 기능과 기술들이 더 이상 필요하지 않게 되었다고 했으므로 그 결과 그 능력들과 관련된 뇌의 부분들을 '잃어버렸다'는 의미로 lost가 와야 한다. / developed: 개발했다 (C) 동물들이 인간에게 사육되면서 뇌의 크기가 줄어든 것처럼 유사한 과정이 인간에게도 나타났다고 했으므로 인간의 뇌도 '줄어들었다'는 내용으로 shrank가 알맞다. / expanded: 확대(확장)되었다

4 It was reduced by ~ 10 to 30 percent for dogs.에서 개의 뇌 크기는 10에서 30% 감소했다고 했으므로 ②는 일치하지 않는다.

3일 필수 체크 전략 ❷　　　　　　　　　　BOOK 1 52~53쪽

1 ⑤　　　2 ④

1 어휘 | 답 ⑤

❶ Honesty is a fundamental part / of every strong relationship. ❷ Be open with what you feel / and give
　　　　　　　　　　　　　　　　　　└ every+단수명사 ┘　　　　　　　　　　　　관계대명사

a truthful opinion / when you are asked. ❸ It can help you / escape uncomfortable social situations / and
　　　　　　　　　　　　　　수동태　　　　　help+O+O·C(동사원형/to부정사): ~가 …하는 것을 돕다

make friends with honest people. ❹ Follow this simple policy in life — never lie. ❺ When you develop a
O·C　　　　　　　　　　　　　　　　　　　　　　　　　　　　　　　　　　시간의 부사절을 이끄는 접속사

reputation / for always telling the truth, / you will enjoy strong relationships / based on trust. ❻ It will
　　　　　　　　　　　　　　　　　　　조동사(미래)　　　　　　　　　　　　~를 바탕으로　　가주어

also be more difficult / to manipulate you. ❼ People who lie / get into trouble / when someone threatens /
　　　　　　　　　　　　진주어　　　　　　　　　주격 관계대명사

to uncover their lie. ❽ If you live true to yourself, / you'll avoid a lot of headaches. ❾ Your relationships /
　　　　　　　　　　　　　　　　　　재귀대명사

will also be free from lies and secrets. ❿ Don't be afraid to be honest with your friends, / no matter how
　　　　　　　　~이 없는　　　　　　　　부정 명령문　　　　　　　　　　　　　　　　no matter how+형용사+주어+동사:

painful the truth is. ⓫ In the long term, / lies with good intentions / comfort people much more than
아무리 ~하더라도(양보의 부사절)　　　　　　　　　　　　　　　　　　　　비교급 강조　　전치사+

telling the truth.
동명사

해석 ❶ 정직은 모든 굳건한 관계의 근본적인 부분이다. ❷ 자신이 느끼는 것에 대해 솔직하게 말하고, 질문을 받았을 때 정직한 의견을 주어라. ❸ 그것은 여러분이 불편한 사회적 상황에서 벗어나고 정직한 사람들과 친구가 될 수 있도록 도울 수 있다. ❹ 삶에서 다음과 같은 분명한 방침을 따르라. 절대로 거짓말을 하지 말라. ❺ 항상 진실만을 말한다는 평판이 쌓이면, 여러분은 신뢰를 바탕으로 굳건한 관계를 누릴 것이다. ❻ 누군가가 여러분을 조종하는 것도 더 어려워질 것이다. ❼ 거짓말을 하는 사람은 자신의 거짓말을 폭로하겠다고 누군가가 위협하면 곤경에 처하게 된다. ❽ 자신에게 진실하게 살면, 여러분은 많은 골칫거리를 피할 것이다. ❾ 또한 여러분의 관계에는 거짓과 비밀이 없을 것이다. ❿ 진실이 아무리 고통스러울지라도 친구들에게 정직하게 대하는 것을 두려워하지 말라. ⓫ 장기적으로 보면, 선의의 거짓말은

진실을 말하는 것보다 사람들에게 훨씬 더 많이 위안을 준다(→ 상처를 준다).

해설 정직이 모든 굳건한 관계의 근본이고 거짓말을 하면 곤경에 처하게 되므로 어떠한 경우에도 정직하게 진실을 말하라는 맥락에서 선의의 거짓말이 위안을 준다는 내용은 자연스럽지 않다. 따라서, ⑤ comfort(위안을 주다)를 hurt(상처를 주다)와 같은 단어로 고쳐야 한다.

---

2 도표 파악하기 | 답 ④

❶ The above graph shows / the number of jobs / directly created by travel and tourism / in 2016 and 2017 (과거분사(수동)) for five regions. ❷ In North East Asia and South Asia, / the number of jobs directly created by travel and (~의 수(단수 취급)) tourism / was larger in 2017 than in 2016. ❸ Of the five regions, / North East Asia showed the highest (V 비교급) (the+최상급) number / in direct job creation by travel and tourism in 2017, / with 30.49 million jobs. ❹ In 2016, / the (100만의) number of jobs in South Asia / that travel and tourism directly contributed / was the largest of the five (S) (목적격 관계대명사) (V) (the+최상급) regions, / but it ranked the second highest in 2017. ❺ Though the number of jobs in North America / (양보의 부사절을 이끄는 접속사 S) directly created by travel and tourism / was lower in 2017 than in 2016, / it still exceeded 10 million in (과거분사(수동)) (V 비교급) 2017. ❻ In 2017, 5.71 million jobs were directly created / by travel and tourism in Latin America, / which (수동태) (관계대명사의 계속적 용법) was over six times / more than those of Oceania in 2017.

해석 ❶ 위 도표는 2016년과 2017년에 5개 지역에서 여행 관광업에 의해 직접적으로 만들어진 일자리의 수를 보여 준다. ❷ 동북아시아와 남아시아에서 여행 관광업에 의해 직접적으로 만들어진 일자리의 수는 2016년보다 2017년에 더 많았다. ❸ 5개 지역 중에, 동북아시아는 2017년에 여행 관광업에 의한 직접적 일자리 창출에서 3천49만 개로 가장 높은 수치를 보여 주었다. ❹ 2016년에는 여행 관광업이 직접적으로 제공했던 남아시아에서의 일자리 수가 5개 지역들 중에서 가장 많았지만 2017년에는 두 번째로 높았다. ❺ 북미에서 여행 관광업에 의해 직접적으로 만들어진 일자리의 수는 2016년보다 2017년에 더 낮았지만, 2017년에도 여전히 1천만 개를 초과했다(→ 2017년에는 1천만 개에 미치지 못했다). ❻ 2017년에 중남미에서 여행 관광업에 의해

571만 개의 일자리가 직접적으로 만들어졌고, 이것은 2017년의 오세아니아보다 여섯 배가 넘었다.

해설 북미에서 2017년에 여행 관광업에 의해 직접적으로 만들어진 일자리 수는 9백94만 개로 1천만 개를 초과하지 않았으므로 ④는 일치하지 않는다.

> 최상급 표현, 배수 표현과 exceed (초과하다)에 유의해.

누구나 합격 전략

1 ⑤ **2** ⑤ **3** ⑤ **4** ③

1 안내문 이해하기 | 답 ⑤

해석 **2020 학생 블록 쌓기 대회**
모든 학년의 학생들이 블록으로 만들어진 가장 창의적이고 살기에 알맞은 건축물을 만들기 위해 경쟁할 것입니다. 와서 신나는 도전과 성취감을 즐기세요! **일시와 장소** •11월 21일, 토요일, 오후 2시 ~ 오후 4시 •Green Valley 초등학교 체육관 / **규칙** •모든 건축 프로젝트는 제공된 블록만으로 현장에서 완성되어야 합니다. •참가자들은 외부의 도움을 받는 것이 허용되지 않습니다. / **선물과 상** •모든 참가자들은 무료 티셔츠를 받습니다. •각 학년 그룹별 우승자는 100달러와 메달을 받습니다. / **등록** •참가는 무료입니다! •등록하시려면 11월 15일까지 jeremywilson@greenvalley.org로 이메일을 보내세요. (현장에서 등록은 가능하지 않습니다.) 더 많은 정보를 원하시면 저희 웹사이트를 방문하세요.

해설 Registration on site is not available.에서 현장 등록이 불가능함을 알 수 있으므로 ⑤는 일치하지 않는다.

2 도표 파악하기 | 답 ⑤

해석 위의 도표는 터키에서 사람들이 가장 많이 방문하는 두 도시인 Istanbul과 Antalya를 2013년부터 2016년까지 방문한 관광객 수를 보여 준다. 각 도시를 찾은 방문객 수는 2013년부터 2015년까지 매년 10만 명이 넘었다. 2013년에 Antalya는 Istanbul보다 더 많은 수의 관광객을 받았으나, 이후 3년 동안 더 많은 관광객을 받은 도시는 Istanbul이었다. Istanbul을 찾은 관광객 수는 2013년부터 2015년까지 꾸준히 증가한 반면, Antalya는 2015년에 전년도에 비해 더 적은 수의 관광객을 받았다. 흥미롭게도, 2016년 관광객의 수는 두 도시 모두 10만 명 미만으로 감소했다. 특히, 2016년에 Antalya를 방문한 관광객 수는 2013년도 수치의 3분의 1에 불과했다(→ 3분의 1을 넘었다).

해설 Antalya를 방문한 관광객 수는 2016년에 5만 9천 명, 2013년에 11만 명으로 3분의 1이 훨씬 넘는다. 따라서 '2016년 Antalya의 관광객 수가 2013년의 3분의 1에 불과했다'는 내용의 ⑤는 도표의 내용과 일치하지 않는다.

3 내용 일치 | 답 ⑤

해석 Charles Henry Turner는 1867년에 Ohio 주의 Cincinnati에서 태어났다. 그는 곤충 행동 분야의 초기 개척자였다. 그의 아버지는 Turner가 곤충의 습성과 행동에 관한 독서에 매료될 수 있었던 다방면의 도서를 가지고 있었다. 자신의 연구를 계속하면서 Turner는 동물학에서 박사 학위를 받았고, 그렇게 한 최초의 아프리카계 미국인이었다. 아마도 인종 차별 때문에, 학위를 받은 후에도 Turner는 어떤 주요 대학에서도 교직이나 연구직을 얻을 수 없었다. 그는 St. Louis로 옮겨 Sumner 고등학교에서 생물학을 가르쳤고 그곳에서 1922년까지 연구에 집중했다. Turner는 곤충이 학습할 수 있다는 것을 발견한 최초의 사람이었고, 곤충이 이전의 경험을 바탕으로 행동을 바꿀 수 있다는 것을 설명했다. 그는 1923년 Chicago에서 심장병으로 사망했다. 자신의 33년 경력 동안 Turner는 70편이 넘는 논문을 발표했다. 그의 마지막 과학 논문은 그의 사망 다음 해에 발표되었다.

해설 His last scientific paper was published the year after his death.에서 마지막 과학 논문은 그가 사망한 다음 해에 발표되었음을 알 수 있으므로 ⑤는 일치하지 않는다.

4 어휘 | 답 ③

해석 뇌는 보통 사람의 몸무게의 2퍼센트만을 차지하지만 우리의 에너지의 20퍼센트를 사용한다. 갓 태어난 아기의 경우, 그 비율은 65퍼센트나 된다. 그것은 부분적으로 아기들이 항상 잠을 자고 (뇌의 성장이 그들을 지치게 하고), 많은 체지방을 보유하는 이유인데, 필요할 때 보유한 에너지를 사용하기 위한 것이다. 근육은 약 4분의 1 정도로 훨씬 더 많은 에너지를 사용하기도 하지만, 우리는 많은 근육을 가지고 있기도 하다. 실제로, 물질 단위당, 뇌는 다른 기관보다 훨씬 더 많은 에너지를 사용한다. 그것은 우리 장기 중 뇌가 단연 가장 에너지 소모가 많다는 것을 의미한다. 하지만 그것은 또한 놀랍도록 효율적이다. 뇌는 하루에 약 400칼로리의 에너지만 필요로 하는데, 블루베리 머핀에서 얻는 것과 거의 같다. 머핀으로 24시간 동안 노트북을 작동시켜서 얼마나 가는지 보라.

해설 뇌가 몸에서 차지하는 비율에 비해 많은 에너지를 소모한다는 것이 중심 내용이다. (A) 아기들이 항상 잠을 자는 것은 뇌의 성장이 아기들을 '지치게 하는' 것과 관련되므로 exhaust가 알맞다. / warn: 경고하다 (B) 근육이 훨씬 더 많은 에너지를 소모하지만 물질 단위당, 즉 몸에서 차지하는 비율로 보

면 뇌가 훨씬 '더 많은' 에너지를 소비한다고 볼 수 있으므로 more가 알맞다. / less: 더 적은 (C) 뇌의 에너지 소모가 많기는 하지만 블루베리 머핀 한 개로 얻는 400칼로리 정도의 에너지만 필요로 한다는 내용을 통해 '효율적'이라고 할 수 있으므로 efficient가 알맞다. / creative: 창의적인

---

1 (1) F (2) T (3) T (4) F
2 (1) old or unwanted (2) new or gently worn (3) the first floor (4) between 8:00 a.m. and 4:00 p.m.
3 (1) F (2) T (3) F (4) T   **4** (1) Cornell University (2) editor (3) *Plum Bun* (4) Philadelphia

---

1~2 내용 일치 | 🈶 1 (1) F (2) T (3) T (4) F   2 (1) old or unwanted (2) new or gently worn (3) the first floor
(4) between 8:00 a.m. and 4:00 p.m.

해석 학교를 위한 신발

여러분의 헌 신발이 긴 여정을 떠날 수 있어요!

Brooks 고등학교 학생 여러분! 집에 오래되거나 필요 없는 신발을 가지고 있나요? 그것들을 신발장에 헛되이 두지 마세요. 신발들을 기증함으로써 아프리카의 아이들을 도울 수 있습니다. 신발을 재판매한 수익금은 아프리카에 학교를 짓는 데 쓰일 것입니다.

무엇을 ·여러분은 운동화, 샌들, 부츠, 슬리퍼 등과 같은 모든 종류의 신발을 기증할 수 있습니다. ·신발은 새것이거나 심하게 닳지 않은 것으로 구멍나지 않은 것이어야 합니다.

어디에서 ·여러분은 본관 1층에 있는 수거함에 신발을 놓을 수 있습니다.

언제 ·이번 학기 내내 오전 8시부터 오후 4시 사이
·신발은 매 격주 화요일에 수거될 것입니다.

어떻게 ·여러분이 기증하는 신발은 비닐봉지에 담겨 있어야 합니다.

더 많은 정보를 원하면, 413-367-1391로 전화해 주세요. 참여해 주셔서 감사합니다.

해설 1 (1) Brooks 고등학교는 신발 디자인 대회를 여는 것이 아니라 신발 기부 행사를 한다. (2) The profits from reselling them will be used to build schools in Africa.(신발을 재판매한 수익금은 아프리카에 학교를 짓는 데 쓰일 것이다.)로 보아 일치한다. (3) You can give away all types of shoes(모든 종류의 신발을 기부할 수 있다)와 The shoes should be new or gently

worn(신발은 새것이거나 심하게 닳지 않은 것이어야 한다)으로 보아 일치한다. (4) 기부하는 신발은 종이봉투가 아니라 비닐봉지에 담아야 한다.

(1) Brooks 고등학교는 신발 디자인 대회를 개최할 것이다. (2) 신발을 기부하는 것은 아프리카에 학교를 짓는 데 도움이 될 것이다. (3) 신발의 상태가 좋다면 모든 종류의 신발이 기부될 수 있다. (4) 기부하는 신발은 종이봉투에 담아야 한다.

2 기부할 수 있는 신발의 종류, 상태, 기부 장소와 시간 등을 글에서 파악하여 대화를 완성한다.

Amy: Tom, 우리 학교의 신발 기부 캠페인에 대해 들어 봤어? Tom: 아니, 못 들었어. 그게 뭔데? Amy: 오래되거나 필요 없는 신발을 기부하면 그게 아프리카 아이들을 도울 수 있어. Tom: 멋지다. 어떤 신발이라도 줄 수 있어? Amy: 새것이거나 심하게 닳지 않은 것으로 구멍이 없는 것이기만 하면 돼. Tom: 기부하기 위해 어디로, 언제 신발을 가지고 가면 돼? Amy: 본관 1층에 가서 수거함에 신발을 넣어. 이번 학기 내내 오전 8시에서 오후 4시까지 할 수 있어. Tom: 알겠어. 알려 줘서 고마워, Amy.

3~4 내용 일치 | 🈶 3 (1) F (2) T (3) F (4) T   4 (1) Cornell University (2) editor (3) *Plum Bun* (4) Philadelphia

해석 Jessie Redmon Fauset은 1884년 New Jersey의 Snow Hill에서 태어났다. 그녀는 Philadelphia에서 자랐고 Philadelphia 여자 고등학교를 다녔다. 그녀는 Cornell 대학을 졸업한 최초의 흑인 여성이었고 거기서 그녀는 1905

년에 고전 언어 학위를 받았다. Fauset은 소설, 시, 단편 소설, 수필을 쓰는 것 외에도, Washington, D.C.의 공립학교에서 프랑스어를 가르쳤다. 1919년에 그녀는 New York 시로 이사해서 저널 편집자가 되었다. 편집자로 일하

는 동안, 그녀는 Harlem Renaissance(흑인 예술 문화 부흥 운동)의 많은 유명한 작가들을 고무시켰다. 비록 그녀는 소설가보다 편집자로서 더 유명하지만, 많은 비평가들은 그녀의 소설 〈Plum Bun〉을 Fauset의 가장 뛰어난 작품으로 간주한다. 그 속에서, 그녀는 한 흑인 소녀의 이야기를 하는데, 그 소녀는 백인으로 여겨질 수 있지만 결국에는 자신의 인종적 정체성과 자부심을 주장한다. Fauset은 1961년 4월 30일에 Philadelphia에서 심장병으로 사망했다.

해설 3 (1) Philadelphia에서 자랐지만 태어난 곳은 New Jersey이다. (2) She was the first black woman to graduate from Cornell University(그녀는 Cornell 대학을 졸업한 최초의 흑인 여성이었다)로 보아 일치한다. (3) Harlem Renaissance(흑인 예술 문화 부흥 운동)에 관한 소설을 쓴 것이 아니라 편집자로 일하면서 Harlem Renaissance의 많은 유명한 작가들을 고무시켰다. (4) Fauset died of heart disease(Fauset은 심장병으로 사망했다)로 보아 일치한다.

(1) 그녀는 Philadelphia에서 태어나고 자랐다. (2) 그녀는 Cornell 대학을 졸업한 최초의 흑인 여성이었다. (3) 그녀는 Harlem Renaissance(흑인 예술 문화 부흥 운동)에 관한 많은 유명한 책을 썼다. (4) 그녀의 사망 원인은 심장병이었다.

4 해석

이름	Jessie Redmon Fauset
출생	1884년에 New Jersey에서
교육	• Philadelphia 여자 고등학교에서 공부함 • Cornell 대학에서 고전 언어 학위를 받음
경력	소설가, 시인, 수필가, 프랑스어 교사, 편집자
유명한 작품	한 흑인 소녀의 이야기인 〈Plum Bun〉
사망	1961년에 Philadelphia에서

신유형 · 신경향 · 서술형 전략

BOOK 1 · 64~67쪽

1 ⑤ **2** This is why many people return to their old habits **3** ④, ⑤ **4** ⑤

1~2 주장 및 요지 찾기 | 답 1 ⑤ 2 This is why many people return to their old habits

해석 목표 지향적인 사고방식은 '요요' 효과를 낼 수 있다. 예를 들면, 많은 달리기 선수들이 좋은 기록을 내기 위해 몇 달 동안 열심히 연습하지만, 결승선을 통과하자마자 훈련을 중단한다. 그 경기는 더 이상 그들에게 동기를 주지 않는다. 당신이 애쓰는 모든 일이 특정한 목표에 집중될 때, 당신이 그것을 성취한 후에 당신을 앞으로 밀고 나갈 수 있도록 남아 있는 것은 거의 없다. 이것이 많은 사람들이 목표를 성취한 후 그들의 옛 습관으로 되돌아가는 이유이다. 목표를 설정하는 목적은 경기에서 이기는 것이다. 시스템을 구축하는 목적은 게임을 계속하기 위한 것이다. 목표는 방향을 설정하는 데 좋지만, 시스템은 발전을 이루는 데 가장 좋다. 진정한 장기적 사고는 목표 지향적이지 않은 사고이다. 그것은 어떤 하나의 성취에 관한 것이 아니다. 그것은 끝없는 정제와 지속적인 개선의 순환에 관한 것이다. 궁극적으로, 당신의 발전을 결정짓는 것은 그 과정에 당신이 전념하는 것이다.

해설 1 목표 지향적인 사고는 목표 성취 후 더 이상 동기부여가 되지 않아 앞으로 나아갈 수 없다고 하며 지속적인 개선의 과정을 통해 진정한 발전이 이루어진다는 것이 글의 중심 내용이다. 따라서 ⑤ '발전은 한 번의 성취가 아닌 지속적인 개선 과정에 의해 결정된다.'가 요지로 가장 적절하다.

① 성공하기 위해서는 구체적인 목표를 설정하는 것이 중요하다. ② 장시간 노력해야 원하는 바를 얻을 수 있다. ③ 같은 과정을 끊임없이 반복하는 것이 성공의 비결이다. ④ 목표 지향적 성향이 강할수록 발전이 빠르게 이루어진다.

2 This is why ~: 이것이 ~한 이유이다 / return to: ~으로 돌아가다 / habit: 습관

> This is why 뒤에 「주어+동사 ~」를 써서 '이것이 ~한 이유이다.'라는 뜻을 나타내.

3~4 내용 일치 | 답 3 ④, ⑤ 4 ⑤

해석 Edith Wharton은 1862년에 New York 시의 한 부유한 가정에서 태어났다. 그녀는 가정에서 개인 교사들에 의해 교육을 받았고 일찍이 독서와 글쓰기를 즐겼다. 그녀의 첫 번째 소설인 〈The Valley of Decision〉이 1902년에 출판된 후, 그녀는 많은 소설을 집필했고 몇몇은 그녀에게 폭넓은 독자층을 가져다주었다. Wharton은 건축에도 열정이 있어서 그녀는 자신의 첫 번째 실제 집을 설계하여 건축했다. 그녀는 또한 〈The Decoration of Houses〉를

포함한 디자인 책을 몇 권 썼다. 1차 세계대전 동안 그녀는 프랑스와 벨기에의 고아들을 돕는 데 많은 시간을 쏟았고 그들을 후원하기 위해 기금을 모으는 것을 도왔다. 전쟁 후 그녀는 프랑스의 Provence에 정착했으며 거기에서 〈The Age of Innocence〉의 집필을 끝마쳤다. 1870년대 New York 상류 사회의 모습을 보여 주는 이 소설은 Wharton이 1921년 Pulitzer상을 받도록 했으며 그녀는 이 상을 받은 최초의 여성이 되었다. 1934년에는 Wharton의 자서

전 〈A Backward Glance〉가 출판되었다.

해설 3 ④ After the war, ~ she finished writing *The Age of Innocence* there.에서 전쟁 중이 아니라 전쟁 후에 〈The Age of Innocence〉를 완성했음을 알 수 있다. ⑤ This novel presenting ~ Wharton the 1921 Pulitzer Prize, making her the first woman to win the award.에서 1934년이 아니라 1921년에 Pulitzer상을 받았음을 알 수 있다.

4 ⑤ ⓔ '가상의 사람들과 사건에 대해 길게 쓰인 글'은 novel(소설)에 대한 영영풀이이다. autobiography는 '자서전'이라는 뜻으로 an account of your life, which you write yourself(자신이 직접 쓴 자신에 대한 자세한 이야기)의 풀이가 적절하다.

① ⓐ: 개인에 의해 소유되거나 통제되는 ② ⓑ: 건물을 구상하고, 설계하고, 짓는 기술 ③ ⓒ: 부모가 죽은 아이 ④ ⓓ: 특별한 목적을 위해 모이는 돈

고난도 해결 전략 1회

1 ② **2** ④ **3** ⑤ **4** ③ **5** ② **6** Seventy-five percent of those prisoners had been declared guilty

1 제목 찾기 | 답 ②

해설 삶에서, 어떤 것이든 과도하면 이롭지 않다고 한다. 실제로, 삶에서 어떤 것은 과도하면 위험할 수 있다. 예를 들어, 물은 모든 생물에게 필수적이기 때문에 적이 없다고 한다. 그러나 만일 물에 빠진 사람처럼 너무 많은 물을 들이마시면, 죽을 수도 있다. 모든 것에서 과도한 양은 피해야 함에도 불구하고 이 규칙에서 예외가 있다. 그것은 교육이다. 교육이나 지식은 아무리 많이 있어도 지나치지 않다. 실상은 대부분의 사람은 평생 아무리 많은 교육을 받아도 지나치지 않을 거라는 것이다. 나는 교육을 너무 많이 받아서 삶에서 피해를 본 사람을 아직 본 적이 없다. 오히려 우리는 매일, 전 세계에서 교육의 부족으로 인해 문제를 겪는 많은 사람들을 본다. 그러므로, 당신은 교육이 인간에게 시간, 돈, 그리고 노력을 장기 투자하는 것임을 명심해야 한다.

해설 어떤 것이든 과도하면 좋지 않지만 교육에는 지나침이 없다는 주제의 글로, 교육을 너무 많이 받은 사람은 본 적이 없으며 오히려 교육이 부족해서 문제인 경우가 많다고 이야기하고 있다. 따라서 ② '너무 많은 교육이 당신을 해치지는 않을 것이다'가 제목으로 가장 적절하다.

① 일만 하고 놀지 않으면 똑똑해진다 ③ 머리 둘이 하나보다 나쁘다 ④ 행동하기 전에 두 번 생각하지 마라 ⑤ 과거로부터가 아니라 미래로부터 배워라

2 목적 찾기 | 답 ④

해설 Spadler 씨께,

귀하는 불과 3주 전에 구입한 토스터가 작동하지 않는다고 저희 회사에 불평하는 편지를 쓰셨습니다. 회사를 대표해 귀하가 겪으신 불편에 사과드리고 싶습니다. 귀하는 고장 난 토스터를 새 토스터로 교환하시거나 환불 받기를 원하셨습니다. 그 토스터는 1년의 품질 보증 기간이 있기 때문에, 저희 회사는 귀하의 고장 난 토스터를 새 토스터로 기꺼이 교환해 드리겠습니다. 새 토스터를 받으시려면, 귀하의 영수증과 함께 고장 난 토스터를 구매했던 판매인에게 가져가시기만 하면 됩니다. 그 판매인이 그 자리에서 바로 새 토스터를 드릴 것입니다. 저희에게 고객의 만족보다 더 중요한 것은 없습니다. 만약 저희가 귀하를 위해 할 수 있는 그 밖의 어떤 일이 있다면, 주저하지 말고 다시 연락주십시오. 귀하의 인내와 이해에 감사드립니다.

Betty Swan 드림

해설 3주 전에 구입한 토스터가 작동하지 않는다는 고객의 항의 편지에 대한 답장으로 영수증과 고장 난 토스터를 가지고 구입했던 판매인에게 가면 새 토스터로 교환해 준다고 안내하고 있다. 따라서 ④가 글의 목적으로 가장 적절하다.

3~4 주장 및 요지 찾기 | 답 3 ⑤ 4 ③

해설 많은 부모들이 그들의 아이의 지능과 재능을 칭찬하는 것은 아이의 자존감을 높이고 아이에게 동기를 부여한다고 믿는 것 같다. 이 믿음과는 반대로 이런 종류의 칭찬은 역효과를 일으키는 것으로 밝혀진다. 미국 심리학자 Carol Dweck과 그녀의 동료들은 일련의 실험적 연구들에서 그 효과를 보여주었다: "우리가 그들의 능력에 대해 아이들을 칭찬할 때, 아이들은 어려움에 대해 두려움을 갖고 더 조심하게 된다. 그들은 도전을 피하고 쉬운 과업을 선호한다." 그것은 마치 그들이 자신들을 실패하게 만들고 당신의 높은 평가를 잃게 할지도 모를 어떤 것을 하길 두려워하는 것과 같다. 아이들은 또한 지능

이나 재능이 사람들이 가지거나 가지지 못하는 어떤 것이라는 메시지를 받을 지도 모른다. 이것은 아이들이 실수했을 때 무기력하게 느끼도록 만든다. 만약 당신의 실수가 당신이 지능이 부족하다는 것을 나타낸다면 향상하도록 노력하는 것이 무슨 소용이겠는가? 결론적으로, 아이들의 동기를 약화시키지 않기 위해 지능이나 재능에 대해 칭찬하는 것을 피하는 것이 좋다.

해설 3 아이들의 지능이나 재능에 대해 칭찬하는 것이 역효과를 가져온다는 것이 중심 내용으로, 연구 결과를 통해 아이들의 능력에 대한 칭찬은 아이들이 실패를 두려워하여 도전을 피하게 하고, 지능이나 재능을 자신들이 가질

수 없는 것으로 여겨 그들을 무기력하게 만들 수도 있다고 설명했다. 따라서 ⑤가 글의 요지로 가장 적절하다.

4 ⓒ make의 목적격 보어로 현재분사는 올 수 없고 동사원형이 와야 한다. → fail ⓐ that절의 주어에 해당하는 동명사이다. ⓑ turns out의 목적어 역할을 하는 명사절을 이끄는 접속사이다. ⓓ 선행사 something을 수식하는 절을 이끄는 목적격 관계대명사이다. ⓔ to부정사구인 to avoid 이하가 문장의 진주어이고 it은 가주어이다.

5~6 주제 찾기 | 정답 5 ② 6 Seventy-five percent of those prisoners had been declared guilty

해설 우주왕복선 Challenger호가 폭발한 후 어느 날, Emory 대학 심리학 교수인 Ulric Neisser가 한 학급의 106명 학생들에게 그들이 그 소식을 들었을 때 정확히 어디에 있었는지를 써 달라고 요청했다. 2년 반 후, 그는 그들의 기억이 똑같은지를 알아보기 위해 그들에게 똑같은 질문을 했다. 그 두 번째 면담에서 학생들 중 25퍼센트는 그들이 어디에 있었는지에 대해 완전히 다르게 설명했다. 학생들 중 절반은 그들의 답변에 있어서 중대한 오류를 범했고 10퍼센트 미만이 어느 정도라도 실질적인 정확성을 가지고 기억했다. 이와 같은 결과는 사람들이 자신이 목격한 범죄를 묘사해 달라고 몇 달 후 요청받았을 때 증인석에서 실수를 저지르는 이유의 일부이다. 1989년과 2007년 사이, 미국에서는 201명의 수감자들이 DNA 증거에 기초하여 무죄라고 밝혀졌다. 이러한 수감자들 중 75퍼센트가 잘못된 목격자 진술에 기초하여 유죄로 판결을 받았었다.

해설 5 우주왕복선 Challenger호가 폭발한 후 학생들에게 그 소식을 들었을 때 어디에 있었는지 써 달라고 요청하고, 2년 반 후 똑같은 질문에 많은 학생들의 답변이 달라졌다는 실험 결과와 연관지어 시간이 지난 후 자신이 목격한 범죄에 대해 증언을 할 때 잘못된 기억으로 인해 실수할 수 있음을 이야기하고 있다. 따라서 ② '시간이 지남에 따라 상기되는 정보의 부정확성'이 글의 주제로 가장 적절하다.

① 주요 우주 임무 실패의 원인 ③ 증인을 위협으로부터 보호하는 것의 중요성 ④ 사람들의 장기 기억력을 향상시키는 요인들 ⑤ 범죄 수사에서 DNA 증거를 수집하는 방법들

6 해설 Seventy-five percent of those prisoners(이러한 수감자들 중 75퍼센트)가 주어이고 동사는 과거완료 수동태(had been+과거분사)인 had been declared(~으로 판결되었다)이며 형용사 guilty가 뒤에 온다.

고난도 해결 전략 2회					BOOK 1 · 72~75쪽
1 ⑤	2 ④	3 ⑤	4 ⑤	5 most → more	6 ③

1 안내문 이해하기 | 정답 ⑤

해설 **티셔츠 디자인 대회**

Radio Music Festival을 대표하는 티셔츠 디자인을 찾고 있습니다. Radio Music Festival 팀이 상위 다섯 개의 디자인을 선택할 것이고 대상 수상자 한 명은 온라인 투표를 통해 선택될 것입니다. 모든 배경의 디자이너들을 환영합니다. 여러분의 창의적인 디자인을 보여 주고 독창적인 디자인을 제출해 주세요.

세부 사항 · 제출 마감일: 2018년 5월 15일
· 참가자 한 명당 세 개의 출품작이 허용됩니다.
· 디자인은 흰색 티셔츠에 인쇄될 것입니다.
· 출품작은 세 가지 색상까지 포함할 수 있습니다.
· 모든 디자인은 직접 창작한 것이어야 하지만 Radio Music Festival 로고는 색깔을 바꾸지 않고 어떤 식으로든 사용할 수 있습니다.

상 · 수상자는 자신의 디자인이 인쇄된 티셔츠 두 장을 받을 것입니다.

· 수상자는 전화나 이메일로 통보받을 것입니다.
더 많은 정보를 원하시면 www.rmfestival.org를 방문하세요.

해설 The winners will receive two T-shirts with their design printed on them.에서 ⑤가 안내문의 내용과 일치함을 알 수 있다. ① Radio Music Festival 팀이 상위 다섯 개의 디자인을 선택하고 대상 수상자 한 명이 온라인 투표를 통해 선택될 것이다. ② 참가자 한 명당 세 개의 출품작이 허용된다. ③ 출품작에는 세 가지 색상까지 사용할 수 있다. ④ 로고의 색상을 바꾸지 않고 사용할 수 있다.

> 안내문 이해하기 문제는 일치하는 것을 고르는지 일치하지 않는 것을 고르는지에 유의해야 해.

2 도표 파악하기 | 답 ④

해석 위 그래프는 여가 여행자들과 출장 여행자들이 호텔 선택 시 결정적 요인으로 고른 상위 네 개의 호텔 편의 서비스를 보여 준다. 여가 여행자들과 출장 여행자들 모두에게 무료 Wi-Fi가 호텔 선택에 있어서 가장 중요한 요소이다. 무료 조식은 두 유형의 여행자 모두에서 2위에 올랐는데, 여가 여행자들 중 22퍼센트와 출장 여행자들 중 21퍼센트가 그것을 가장 중요한 편의 서비스로 선택했다. 출장 여행자들에게 대중교통에의 접근성은 무료 조식만큼 인기 있지 않다. 무료 주차를 그들의 가장 중요한 편의 서비스로 선택한 여가 여행자의 비율은 수영장을 선택한 여가 여행자의 비율보다 세 배만큼(→ 1.5 배만큼) 컸다. 편안한 업무용 의자와 책상을 가지는 것이 출장 체류를 위한 상위 네 개의 편의 서비스 목록 중 가장 덜 인기 있는 선택이다.

해설 ④ 여가 여행자 중 가장 중요한 편의 서비스로 무료 주차를 선택한 비율은 15%로 수영장을 선택한 비율인 10%보다 1.5배 더 높다.

3~4 내용 일치 | 답 3 ⑤   4 ⑤

해석 Mae C. Jemison은 1987년에 최초의 흑인 여성 우주 비행사로 임명되었다. 1992년 9월 12일, 그녀는 과학 임무 전문가로 우주 왕복선 Endeavor 호를 타고 역사적인 8일간의 비행에 나섰다. Jemison은 총 6년의 근무 후에 1993년에 미국 항공 우주국(NASA)을 떠났다. 그녀는 1995년부터 2002년까지 Dartmouth 대학의 환경학과 교수였다. Jemison은 Alabama 주의 Decatur에서 태어났고, 세 살 때 가족과 함께 Chicago로 이주했다. 그녀는 1977년 화학 공학과 아프리카계 미국학 분야의 학위를 받고 Stanford 대학을 졸업하였다. Jemison은 1981년 Cornell 의과 대학에서 의학 학위를 받았다. 그녀는 또한 몇 권의 책을 썼고 〈Star Trek: The Next Generation〉 편을 포함한 많은 TV 프로그램에 출연했다. 그녀는 많은 상을 받았고 미국 여성 명예의 전당 및 국제 우주 명예의 전당에 추대되었다.

해설 3 ⑤ She graduated from Stanford University ~ medical degree from Cornell Medical School in 1981.으로 보아 Stanford 대학에서는 화학 공학과 아프리카계 미국학 분야의 학위를 받았고 의학 학위를 받은 곳이 Cornell 의과 대학임을 알 수 있다.

4 ⓔ 그녀가 명예의 전당에 '추대된[입회된]' 것이므로 수동태인 was inducted로 고쳐야 한다. ⓐ 우주 비행사로 '임명되었다'라는 의미로 「be동사+과거분사」의 수동태 표현이 바르게 쓰였다. ⓑ 자격을 나타내는 전치사 as이다. ⓒ '태어나다'는 수동태(be born)로 표현한다. ⓓ '~을 포함하여'라는 뜻의 전치사이다.

5~6 어휘 | 답 5 most → more   6 ③

해석 사람들은 삶이 나아질수록 더 높은 기대감을 지닌다. 하지만 기대감이 더 높아질수록 만족감을 느끼기는 더욱 어려워진다. 우리는 기대감을 통제함으로써 삶에서 느끼는 만족감을 향상시킬 수 있다. 당신이 적절한 기대감을 가진다면 많은 경험들을 즐거운 놀라움이 되도록 하는 여지가 늘어날 것이다. 중요한 것은 적절한 기대감을 가지는 방법을 찾는 것이다. 이것을 위한 한 방법은 멋진 경험들을 드문 상태로 유지하는 것이다. 예를 들면, 당신이 무엇이든 살 여유가 있더라도, 특별한 경우를 위해 훌륭한 와인을 아껴두어라. 또한 품위 있는 실크 블라우스를 특별한 즐거움이 되게 하는 편이 좋다. 이것은 당신의 욕구를 억제하는 행동처럼 보일 수도 있지만, 내 생각은 그렇지 않다. 반대로, 그것은 당신이 삶에서 즐거움을 계속해서 경험할 수 있도록 보장해 주는 좋은 방법이다. 멋진 와인과 멋진 블라우스가 당신을 기분 좋게 만들지 못한다면 무슨 의미가 있겠는가?

해설 5 '기대감이 높을수록 만족하기 더 어렵다'라는 의미로 '~하면 할수록 더 …하다'라는 뜻의 「the+비교급 ~, the+비교급 …」 구문이 되어야 한다. 따라서 최상급 most가 아니라 비교급 more를 써야 한다.

6 (A) 적절한 기대감을 가져야 경험을 즐거움으로 만드는 여지가 늘어난다고 했으므로 기대감을 '통제함(controlling)'으로써 만족감을 향상시킬 수 있을 것이다. / raise: 올리다 (B) 뒤에서 특별한 경우를 위해 멋진 와인과 블라우스를 아껴두는 것의 예를 들고 있으므로 멋진 경험들을 '드문(rare)' 상태로 유지하는 것이 좋은 방법일 것이며, (C) 이것은 욕구를 억제하는 행동이 아니라 '즐거움(pleasure)'을 계속해서 경험할 수 있는 방법이라는 내용이 되어야 한다. / frequent: 빈번한, 자주 일어나는 / familiarity: 친밀감

BOOK 2 1주 맥락으로 추론하라

1일 개념 돌파 전략 1   BOOK 2 · 6~9쪽

1 ①   2 ④   3 ②   4 ②

1 심경 파악하기 | 답 ①

❶ Erda lay on her back in a clearing / and watched drops of sunlight slide through the mosaic of leaves
　　　　lie－lay－lain　　　　　　　　　　　　지각동사　　　　O　　　　O·C(동사원형)

above her. ❷ She joined them for a little, / moving with the gentle breeze. ❸ As she felt the warm sun feed
　　　　　　　　　　　　　　　　　　분사구문　　　　　　　~할 때　지각동사　　O　O·C(동사원형)

her, / a slight smile was spreading over her face. ❹ She slowly turned over / and pushed her face into the
　　　　　　　　　　　과거진행　　　　　　　　　　　　　　V1　　　　　　　V2

grass / to smell the green pleasant scent from the fresh wild flowers. ❺ Free from her daily burden, /
　　　to부정사의 부사적 용법(목적)　　　　　　　　　　　　　　　　　　　　　(Being)

she got to her feet and went on. ❻ While walking between the warm trunks of the trees, / she felt all her
　　　get to one's feet: 일어서다　　　　~동안 (she was)　　　　　　　　　　　　　　　　　(that)

concerns had gone away.
　　　　　　과거완료

해석 ❶ Erda는 개간지에 드러누워 그녀 위쪽의 모자이크 모양의 나뭇잎 사이로 부서진 햇살이 스며드는 것을 지켜보았다. ❷ 그녀는 미풍을 따라 움직이면서 그것들과 잠시 함께 했다. ❸ 그녀가 따뜻한 태양이 자신에게 자양분을 주는 것을 느꼈을 때, 그녀의 얼굴에 엷은 미소가 번지고 있었다. ❹ 그녀는 신선한 야생화로부터 풍겨오는 푸르고 쾌적한 향기를 맡기 위해 몸을 천천히 돌려 풀밭으로 얼굴을 내밀었다. ❺ 일상의 부담에서 벗어나 그녀는 일어서서 걸었다. ❻ 나무들의 따뜻한 기둥 사이를 걸으면서 그녀는 모든 걱정이 사라졌음을 느꼈다.

해설 개간지에서 햇살을 받으며 누워 있다가 야생화의 향기를 맡고, 일어서서 거닐며 모든 걱정이 사라졌음을 느꼈다는 내용과 '엷은 미소', '쾌적한 향기', '일상의 부담에서 벗어나' 등의 표현으로 보아 글에 드러난 Erda의 심경으로 ① '느긋한'이 가장 적절하다.

① 느긋한 ② 어리둥절한 ③ 부러워하는 ④ 놀란 ⑤ 무관심한

> 선택지로 제시되는 심경을 나타내는 형용사는 미리 외워두는 것이 좋아.

2 지칭 추론하기 | 답 ④

❶ It was Amy's first day / at a new school. ❷ "Wanna work together?" / Wilhemina said with a cheerful
　　비인칭주어

voice. ❸ Amy was too surprised to do anything / but nod. ❹ The big black girl / put her notebook down
　　　　　　　　too+형용사+to부정사: 너무 ~해서 …할 수 없다　　　　　　　　　　　put－put－put

beside Amy's. ❺ And then, / she lifted herself up onto the stool beside Amy. ❻ "I'm Wilhemina Smiths, /
　　　　　(notebook)　　　　　　　재귀대명사(재귀 용법)

Smiths with an s at both ends," / she said with a friendly smile. ❼ "My friends call me Mina. / You're Amy
　　　　　　　　　　　　　　　　　　　　　　　친절한(형용사)　　　　　　　V　O　O·C(명사)

Tillerman." ❽ Amy nodded and stared. ❾ As the only new kid in the school, / she was pleased to have a lab
　　　　　　　　　　　　　　　　　　　~로서　　　　　　　　　　　　to부정사의 부사적 용법(감정의 원인)

partner. ❿ But Amy wondered / if Mina chose her / because she had felt sorry for the new kid.
　　　　　　　　　　　~인지 아닌지(명사절을 이끄는 접속사)　= Mina 과거완료　　　　= Amy

해석 ❶ Amy의 새 학교 첫날이었다. ❷ "같이 할래?"라고 Wilhemina가 명랑한 목소리로 말했다. ❸ Amy는 너무 놀라 고개를 끄덕이기만 했다. ❹ 그 덩치 큰 흑인 소녀는 Amy의 공책 옆에 그녀의 공책을 놓았다. ❺ 그러고 나서, 그녀는 Amy 옆 의자에 올라앉았다. ❻ "나는 Wilhemina Smiths야, 이름 끝에 s가 있는 Smiths."라고 그녀는 다정하게 웃으며 말했다. ❼ "내 친구들은 나를 Mina라고 불러. 너는 Amy Tillerman이지." ❽ Amy는 고개를 끄덕이며 쳐다보았다. ❾ 유일한 전학생인 그녀는 실험실 파트너가 생겨서 기뻤다. ❿ 그러나 Amy는 그녀가 전학생을 안쓰럽게 여겨서 자신을 선택한 것이 아닌지 궁금했다.

해설 ④는 학교의 유일한 전학생으로서 실험실 파트너가 생겨서 기쁜 Amy를 가리키고, 나머지는 모두 Wilhemina를 가리킨다.

3 빈칸 추론하기 1 | 답 ②

❶ One outcome of motivation is behavior / that takes considerable effort. ❷ For example, if you are motivated to buy a good car, / you will research vehicles online, / look at ads, / visit dealerships, and so on. ❸ Likewise, if you are motivated to lose weight, / you will buy low-fat foods, / eat less, / and exercise more. ❹ Motivation drives the final behaviors / that bring a goal closer. ❺ It also creates a willingness / to expend time and energy on preparatory behaviors. ❻ Thus, someone motivated to buy a new smartphone / may earn extra money for it, / drive through a storm to reach the store, / and then wait in line to buy it.

해석 ❶ 동기 부여의 한 가지 결과는 상당한 노력을 필요로 하는 행동이다. ❷ 예를 들면, 만약 좋은 차를 사고자 하는 동기가 있다면, 당신은 온라인으로 차들을 검색하고, 광고를 자세히 보며, 자동차 대리점들을 방문하는 것 등을 할 것이다. ❸ 마찬가지로, 몸무게를 줄이고자 하는 동기가 있다면, 당신은 저지방 식품을 사고, 더 적게 먹으며, 운동을 더 많이 할 것이다. ❹ 동기 부여는 목표를 더 가까이 가져 오는 최종 행동을 이끈다. ❺ 그것은 또한 준비 행동에 시간과 에너지를 쓸 의지를 만들기도 한다. ❻ 따라서 새 스마트폰을 사고자 하는 동기가 있는 사람은 그것을 위해 추가적인 돈을 벌고, 가게에 가기 위해 폭풍 속을 운전하며, 그것을 사려고 줄을 서서 기다릴지도 모른다.

해설 어떤 것에 대한 동기가 있으면 그 목표를 이루기 위해 상당한 노력을 필요로 하는 행동을 하게 된다는 주제의 글로, 차를 사고자 하는 동기, 몸무게를 줄이고자 하는 동기, 새 스마트폰을 사고자 하는 동기와 그에 따른 구체적인 노력을 예로 들고 있다. 따라서 빈칸에는 ② '노력'이 가장 적절하다.
① 위험 ② 노력 ③ 기억 ④ 운 ⑤ 경험

빈칸이 있는 문장이 주제문이거나 빈칸에 들어갈 말이 핵심 어구인 경우가 많아.

4 빈칸 추론하기 2 | 답 ②

❶ Humans are champion long-distance runners. ❷ As soon as a person and a chimp start running, / they both get hot. ❸ Chimps quickly overheat; but humans do not, / because they are much better at shedding body heat. ❹ According to one leading theory, / ancestral humans lost their hair / over successive generations / because less hair allowed them to be cooler and more effective / at long-distance running. ❺ That ability let our ancestors outmaneuver and outrun prey. ❻ Try wearing a couple of extra jackets

— or better yet, fur coats — on a hot humid day / and run a mile. ❼ Now, take those jackets off / and try
더 좋게는   take off: (옷 등을) 벗다

running again. ❽ You'll see / what a difference a lack of fur makes.
                          간접의문문 (「의문사＋주어＋동사」의 어순)

해석 ❶ 인간들은 최고의 장거리 달리기 선수들이다. ❷ 한 사람과 침팬지가 달리기를 시작하자마자 그들은 둘 다 더위를 느낀다. ❸ 침팬지는 빠르게 체온이 오른다; 하지만 인간들은 그렇지 않은데, 그들은 신체 열을 떨어뜨리는 것을 훨씬 더 잘하기 때문이다. ❹ 한 유력한 이론에 따르면, 털이 더 적은 것은 더 시원하고 장거리 달리기에 더 효과적이도록 했기 때문에 선조들은 잇따른 세대에 걸쳐서 털을 잃었다. ❺ 그런 능력은 우리 조상들이 먹잇감을 이기고 앞질러서 달리게 했다. ❻ 덥고 습한 날에 여분의 재킷 두 개를, 혹은 더 좋게는, 털 코트를 입는 것을 시도하고 1마일을 뛰어라. ❼ 이제, 그 재킷

을 벗고 달리기를 다시 시도하라. ❽ 당신은 털의 부족이 어떤 차이를 만드는지 알 것이다.

해설 털이 적으면 더 시원하고 장거리 달리기에 더 효과적이어서 인간은 세대에 걸쳐서 털을 잃어 왔고 먹잇감을 앞질러 달릴 수 있게 되었다고 했다. 덥고 습한 날에 재킷이나 털 코트를 입고 달리는 것과 그것을 벗고 달리는 것의 차이는 털이 많은가와 아닌가의 차이이므로 ② '털의 부족'이 빈칸에 들어갈 말로 가장 적절하다.

① 더운 날씨 ② 털의 부족 ③ 근육의 힘 ④ 과도한 운동 ⑤ 종의 다양성

1일 개념 돌파 전략 ❷

BOOK 2·10~11쪽

1 ⑤   2 ③

1 심경 파악하기 | **답** ⑤

❶ I was diving alone in about 40 feet of water / when I got a terrible stomachache. ❷ I was sinking and
        과거진행   시간의 부사절을 이끄는 접속사

hardly able to move. ❸ I could see my watch / and knew there was only a little more time on the tank /
(was) be hardly able to: 거의 ~할 수 없다   (that)

before I would be out of air. ❹ It was hard for me / to remove my weight belt. ❺ Suddenly I felt a prodding
                ~이 떨어지다   가주어   to부정사의 의미상 주어   진주어

/ from behind me under the armpit. ❻ My arm was being lifted forcibly. ❼ Around into my field of vision
                                            과거진행 수동태   부사구 도치: 부사(구)＋동사＋주어

came an eye, / which was the most wonderful eye / I could ever imagine. ❽ It seemed to be smiling. ❾ It
관계대명사의 계속적 용법   (that)   seem to be＋형용사/명사: ~처럼 보이다

was the eye of a big dolphin. ❿ As I looked into that eye, / I knew that I was safe. ⓫ I felt that the animal
                                ~할 때   명사절(목적어)을 이끄는 접속사

was protecting me, / lifting me toward the surface.
                        분사구문

해석 ❶ 40피트 정도의 물속에서 혼자 잠수하고 있었을 때, 나는 배가 몹시 아팠다. ❷ 나는 가라앉고 있었고 거의 움직일 수가 없었다. ❸ 나는 시계를 볼 수 있었고 공기가 떨어지기 전까지 (산소) 탱크 잔여 시간이 조금 밖에 없다는 것을 알았다. ❹ 나는 웨이트 벨트를 벗기가 힘들었다. ❺ 갑자기 나는 뒤에서 겨드랑이 밑으로 쿡 찌르는 것을 느꼈다. ❻ 내 팔이 강제로 들어 올려지고 있었다. ❼ 내 시야에 눈이 하나 들어왔는데, 그것은 내가 상상할 수 있는 가장 경이로운 눈이었다. ❽ 그것은 웃고 있는 것 같았다. ❾ 그것은 큰 돌고래의 눈이었다. ❿ 그 눈을 들여다보고 나는 안전하다는 것을 알았다. ⓫ 나는 그 동물이 수면으로 나를 들어 올려 보호해 주고 있다고 느꼈다.

해설 40피트 깊이의 물속에서 배가 아프고 가라앉고 있으며 산소 탱크의

공기도 떨어져가는 상황에서는 '겁에 질린' 심경이었다가, 웃고 있는 듯한 눈의 돌고래가 자신의 팔을 들어 올리고 있고, 돌고래가 자신을 보호해 주고 있다고 느꼈을 때에는 '안심한' 심경이 되었을 것이다.

① 신이 난 → 지루한 ② 기쁜 → 화가 난 ③ 질투가 나는 → 감사하는 ④ 자랑스러워하는 → 난처한 ⑤ 겁에 질린 → 안심한

> 전반부의 sinking, hardly able to move, 후반부의 smiling, safe 등의 표현을 통해 심경의 변화를 파악할 수 있어.

2 빈칸 추론하기 | 답 ③

❶ As the tenth anniversary of the terrorist attacks of September 11, 2001, approached, / 9/11-related
~할수록   S'   V'   S

media stories peaked in the days immediately surrounding the anniversary date / and then dropped
       V1   현재분사(능동) ↘   V2

off rapidly in the weeks thereafter. ❷ Surveys conducted during those times / asked citizens to choose
                                        ↖ 과거분사(수동)   to부정사를 목적격보어로 가지는 동사

two "especially important" events from the past seventy years. ❸ Two weeks prior to the anniversary, /

before the media blitz began, / about 30 percent of respondents named 9/11 / as one of the important
                                        S   V   ~로 one of the +복수명사: ~ 중 하나

events. ❹ But as the anniversary drew closer, / and the media treatment intensified, / survey respondents
                                                        (as)   S

started choosing 9/11 in increasing numbers — to a high of 65 percent. ❺ Two weeks later, though, / after
   V   현재분사(능동) ↘

reportage had decreased to earlier levels, / once again only about 30 percent of the participants / placed
         과거완료   S   V

9/11 among their two especially important events of the past seventy years. ❻ Clearly, the amount of news
  O   O·C

coverage can make a big difference / in the *perceived* significance of an issue among observers / as they
                                                                                            ~할 때(접속사)

are exposed to the coverage.
     수동태

해석 ❶ 2001년 9월 11일 테러리스트 공격의 10주년 추모일이 다가오면서, 9/11 관련 언론 기사의 양이 추모일 바로 전후로 최고조까지 올라갔고, 그 후 몇 주 동안 급격히 줄어들었다. ❷ 그 시기 동안 실시된 조사는 시민들에게 지난 70년 동안 있었던 '특히 중요한' 두 가지 사건을 선택하도록 요청했다. ❸ 미디어 대선전이 시작되기 전인 추모일 2주 전, 응답자의 약 30퍼센트가 9/11을 그 중요한 사건들 중 하나로 언급했다. ❹ 그러나 추모일이 더 가까워지고 미디어 보도가 증가함에 따라 더 많은 응답자들이 9/11을 선택하기 시작했고, 그 수가 65퍼센트까지 올랐다. ❺ 그러나 보도가 2주 후에 이전 수준으로 줄어들자, 다시 한 번 참가자의 약 30퍼센트만이 9/11을 지난 70년 동안의 특히 중요한 두 가지 사건으로 선택했다. ❻ 명백하게, 뉴스 보도의 양은 그들이 그 보도에 노출될 때 관찰자들 사이에서 문제의 중요성을 '인식하는' 데 있어 큰 차이를 만들 수 있다.

해설 지난 70년 동안 특히 중요한 두 가지 사건을 묻는 조사에서 9/11 추모일 바로 전후로 관련 언론 보도의 양이 증가했을 때는 9/11을 언급한 응답자의 수가 65퍼센트까지 올랐고, 추모일 2주 전과 2주 후에 언론 보도가 줄어들었을 때는 약 30퍼센트만이 9/11을 중요한 사건으로 선택했다고 했다. 즉 뉴스 보도의 '양'에 따라 문제를 중요하게 인식하는 경향이 달라짐을 알 수 있다.

① 정확성 ② 논조 ③ 양 ④ 출처 ⑤ 유형

---

1 심경 파악하기 | 답 ④

❶ One day I caught a taxi to work. ❷ When I got into the back seat, / I saw a brand new cell phone / sitting
시간의 부사절을 이끄는 접속사　　　　　지각동사　　　O　　　O·C(현재분사)

right next to me. ❸ I asked the driver, / "Where did you drop the last person off?" / and showed him the
　　　　　　　　　　　　　　　　　　　　　　　　　　　　　　　V　　I·O　D·O

phone. ❹ "Right over there." / He pointed at a girl / who was walking up the street. ❺ We drove up to her
　　　　　　　　　　　　　　　　　　　　　　　주격 관계대명사

/ and I rolled down the window / yelling out to her, / "Excuse me, isn't this yours?" ❻ "Yes, it's mine," /
　　　　　　　　　　　　　　　　　분사구문　　　　　　　　부정의문문

she said in surprise. ❼ She was very thankful / and by the look on her face / I could tell how grateful she
　　　　　놀라서　　　　　　　　　　　　　　　　　　　　　　　　　간접의문문(의문사+형용사+주어+동사)

was. ❽ Her smile made me smile / and feel really good inside. ❾ After she got the phone back, / I heard
　　　　　　　사역동사　O　　O·C(동사원형)　　　　　　　　　　　get ~ back: ~을 되찾다　　　지각동사

someone walking past her say, / "Today's your lucky day!"
　　O　　　　　　　　　　O·C(동사원형)

해석 ❶ 어느 날 나는 직장에 가려고 택시를 탔다. ❷ 내가 뒷좌석에 탔을 때, 바로 내 옆에 새로 출시된 휴대 전화가 놓여있는 것을 보았다. ❸ 나는 운전사에게 "바로 전에 탔던 사람을 어디에 내려 주었나요?"라고 물으며 전화기를 그에게 보여 주었다. ❹ "바로 저기요." 그는 길을 걸어가고 있는 젊은 여자를 가리켰다. ❺ 우리는 그녀에게로 가서, 나는 창문을 내리고 "실례지만 이거 당신 것 아닌가요?"라고 그녀에게 소리쳤다. ❻ "네, 제거예요."라고 그녀는 놀라서 말했다. ❼ 그녀는 매우 고마워했고 그녀의 얼굴 표정으로 나는 그녀가 얼마나 고마워하는지 알 수 있었다. ❽ 그녀의 미소는 나를 미소 짓게 만들었고 정말 좋은 기분이 들게 했다. ❾ 그녀가 전화기를 되찾은 후, 나는 그녀를 지나치던 어떤 사람이 "오늘 운이 좋은 날이군요!"라고 말하는 것을 들었다.

해설 'I'는 택시 뒷자리에서 발견한 휴대 전화의 주인을 찾아 돌려주었는데, 휴대 전화 주인이 매우 고마워하며 미소 지었고 그 미소가 자신을 정말 기분 좋게 했다고 했으므로 'I'의 심경으로 가장 적절한 것은 ④ '기쁜'이다.
① 화가 난 ② 지루한 ③ 겁먹은 ④ 기쁜 ⑤ 후회하는

2 지칭 추론하기 | 답 ③

❶ Leaving a store, / I returned to my car only to find / that I'd locked my car key and cell phone inside the
　분사구문　　　　　　　　　to부정사의 부사적 용법(결과)　　과거완료

vehicle. ❷ When I was kicking a tire in frustration, / a teenager riding his bike / was passing by. ❸ "What's
　　　　　　　　　　　　　　　　절망에 빠져　　　　　　　　　현재분사구(명사 수식)

wrong?" he asked. ❹ I explained my situation. ❺ "But even if I could call my husband," / I said, "he can't
　　　　　　　　　　　　　　　　　　　　　　　　　　~일지라도

bring me his car key, / since this is our only car." ❻ He handed me his cell phone. ❼ The thoughtful boy
V　I·O　D·O　　　이유의 부사절을 이끄는 접속사　　　　　V　I·O　D·O

said, / "Call your husband and tell him / I'm coming to get his key." ❽ "Are you sure? / That's four miles
　　　　　　　　　　　　　　　　　　(that)　　to부정사의 부사적 용법(목적)

round trip." ❾ "Don't worry about it." ❿ An hour later, / he returned with the key. ⓫ I offered him some
　　　　　　　　　　　　　　　　　　　　　　　　　　　　　　　　　　　　　　V　I·O　D·O

money, / but he refused. ⓬ "Let's just say / I needed the exercise," he said. ⓭ Then, like a cowboy in the
　　　　　　　　　　　　　그냥 ~라고 해두자　　　　　　　　　　　　　　　　　삽입 어구

movies, / he rode off into the sunset.

❶ 가게를 떠난 뒤, 나는 내 차로 돌아와 차안에 차 열쇠와 휴대전화를 넣고 잠갔다는 것을 알게 되었다. ❷ 내가 절망에 빠져 타이어를 차고 있을 때 자전거를 탄 십 대 한 명이 지나가고 있었다. ❸ "무슨 일이죠?"라고 그는 물었다. ❹ 나는 내 상황을 설명했다. ❺ "내가 남편에게 전화할 수 있다고 해도 이것이 우리의 유일한 차이기 때문에 그는 나에게 그의 차 열쇠를 가져다 줄 수 없어요."라고 나는 말했다. ❻ 그는 그의 휴대전화를 나에게 건네주었다. ❼ 그 사려 깊은 소년은 말했다. "남편에게 전화해서 그의 차 열쇠를 제가 가지러 간다고 말하세요." ❽ "진심이에요? 왕복 4마일 거리예요." ❾ "걱정하지 마세요." ❿ 한 시간 후, 그는 열쇠를 가지고 돌아왔다. ⓫ 나는 그에게 약간의 돈을 주려 했지만, 그는 거절했다. ⓬ "그냥 제가 운동이 필요했다고

하죠."라고 그는 말했다. ⓭ 그리고 나서 영화 속 카우보이처럼, 그는 석양 속으로 자전거를 타고 떠났다.

③은 'I'의 남편을 가리키고, 나머지는 모두 자전거를 타고 지나가다 'I'를 도와준 소년을 가리킨다.

> 대명사의 성과 수에 주의하여 앞뒤 문장에서 가리키는 대상을 찾아봐.

3~4 지칭 추론하기 | 답 3 ⑤ 4 ②

❶ Albert Einstein once boarded a train from Philadelphia. ❷ The conductor came around / to punch the
　　　　　　　　　　이전에, 한 때　　　　　　　　　　　　　　　　　　　　　　to부정사의 부사적 용법(목적)

tickets / and said, "Show me your ticket, please." ❸ Einstein reached into his vest pocket for the ticket, /
　　　　　　　　　　　　　V　 I·O　　D·O

but did not find it. ❹ He checked his jacket pocket. ❺ There was no ticket. ❻ He checked his brief case.
　　　　　　　= the ticket　　　　　　　　　　　　　　　　　There is/was+단수명사

❼ But still, he could not find his ticket. ❽ The conductor noted his obvious distress / and kindly said, "I

know who you are, Dr. Einstein. / Don't worry about your ticket." ❾ Several minutes later / the conductor
　　　간접의문문(의문사+주어+동사)

turned around / from the front of the traincar / to see Einstein continuing to search under his seat for
　　　　　　　　　　　　　　　　　　　　지각동사　　O　　O·C(현재분사)

the missing ticket. ❿ Quickly, he hurried back / to assure the gray-haired gentleman. ⓫ "Dr. Einstein, Dr.
　　　　　　　　　　　　　to부정사의 부사적 용법(목적)　　= Albert Einstein

Einstein, I know who you are!" he repeated. ⓬ "Please don't worry about your ticket." ⓭ Dr. Einstein slowly
　　　　　　간접의문문

arose from his knees / and said to the young conductor. ⓮ "Son, you don't understand. / I, too, know who I
arise-arose-arisen　　　　　　　　　　　　　　　= the conductor　　　　　　　　　　간접의문문

am. / What I don't know is where I'm going."
　　　관계대명사　　　　　간접의문문

❶ Albert Einstein이 일전에 Philadelphia에서 기차를 탔다. ❷ 차장이 차표에 (확인을 위해) 구멍을 뚫으러 다가와서 "표를 보여 주세요."라고 말했다. ❸ Einstein이 표를 꺼내려고 자신의 조끼 주머니에 손을 넣었지만, 그것을 찾지 못했다. ❹ 그가 자신의 재킷 주머니를 확인했다. ❺ 표가 없었다. ❻ 그가 자신의 서류 가방을 확인했다. ❼ 그러나 여전히 그는 자신의 표를 찾을 수 없었다. ❽ 차장이 그의 분명한 곤란함을 알아차리고, "저는 당신이 누구인지 알아요, Einstein 박사님. 표에 대해서 걱정하지 마세요."라고 친절하게 말했다. ❾ 몇 분 후 차장이 기차 차량의 맨 앞쪽에서 돌아섰고 Einstein이 그의 좌석 밑에서 계속해서 사라진 표를 찾고 있는 것을 보았다. ❿ 재빠르게 그는 황급히 돌아가 그 백발의 신사를 안심시켰다. ⓫ "Einstein 박사님, Einstein 박사님, 제가 당신이 누구인지 안다니까요!"라고 그가 거듭 말했다.

⓬ "표에 대해 걱정하지 마세요." ⓭ Einstein 박사가 천천히 무릎을 펴고 일어나 그 젊은 차장에게 말했다. ⓮ "젊은이, 자네는 이해하지 못하네. 나 또한 내가 누구인지 안다네. 내가 모르는 것은 내가 어디로 가는가 하는 것이라네."

3 ⑤는 conductor(차장)를 가리키고, 나머지는 모두 Einstein을 가리킨다.

4 (A) 「There+be동사 ~」 구문에서 be동사는 뒤에 오는 명사에 수를 일치시켜야 하는데 no ticket이 단수이므로 was가 알맞다. (B) 지각동사 see의 목적격 보어로 동사원형이나 현재분사가 오므로 현재분사 continuing이 알맞다. 과거분사는 목적어와 목적격 보어가 수동 관계일 때 쓴다. (C) '~한 것'이라는 뜻으로 주어 역할을 하는 명사절을 이끌므로 선행사를 포함하는 관계대명사 What이 알맞다.

1 ① **2** ③

1 심경 파악하기 | 답 ①

❶ On my seventh birthday, / my mom surprised me / with a puppy waiting on a leash. ❷ It had beautiful
현재분사구(능동)

golden fur and an adorable tail. ❸ It was exactly what I had always dreamed of / and we instantly became
관계대명사 └─ 과거완료 ─┘

best friends. ❹ I took the dog everywhere / and slept with it every night. ❺ A few months later, / the dog
　　　　　　　V1　　　　　　　　　　　　V2　　　　　　every+단수명사

got out of the backyard through the open door / and got lost. ❻ I couldn't find it anywhere. ❼ That night,
아무데도(부정문에서)

I sat on my bed / and cried for hours / while my mother watched me silently / from the doorway of my
　　　　　　　　　　　　　　　　시간의 부사절을 이끄는 접속사(~동안)

room. ❽ I finally fell asleep, / exhausted from my grief. ❾ My mother never said a word to me / about my
　　　　　　　　　　　　∧
　　　　　　　　　　(being)　분사구문

loss, / but I knew she felt the same as I did.
　　　　　∧　　　　　　　　　
　　　　(that)　~와 마찬가지로　= felt

해석 ❶ 나의 일곱 번째 생일에, 목줄을 매고 기다리고 있는 강아지로 엄마는 나를 놀라게 했다. ❷ 그것은 아름다운 황금빛 털과 사랑스러운 꼬리를 가지고 있었다. ❸ 그것은 바로 내가 항상 꿈꿨던 것이었고 우리는 곧바로 가장 친한 친구가 되었다. ❹ 나는 그 강아지를 어디든지 데리고 다녔고 매일 밤같이 잤다. ❺ 몇 달 후, 그 강아지는 열린 문을 통해 뒷마당에서 빠져나가 사라졌다. ❻ 나는 어디에서도 그것을 찾을 수 없었다. ❼ 그날 밤 엄마가 내 방 문간에서 조용히 나를 바라보는 동안 나는 침대에 앉아 몇 시간 동안 울었다. ❽ 나는 슬픔에 지쳐 마침내 잠이 들었다. ❾ 엄마는 나의 상실에 대해 나에게 한마디도 하지 않았지만, 나는 엄마도 나와 똑같이 느낀다는 것을 알았다.

해설 일곱 번째 생일에 엄마에게 꿈꿔 왔던 강아지를 선물 받고 친한 친구

가 되어 어디든지 데리고 다니고 같이 잠을 잤다고 했으므로 '기쁜' 심경이었다가, 몇 달 후 강아지를 잃어버리고 침대에 앉아 몇 시간 동안 울며 슬픔에 지쳐 잠들었다고 했으므로 '슬픈' 심경으로 변화한 것을 알 수 있다.

① 기쁜 → 슬픈 ② 느긋한, 편한 → 짜증이 난 ③ 당혹스러운 → 걱정되는 ④ 신이 난 → 겁에 질린 ⑤ 실망한 → 만족한

> 전반부의 always dreamed of, became best friends, 후반부의 cried for hours, exhausted from my grief 등의 표현을 통해 심경의 변화를 파악할 수 있어.

2 지칭 추론하기 | 답 ③

❶ While practicing ballet, / Serene tried to do a pirouette / in front of her mother / but fell to the floor.
　　　∧　　　　　　　　　　　　　　try+to부정사: ~하려고 노력하다　　　　　　　　　　　fall-fell-fallen
　(she was)

❷ Serene's mother helped her off the floor. ❸ She told her / that she had to keep trying / if she wanted to
　　　　　　　　　　　　　　　　　　　　　　　　　　　　　　동명사를 목적어로 가지는 동사　조건의 부사절 접속사

succeed. ❹ However, Serene was disappointed / and almost in tears. ❺ She had been practicing very hard
　　　　　　　　　　　　　　　　　　　　　　　　　　　　　　　　　　　과거완료 진행　　　과거완료

the past week / but she did not seem to improve. ❻ Serene's mother said / that she herself had tried many
　　　　　　　　　　　　　　　　　　　　　　　　　　　　　명사절(목적어)을 이끄는 접속사　재귀대명사(강조 용법)

times / before succeeding at Serene's age. ❼ She had fallen so often that she sprained her ankle / and had
　　　전치사+동명사　　　　　　　　　　　　　과거완료　　so+형용사/부사+that+S+V: 너무 …해서 ~하다

to rest for three months / before she was allowed to dance again. ❽ Serene was surprised to hear that. ❾
　　　　　　　　　　　　be allowed to: ~하도록 허락되다　　　　　　　to부정사의 부사적 용법(감정의 원인)

Her mother was a famous ballerina / and Serene <u>had never seen</u> her fall / or make a mistake in any of her
had+not/never+p.p.(과거완료 부정)
performances. ❿ <u>Listening to her mother</u> / <u>made</u> <u>her</u> <u>realize</u> / that she had to put in <u>more effort</u> / <u>than</u>
S(동명사구) 사역동사 O O·C(동사원형) 비교급+than
what she <u>had been doing</u> so far.
관계대명사 과거완료 진행

해석 ❶ 발레 연습을 하던 중 Serene은 그녀의 어머니 앞에서 피루엣을 하려고 했지만 바닥으로 넘어졌다. ❷ Serene의 어머니는 그녀가 일어나는 것을 도왔다. ❸ 그녀는 성공하고 싶으면 계속 노력해야 한다고 Serene에게 말했다. ❹ 하지만 Serene은 실망해서 눈물이 날 지경이었다. ❺ 지난주 그녀는 정말 열심히 연습했지만 나아지지 않은 듯 보였다. ❻ Serene의 어머니는 자기 자신이 Serene의 나이였을 때 성공해 내기 전에 여러 번 시도했다고 말했다. ❼ 그녀는 너무 자주 넘어져 발목을 삐어서 다시 춤을 출 수 있게 되기까지 3개월 동안 쉬어야 했다. ❽ Serene은 그 말을 듣고 놀랐다. ❾ 그녀

의 어머니는 유명한 발레리나였고, Serene은 그녀가 어떠한 공연에서도 넘어지거나 실수를 하는 것을 결코 본 적이 없었다. ❿ 어머니의 말을 듣고 그녀는 자신이 지금까지 했던 것보다 더 많은 노력을 기울여야 한다는 것을 깨달았다.

해설 ❸은 피루엣을 성공하지 못하고 넘어져서 실망한 Serene에게 자신도 성공하기 전에 여러 번 시도했다고 말한 Serene의 엄마를 가리키고, 나머지는 모두 Serene을 가리킨다.

3일 필수 체크 전략 ❶

1 ④   **2** ④   **3** ①   **4** (1) forward (2) zone (3) connection (4) spiritual

1 빈칸 추론하기 1 | 답 ④

❶ If you're interested in science news, / you <u>will have noticed</u> / that cooperation <u>among</u> animals / <u>has</u>
be interested in: ~에 관심이 있다 미래완료 ~사이의 현재완료
<u>become</u> a hot topic in the mass media. ❷ For example, in late 2007 / <u>the science media</u> widely <u>reported</u> a
S V
study by Claudia Rutte and Michael Taborsky / <u>suggesting</u> <u>that</u> rats display / <u>what</u> they call "generalized
분사구문 접속사 관계대명사
reciprocity." ❸ <u>They</u> each provided help / to an unfamiliar and unrelated individual, / <u>based on</u> their own
= Rats ~에 근거하여
previous experience of <u>having been helped</u> by an unfamiliar rat. ❹ Rutte and Taborsky trained rats in a
동격의 구를 연결 현재완료 수동태 주격 관계대명사
cooperative task of pulling a stick / <u>to get</u> food for a partner. ❺ <u>Rats</u> that <u>had been helped</u> previously by an
to부정사의 부사적 용법(목적) S 과거완료 수동태
unknown partner / <u>were</u> more likely to help others. ❻ Before this research <u>was conducted</u>, / generalized
V 수동태
reciprocity was <u>thought to be</u> unique to humans.
be thought to be: ~로 여겨지다

해석 ❶ 만약 여러분이 과학 뉴스에 관심이 있다면, 여러분은 동물들 사이의 협동이 대중 매체에서 뜨거운 화제가 되어 왔다는 것을 알아차리게 될 것이다. ❷ 예를 들어, 2007년 후반에 과학 매체는 Claudia Rutte와 Michael Taborsky가 '일반화된 호혜성'이라고 부르는 것을 쥐들이 보여 준다고 시사하는 연구를 널리 보도했다. ❸ 각각의 쥐들은 낯선 쥐에 의해 도움을 받았던

자신의 이전 경험에 근거하여 낯설고 무관한 개체에게 도움을 제공했다. ❹ Rutte와 Taborsky는 쥐들에게 파트너를 위한 음식을 얻기 위해 막대기를 잡아당기는 협동적 과업을 훈련시켰다. ❺ 이전에 모르는 파트너에게 도움을 받은 적이 있는 쥐는 다른 쥐들을 돕는 경향이 더 높았다. ❻ 이 연구가 수행되기 전에는, 일반화된 호혜성은 인간들에게 고유한 것으로 여겨졌다.

해설 빈칸 포함 문장 이후에 과학 매체가 '일반화된 호혜성'이라고 부르는 것을 쥐들이 보여 준다고 시사하는 연구를 널리 보도한 것은 대중 매체에서 동물들 사이의 '협동(cooperation)'이 뜨거운 화제가 된 것을 보여 주는 예이다.

① 갈등 ② 다양성 ③ 계급 ④ 협동 ⑤ 독립

반복·강조되는 표현에 주목하여 글의 주제를 파악하면 빈칸에 들어갈 핵심 어구를 찾는 데 도움이 돼.

2 빈칸 추론하기 2 | 답 ④

❶ How funny are you? ❷ Some people are natural humorists / but being funny is a set of skills / that can
　　　　　　　　　　　　　　　　　　　　　　　　　　S(동명사구)　　　　　　　　주격 관계대명사
be learned. ❸ Exceptionally funny people don't depend upon their memory / to keep track of everything /
조동사의 수동태　　　　　　　　　　　　　　　　　　　　～에 의존하다　　　　　　　　　to부정사의 부사적 용법(목적)
they find funny. ❹ In the olden days, / great comedians carried notebooks / to write down funny thoughts
(that)　　　　　　　　　　　　　　　　　　　　　　　　　　　　　　A　　　　to부정사의 형용사적 용법
or observations / and scrapbooks for news clippings / that struck them as funny. ❺ Today, you can do
　　　　　　　　and　　　B　　　　　　　　　　주격 관계대명사　　strike A as B: A에게 B라는 인상을 주다
that easily / with your smartphone. ❻ If you have a funny thought, / record it as an audio note. ❼ If you
　　　　　　　　　　　　　　　　조건의 부사절을 이끄는 접속사　　　　　～로
read a funny article, / save the link in your bookmarks. ❽ Accept the fact that the world is a funny place /
　　　　　　　　　　　　　　　　　　　　　　　　　　　　　　동격의 명사절을 이끄는 접속사
and your existence within it / is probably funnier. ❾ It is a blessing / that gives you everything you need
　　　　　　　　　　　　　　　　　　　비교급　　　　　　　주격 관계대명사　　　　　　(that)
/ to see humor and craft stories on a daily basis. ❿ All you have to do is document them / and then tell
to부정사의 부사적 용법(목적) (to)　　　　　　　　　　　　　　　　　　　　(to)　　　　　　　　　(to)
someone.

해석 ❶ 당신은 얼마나 재미있는가? ❷ 어떤 사람들은 타고난 익살꾼이지만 재미있다는 것은 배울 수도 있는 일련의 기술들이다. ❸ 뛰어나게 웃긴 사람들은 그들이 재미있다고 생각하는 모든 것을 잊어버리지 않기 위해 그들의 기억력에 의존하지 않는다. ❹ 예전에는, 위대한 코미디언들은 재미있는 생각이나 관찰들을 적기 위한 공책들과 자신들에게 재미있다는 생각이 들게 만드는 오려낸 뉴스 기사들을 위한 스크랩북을 가지고 다녔다. ❺ 오늘날 당신은 스마트폰으로 그것을 쉽게 할 수 있다. ❻ 만약 당신이 재미있는 생각이 있다면, 음성 기록으로 그것을 녹음해라. ❼ 만약 당신이 재미있는 기사를 읽는다면, 그 링크를 당신의 북마크에 저장해라. ❽ 세상은 재미있는 장소이고, 그 속에서 당신의 존재는 아마도 더 재미있을 것이라는 사실을 받아들여라. ❾ 그것은 매일 당신이 재미있는 점을 발견하고 이야기를 지어내는 데 필요한 모든 것을 당신에게 주는 축복이다. ❿ 당신이 해야 하는 모든 것은 그것들을 기록하고 그 다음 누군가에게 말하는 것이다.

해설 재미있다는 것은 배울 수도 있는 기술이라고 말한 후, 예전에 위대한 코미디언들이 재미있는 생각이나 관찰, 뉴스 기사를 기록하기 위해 공책과 스크랩북을 가지고 다닌 것과 오늘날 스마트폰으로 재미있는 생각을 녹음하거나 기사 링크를 북마크에 저장하는 것을 예로 들고 있다. 따라서 기록과 관계된 내용인 ④가 빈칸에 들어갈 말로 가장 적절하다.

① 새로운 기술에서 멀어지다 ② 위험을 무릅쓰고 도전하다 ③ 다정한 사람들을 가까이 두다 ④ 그것들을 기록하고 그 다음 누군가에게 말하다 ⑤ 직장에서 대인관계를 개선하다

3~4 빈칸 추론하기 2 | 답 3 ① 4 (1) forward (2) zone (3) connection (4) spiritual

❶ Let's say / you normally go to a park / to walk or work out. ❷ Maybe today / you should choose a different
～라고 해보자　　　　　　　　　　　　　　to부정사의 부사적 용법(목적) (to)　　　　　　　　　　　　　　　의무·충고를 나타내는 조동사
park. ❸ Why? Well, who knows? ❹ Maybe it's because / you need the connection to the different energy /

in the other park. ❺ Maybe you'll run into people there / that you've never met before. ❻ You could make a
<u>run into</u> (~와 우연히 만나다)　<u>that you've never met before</u> (목적격 관계대명사)(현재완료 부정(경험))

new best friend / simply <u>by visiting</u> a different park. ❼ You never know / <u>what great things will happen to</u>
(by+동명사: ~함으로써)　(간접의문문)

<u>you</u> / until you get out of the zone / <u>where</u> you feel comfortable. ❽ If you're staying in your comfort zone, /
(where: 관계부사)　(If: 조건의 부사절을 이끄는 접속사)

and you're not pushing yourself past that same old energy, / then you're not going to move forward on your

path. ❾ By <u>forcing</u> <u>yourself</u> <u>to do</u> something different, / you're awakening yourself on a spiritual level /
　　　 V　　O　　O·C(to부정사)

and you're <u>forcing</u> <u>yourself</u> <u>to do</u> something / <u>that</u> will benefit you <u>in the long run</u>. ❿ <u>As they say</u>, / variety
(force ~ to부정사: ~가 …하게 하다)　(that: 주격 관계대명사)　(in the long run: 결국에는)　(As they say: ~듯이)

is the spice of life.

❶ 보통 어떤 공원에 산책이나 운동을 하러 간다고 해 보자. ❷ 어쩌면 오늘 여러분은 다른 공원을 선택하는 편이 좋겠다. ❸ 왜? 글쎄, 누가 알겠는가? ❹ 어쩌면 여러분이 다른 공원에서 다른 기운과 연결되는 것이 필요하기 때문일 것이다. ❺ 어쩌면 여러분은 거기서 전에 만난 적이 없는 사람들을 만나게 될 것이다. ❻ 여러분은 그저 다른 공원을 방문함으로써 새로운 가장 친한 친구를 사귈 수 있다. ❼ 여러분이 편안함을 느끼는 지대 밖으로 벗어나고 나서야 비로소 자신에게 어떤 대단한 일이 일어날지 안다. ❽ 여러분이 안락 지대에 머무르고 있고, 자신을 밀어붙여 늘 똑같은 기운에서 벗어나도록 하지 않는다면, 여러분은 자신의 진로에서 앞으로 나아가지 못할 것이다. ❾ 자신에게 다른 어떤 것을 하게 만듦으로써, 여러분은 영적인 차원에서 자신을 깨우치고, 결국에는 자신을 이롭게 할 어떤 일을 자신이 하게 하고 있다. ❿ 사람들이 말하듯이, 다양성은 인생의 향신료이다.

3 편안한 지대 밖으로 벗어날 때 놀라운 일이 일어나며 늘 똑같은 기운에서 벗어나는 노력을 하지 않으면 앞으로 나아가지 못할 것이라며 다른

것을 하는 것의 중요성을 말하고 있으므로 다양성과 관련된 내용인 ①이 빈칸에 들어갈 말로 가장 적절하다.
① 다양성은 인생의 향신료이다 ② 공상은 현실을 비추는 거울이다 ③ 실패는 성공보다 더 많은 것을 가르친다 ④ 게으름은 발명의 어머니이다 ⑤ 갈등은 관계를 강화한다
4 (1) 당신 앞에 있는 방향으로: 앞으로 (2) 특별한 특징이나 성질을 갖고 있는 구역: 지대 (3) 사물을 하나로 묶는 것: 연결 (4) 사람들의 신체와 물리적 환경보다는 그들의 생각과 믿음에 관한: 영적인, 정신적인

> 글의 앞부분에서 중심 소재나 화제를 파악하고 논리적 흐름에 맞게 빈칸의 내용을 추론해야 해.

3일 필수 체크 전략 2

1 ②　　2 ②

---

1 빈칸 추론하기 2 | <u>답</u> ②

❶ Just think for a moment of all the people / upon <u>whom</u> your participation in your class depends. ❷ <u>It's</u>
　　　　　　　　　　　　　　　　　　(whom: 목적격 관계대명사)　　　　　　　　　　　　　　　　(It: 가주어)

clear <u>that</u> the class requires a teacher <u>to teach</u> it / and students <u>to take</u> it. ❸ However, <u>it</u> also <u>depends on</u>
(that: 진주어절을 이끄는 접속사)　(to teach: to부정사의 형용사적 용법)　(to take: to부정사의 형용사적 용법)　(it = the class)　(depends on: ~에 좌우되다)

many other people and organizations. ❹ Someone had to decide / <u>when the class would be held</u> and in
　　　　　　　　　　　　　　　　　　　　　　　　　　　　　　　(간접의문문(의문사+주어+동사))

what room, / ∧ communicate that information to you, / and ∧ enroll you in that class. ❺ Someone also had
　　　　　(had to)　　　　　　　　　　　　　　　　　　(had to)

to write a textbook, / and with the assistance of many other people — printers, editors, salespeople, and bookstore employees — / it has arrived in your hands. ❻ Thus, a class that seems to involve just you, your

= a textbook 현재완료(결과) S 주격 관계대명사 A

fellow students, and your teacher / is in fact the product of the efforts of hundreds of people.

B and C V

해석 ❶ 여러분의 수업 참여를 좌우하는 모든 사람들을 잠시만 생각해 보라. ❷ 그 수업이 가르칠 교사와 수업을 들을 학생을 필요로 하는 것은 분명하다. ❸ 하지만 그것은 또한 많은 다른 사람과 기관에 좌우된다. ❹ 누군가가 언제 그리고 어떤 방에서 그 수업이 열릴지 결정하고, 그 정보를 여러분에게 전달하고, 그 수업에 여러분을 등록해 주어야 했다. ❺ 또한 누군가가 교과서를 집필해야 했고, 많은 다른 사람들, 즉 인쇄업자, 편집자, 판매원, 서점 직원들의 도움으로 그것이 여러분의 손에 들어왔다. ❻ 따라서 여러분과 여러분의 학우들, 여러분의 선생님만 포함하는 것처럼 보이는 수업은 사실 수백 명의 사람들의 노력의 결과이다.

해설 수업이 이루어지기 위해서 교사와 학생뿐만 아니라 수업의 시간과 장소를 결정하는 사람, 그 정보를 전달하고 수업에 등록해 주는 사람, 교과서를 집필하고 배급하는 사람 등 다른 많은 사람들의 도움이 필요하다는 내용의 글이다. 따라서 ②가 빈칸에 들어갈 말로 가장 적절하다.

① 게임을 하는 것보다 흥미로운 ② 수백 명의 사람들의 노력의 결과 ③ 학생들이 쓰기 능력을 향상시킬 수 있는 곳 ④ 온라인 학습과 결합될 때 가장 효과적인 ⑤ 모든 사람이 승자인 경주

2 빈칸 추론하기 1 | 답 ②

❶ Interestingly, in nature, / the more powerful species have a narrower field of vision. ❷ The distinction

S V narrow의 비교급 S

between predator and prey / offers a clear example of this. ❸ The key feature / that distinguishes

between A and B: A와 B 사이에 V S 주격 관계대명사 distinguish A from B: A와 B를 구별하다

predator species from prey species / is not the presence of claws or any other feature / related to biological

V ~와 관련된

weaponry. ❹ The key feature that distinguishes between predator species and prey species / is *the position*

S 주격 관계대명사 V

of their eyes. ❺ Predators evolved with eyes facing forward — which allows for binocular vision / that

with+O+O·C(현재분사): …가 ~한 채로 관계대명사의 계속적 용법 주격 관계대명사

offers accurate depth perception / when pursuing prey. ❻ Prey, on the other hand, / often have eyes /

(they are) S 반면에 V

facing outward, maximizing peripheral vision, / which allows the hunted to detect danger / that may be

현재분사(eyes 수식) 현재분사(eyes 수식) 관계대명사의 계속적 용법 V O O·C(to부정사) 주격 관계대명사

approaching from any angle. ❼ Consistent with our place / at the top of the food chain, / humans have

~와 일치하는 S V

eyes / that face forward. ❽ We have the ability / to judge depth and pursue our goals, / but we can also

주격 관계대명사 to부정사의 형용사적 용법 (to)

miss important action / on our periphery.

해석 ❶ 흥미롭게도 자연에서 더 강한 종은 더 좁은 시야를 가지고 있다. ❷ 포식자와 피식자의 대비는 이에 대한 분명한 예를 제공한다. ❸ 포식자 종과 피식자 종을 구별하는 주요 특징은 발톱이나 생물학적 무기와 관련된 어떤 다른 특징의 존재가 아니다. ❹ 포식자 종과 피식자 종을 구별하는 중요한 특징은 '눈의 위치'이다. ❺ 포식자는 앞쪽을 향하고 있는 눈을 가지도록 진화하였고, 이것은 사냥감을 쫓을 때 정확한 거리 감각을 제공하는 양안시(兩眼視)를 허용한다. ❻ 반면에 피식자는 대체로 주변 시야를 최대화하는 바깥쪽을 향하는 눈을 가지고 있으며, 이것은 사냥당하는 대상이 어떤 각도에서도 접근하고 있을지 모르는 위험을 감지할 수 있게 한다. ❼ 먹이 사슬의 꼭대기에 있는 우리의 위치와 일치하여, 인간은 앞쪽을 향하는 눈을 가지고 있다. ❽ 우리는 거리를 판단하고 목표물들을 추격할 수 있는 능력을 갖추고 있지만, 또한 우리 주변의 중요한 행동을 놓칠 수도 있다.

해설 포식자는 사냥 시 더 정확한 거리감을 제공하도록 앞을 향하는 눈을 갖도록 진화되었고, 피식자는 사방의 위험한 대상을 감지하기 위해 주변 시야를 최대화하는 바깥쪽을 향하는 눈을 가지고 있다고 했다. 또한 마지막에 인간은 앞쪽으로 향하는 눈을 가져서 거리 판단과 목표물 추격의 능력이 있지만 주변 행동을 놓칠 수도 있는, 즉 시야가 좁을 수도 있다는 단점을 언급하고 있으므로 ②가 빈칸에 들어갈 말로 가장 적절하다.

① 바깥을 향한 눈은 사냥의 성공과 관련이 있다 ② 더 강한 종은 더 좁은 시야를 가지고 있다 ③ 앞을 향한 인간의 눈은 그들이 위험을 감지할 수 있게 한다 ④ 시력은 약한 종의 멸종과 밀접한 관련이 있다 ⑤ 동물은 자신의 종의 구성원을 식별하기 위해 시력을 사용한다

빈칸이 있는 첫 번째 문장이 이 글의 주제문이야.

누구나 합격 전략

BOOK 2 · 24~27쪽

1 ①   2 ③   3 ⑤   4 ②

1 심경 파악하기 | 답 ①

해석 Salva는 남부 수단을 돕기 위한 프로젝트를 위해서 모금을 해야 했다. Salva는 연설을 하기로 되어 있었는데 그가 관중 앞에서 말하는 것은 처음이었다. 강당에는 백 명이 넘는 사람들이 있었다. Salva가 마이크로 걸어갈 때 그의 다리가 후들거리고 있었다. "아– 아– 안녕하세요." 그의 목소리도 떨렸다. 그의 손이 떨리면서, 그는 관중을 바라보았다. 모든 사람들이 그를 보고 있었다. 그때, 그는 모든 얼굴이 그가 할 말에 관심이 있어 보임을 알아차렸다. 사람들은 미소 짓고 있었고 우호적으로 보였다. 그것이 그의 기분을 좀 더 나아지게 해서 그는 다시 마이크에 대고 말했다. "안녕하세요," 그는 반복했다. 그는 안심하여 미소를 지었고 말을 이어갔다. "저는 남부 수단을 위한 프로젝트에 관해 여러분께 말씀드리려고 이 자리에 섰습니다."

해설 관중들 앞에서 말하는 것이 처음인 상황에서 Salva는 다리가 후들거리고 목소리가 떨리며 손이 떨리는 등 '초조한' 심경이었다가 관중들의 관심 있어 보이는 얼굴과 우호적인 표정을 보고 기분이 나아지며 안심했다고 했으므로 '안도하는' 심경으로 변화됨을 알 수 있다.

① 초조한 → 안도하는 ② 무관심한 → 흥분한 ③ 걱정하는 → 실망한 ④ 만족한 → 좌절한 ⑤ 자신 있는 → 당혹스러운

2 빈칸 추론하기 | 답 ③

해석 1996년 한 미국 항공사가 흥미로운 문제에 직면했다. 대부분의 다른 항공사들이 손해를 보거나 파산하던 시기에, 100개가 넘는 도시가 그 회사에 그들의 지역에 취항할 것을 부탁하고 있었다. 하지만, 그것이 흥미로운 부분은 아니다. 흥미로운 것은 회사가 그 제안 중 95퍼센트 넘게 거절했고 네 개의 새로운 지역만 취항을 시작했다는 점이다. 그것은 엄청난 성장을 거절했는데 회사 수뇌부가 싱징의 싱힌치를 설정했기 때문이다. 물론, 그 경영진들은 매년 성장하기를 원했지만, 너무 많이 성장하는 것을 원하지는 않았다. 다른 유명한 회사들과는 달리, 그들은 장기간 지속될 수 있는 것, 즉 자신만의 속도를 정하기를 원했다. 이렇게 함으로써 그들은 다른 항공사들이 마구 흔들리던 시기에 그들이 계속 번창하는 데 도움이 됐던 성장의 안전 여유를 설정했다.

해설 회사의 경영진들이 너무 많이 성장하는 것을 원하지 않았고 장기간 지속될 수 있는 그들만의 속도를 정함으로써 계속 번창할 수 있었다는 내용이 이어지므로 ③이 빈칸에 들어갈 말로 가장 적절하다.

① 그것은 심각한 재정 위기에 직면하고 있었다 ② 마케팅에 대한 구체적인 장기 계획이 없었다 ③ 회사 수뇌부가 성장의 상한치를 설정했다 ④ 그것의 경영진은 경쟁 항공사의 미래에 대해 걱정했다 ⑤ 그 회사는 이익보다 도덕적 의무를 강조했다

3 지칭 추론하기 | 답 ⑤

해석 평범한 아침이었고 사람들이 한 대기업에서 일을 하기 위해 서서히 나타나기 시작했다. 그 회사의 CEO가 큰 검정색 리무진에서 내렸다. 늘 그렇듯, 그는 정문으로 가는 계단을 올랐다. 그가 커다란 유리문을 통과하려 할 때, 그는 "죄송합니다만, 신분증이 없으면 들어가실 수 없습니다."라고 말하는 목소리를 들었다. 그 회사에서 수년 동안 근무해 온 그 경비원은 얼굴에 감정을 전혀 드러내지 않은 채 상관의 눈을 똑바로 쳐다보았다. CEO는 할 말을 잃었다. 그는 주머니를 더듬었으나 허사였다. 그는 아마도 그의 신분증을 집에 두고 왔던 모양이다. 그는 미동도 하지 않는 경비원을 다시 한 번 쳐다보고 생각에 잠겨 턱을 긁적거렸다. 그런 다음 그는 돌아서서 그의 리무진으로 돌아갔다. 그 경비원은 내일 이맘때 그가 경비실장으로 승진하게 되리라는 것을 알지 못한 채 서 있었다.

해설 ① 유리문을 통과하려 한 사람 ② 주머니를 더듬어 신분증을 찾은 사람 ③ 신분증을 집에 두고 와 출입을 제지당한 사람 ④ 돌아서서 리무진으로 돌아간 사람은 모두 'CEO'를 가리키고, ⑤는 다음날 아침 경비실장으로 승진하게 될 '경비원'을 가리킨다.

대기업의 CEO와 그 회사의 경비원이 등장하고 있어.

4 빈칸 추론하기 | 답 ②

해석 다른 과학자의 실험 결과물을 읽을 때, 그 실험에 대해 비판적으로 생각할 필요가 있다. 당신은 자신에게 물어야 한다: 관찰들이 실험 도중에 혹은 후에 기록되었나? 결론이 합리적인가? 그 결과들은 반복될 수 있는가? 정보의 출처는 신뢰할 만한가? 당신은 실험을 수행한 그 과학자나 그룹이 한쪽으로 치우치지 않았는지 역시 물어야 한다. 한쪽으로 치우치지 않음은 당신이 실험의 결과로 특별한 이익을 얻지 않고 실험의 결과에 영향을 받지 않는다는 것을 의미한다. 예를 들면, 만약 한 제약회사가 그 회사의 새로운 제품 중 하나가 얼마나 잘 작용하는지 시험해 보기 위한 실험 비용을 지불한다면, 특별한 이익이 관련된 것이다: 만약 실험이 그 제품이 효과 있음을 보여 준다면, 그 제약회사는 이익을 본다. 따라서, 그 실험자들은 객관적이지 않다. 그들은 결론이 제약회사에 우호적이고 이익을 주도록 보장할지도 모른다. 결과들을 평가할 때, 있을 수 있는 어떤 치우침에 대해 생각하는 것을 잊지 마라!

해설 실험 결과물을 읽을 때 비판적으로 생각해야 한다는 것이 글의 주제이다. 빈칸 포함 문장의 전후로 제약회사가 비용을 지불한 실험이 제품에 효과 있음을 보여 준다면 제약회사가 이익을 본다고 한 것과 실험자들이 제약회사에 우호적이고 이익을 주도록 보장할 수도 있다는 것은 실험자들이 객관적이지 않은 경우이다. 따라서 ②가 빈칸에 들어갈 말로 가장 적절하다.
① 독창적인 ② 객관적인 ③ 신뢰할 수 없는 ④ 믿을 수 없는 ⑤ 결단력 있는

창의·융합·코딩 전략 1·2
BOOK 2 · 28~31쪽

1 (1) T (2) F (3) F   **2** (1) 지루하고 반복적 (2) 결실 없는 (3) 생물학자 (4) 열정
3 (1) F (2) T (3) T   **4** (1) familiarity (2) know (3) multiple-choice exams

1~2 | 답 1 (1) T (2) F (3) F 2 (1) 지루하고 반복적 (2) 결실 없는 (3) 생물학자 (4) 열정

해석 날마다 해야 하는 많은 학업이 지루하고 반복적이기 때문에, 여러분은 그것을 계속할 수 있는 많은 의욕이 필요하다. 예를 들면, 어느 수학자는 연필을 깎고, 어떤 증명을 해 내려고 애쓰며, 몇 가지 접근법을 시도하고, 아무런 성과를 내지 못하고, 그 날을 끝낸다. 어느 작가는 책상에 앉아 몇백 단어의 글을 창작하고, 그것이 별로라고 판단하며, 쓰레기통에 그것을 던져 버리고, 내일 더 나은 영감을 기대한다. 그것이 단기적으로는 무가치하게 보일지 몰라도 가치 있는 것을 만들어 내는 것은, 행여라도 그런 일이 일어난다면, 여러 해 동안의 그런 결실 없는 노동을 필요로 할지도 모른다. 노벨상을 수상한 생물학자 Peter Medawar는 과학에 들인 그의 시간 중 5분의 4 정도가 헛되었다고 말하면서, "거의 모든 과학적 연구가 성과를 내지 못한다."고 애석하며 덧붙여 말했다. 상황이 악화되고 있을 때 이 모든 사람들을 계속하게 했던 것은 자신들의 주제에 대한 열정이었다. 그러한 열정과 노력이 없었더라면, 그들은 아무것도 이루지 못했을 것이다.

해설 1 (1) 첫 문장에서 날마다 해야 하는 많은 학업이 지루하고 반복적이기 때문에, 그것을 계속할 수 있는 많은 의욕이 필요하다고 했으므로 일치한다. (2) 당장 성과가 없는 작가의 노동이 가치 없어 보일지 몰라도 가치 있는 것을 만들기 위해 필요한 일이라고 했다. (3) Peter Medawar는 거의 모든 과학적 연구가 성과를 내지 못한다고 말했지만 그 자신은 노벨상 수상의 성과를 거두었다.
(1) 매일의 학업을 열심히 계속하기 위해 동기부여가 잘 되어야 한다. (2) 몇백

단어의 글을 창작하고, 그것이 별로라고 판단하며, 쓰레기통에 그것을 던져 버리는 작가의 노동은 결국 가치 없다. (3) 모든 Peter Medawar의 과학적 연구는 성과를 내지 못했다.

2 첫 문장에서 매일 해야 하는 일이 지루하고 반복적이기 때문에 그것을 계속하기 위해 많은 의욕이 필요하다고 했다. 이어지는 내용에서 수학자, 작가, 노벨상 수상 생물학자의 예를 통해 결실 없는 노동이 가치 있는 것을 만들어내기 위해 필요한 과정임을 말하고 있고, 어려운 상황에서 자신의 일을 계속하는 열정과 노력이 없다면 성과를 거둘 수 없다고 글을 마무리하고 있다.

3~4 | 답 3 (1) F (2) T (3) T 4 (1) familiarity (2) know (3) multiple-choice exams

해석 학생들은 종종 자료의 내용을 알지 못할 때조차도 그것을 안다고 생각한다. 그 주된 이유 중 하나는 친숙함을 이해하는 것으로 착각하기 때문이다. 그것이 작동하는 방식이 여기 있다: 당신은 읽을 때 아마도 (중요한 것을) 눈에 띄게 표시하면서, 그 장을 한 번 읽는다. 그러고 나서 나중에, 아마도 눈에 띄게 표시된 자료에 집중하면서, 그 장을 다시 읽는다. 그것을 거듭 읽어서, 이전에 읽은 것으로부터 그것을 기억하기 때문에 자료가 친숙하고, 이러한 친숙함으로 인해 "좋아, 그것을 알겠어."라고 생각하게 될지도 모른다. 문제는 이런 친숙한 느낌이 반드시 자료를 아는 것을 의미하는 것은 아니며 시험에서 답을 생각해내야 할 때 아무런 도움이 되지 않을 수도 있다는 점이다. 사실, 익숙해 보이는 선택지를 선택할 수 있기 때문에 친숙함은 종종 선다형 시험에서 오류를 일으킬 수 있는데, 결국 나중에 알게 된 것은 그것은 당신이 읽었던 것이지만 사실 그 질문에 대한 가장 좋은 해답은 아니었다는 것이다.

해설 3 (1) 나중에 다시 읽을 때 눈에 띄게 표시된 자료에 집중해서 읽을 것이라고 했으므로 일치하지 않는다. (2) 다시 읽을 때 그 자료가 친숙하다고(As you read it over, the material is familiar) 했으므로 일치한다. (3) 친숙한 느낌이 반드시 그 자료를 아는 것을 의미하지는 않으며 시험에서 답을 생각해야 할 때 도움이 되지 않을 수 있다고(this feeling of familiarity does not necessarily mean ~) 했으므로 일치한다.

(1) 눈에 띄게 표시된 자료는 독서에 집중하는 데 도움이 되지 않는다. (2) 어떤 것을 더 여러 번 읽을수록 그것에 더 친숙해진다. (3) 자료에 친숙한 것이 시험에서 항상 좋은 결과로 이어지는 것은 아니다.

4

화제	이유	문제점
학생들은 종종 자료의 내용을 알지 못할 때조차도 그것을 안다고 생각한다.	그들은 친숙함을 이해하는 것으로 착각한다. [예시] 자료를 반복해서 읽으면서 그것이 친숙하게 느껴지고, 그것은 그 자료를 안다고 생각하게 만든다.	그것은 시험에서 아무런 도움이 되지 않을 수 있다. [예시] 학생들은 종종 선다형 시험에서 틀린 선택지를 선택함으로써 오류를 범할 수 있는데, 왜냐하면 전에 그것을 읽어서 친숙해 보이기 때문이다.

BOOK 2 2주 통합적으로 이해하라

1 ④   **2** ②   **3** ④   **4** ①

1 무관한 문장 찾기 | 답 ④

❶ Of the many forest plants / that can cause poisoning, / wild mushrooms may be among the most
(주격 관계대명사)   (S)   (V)

dangerous. ❷ This is because / people sometimes confuse the poisonous and edible varieties, / or they
(= people)

eat mushrooms / without making a positive identification of the variety. ❸ Many people enjoy hunting
(전치사+동명사)   (동명사를 목적어로 가지는 동사)

wild species of mushrooms / in the spring season, / because they are excellent edible mushrooms / and
(= wild species of mushrooms)

are highly prized. ❹ However, some wild mushrooms are dangerous / and people lose their lives / due to
(they)   (~ 때문에)

mushroom poisoning. ❺ Growing a high-quality product at a reasonable cost / is a key aspect to farming
(S(동명사구))   (V)   (전치사+동명사)

edible mushrooms for profit. ❻ To be safe, / a person must be able to identify edible mushrooms / before
(to부정사의 부사적 용법(목적))

eating any wild one.
(= mushroom)

해석 ❶ 중독을 일으킬 수 있는 많은 산림 식물 중에서 야생 버섯은 가장 위험한 것들 중의 하나일지 모른다. ❷ 이는 사람들이 종종 독성이 있는 품종과 먹을 수 있는 품종을 혼동하거나 혹은 품종에 대해 확실한 확인을 하지 않고 버섯을 먹기 때문이다. ❸ 야생 버섯 종들이 훌륭한 식용 버섯이고 매우 귀하게 여겨지기 때문에 많은 사람들이 봄에 야생 버섯 종을 찾아다니는 것을 즐긴다. ❹ 그러나 몇몇 야생 버섯은 위험해서 사람들이 버섯의 독성 때문에 목숨을 잃는다. ❺ (합리적인 비용으로 높은 품질의 상품을 재배하는 것이 이윤을 위해 식용 버섯을 기르는 데 있어 핵심적인 측면이다.) ❻ 안전을 위해서

사람은 야생 버섯을 먹기 전에 식용 버섯을 식별할 수 있어야 한다.

해설 야생 버섯 중 중독을 일으킬 수 있는 버섯의 위험성에 대한 내용이므로, ④ 식용 버섯 재배의 비용 문제는 본문의 내용과 거리가 멀다.

> 첫 문장이 주제문이거나 글의 소재를 소개하므로 주의 깊게 봐야 해.

2 글의 순서 배열하기 | 답 ②

❶ Ideas about how much disclosure is appropriate / vary among cultures.
(S)   (V)

(B) ❷ Those born in the United States / tend to be high disclosers. ❸ They even show a willingness
(과거분사(수동))   (~하는 경향이 있다)

/ to disclose information about themselves to strangers. ❹ This may explain / why Americans seem
(to부정사의 형용사적 용법)   (간접의문문)

particularly easy to meet / and are good at cocktail-party conversation.
(why Americans)

(A) ❺ On the other hand, / Japanese tend to do little disclosing about themselves to others / except to the
　　　　　반면에
few people / with whom they are very close. ❻ In general, Asians do not reach out to strangers.
　　　　　　전치사＋관계대명사　　　　　　　　　　　　　일반적으로　　　　　　　　　　～에게 관심을 내보이다
(C) ❼ They do, however, show great care for each other, / because they view harmony as essential / to
　　　= Asians 강조의 조동사　　　　　　　　　　　　　　　　　　　to부정사의 부사적 용법(목적)
relationship improvement. ❽ They work hard / to prevent outsiders from getting information / they believe
　　　　　　　　　　　　　　　　　　　　prevent ～ from -ing: ～가 …하지 못하게 막다　　　　　　(which[that])
to be unfavorable.

해석 ❶ 얼마나 많은 정보를 공개하는 것이 적절한지에 관한 생각은 문화마다 다르다. (B) ❷ 미국에서 태어난 사람들은 정보를 잘 공개하려는 경향이 있다. ❸ 그들은 자기 자신에 관한 정보를 낯선 이에게 기꺼이 공개하려는 의향을 보이기까지 한다. ❹ 이것은 왜 미국인들을 만나는 것이 특히 쉬워 보이는지와 그들이 칵테일 파티에서의 대화에 능숙한지를 설명할 수 있다. (A) ❺ 반면에, 일본인들은 자신과 매우 친한 소수의 사람들을 제외하고는 타인에게 자신에 관한 정보를 거의 공개하지 않는 경향이 있다. ❻ 일반적으로 아시아인들은 낯선 이에게 관심을 내보이지 않는다. (C) ❼ 그러나 그들은 조화를

관계 발전에 필수적이라고 간주하기 때문에 서로를 매우 배려하는 모습을 보인다. ❽ 그들은 자신이 불리하다고 생각하는 정보를 외부인들이 얻지 못하도록 열심히 노력한다.

해설 미국에서 태어난 사람들은 자신의 정보를 잘 공개하는 경향이 있고(B), 반면에 일본인을 비롯한 아시아인들은 자신에 관한 정보를 타인에게 잘 공개하지 않는다(A). 하지만 그들은 관계 발전에 조화가 중요하다고 생각하여 서로 배려하는 모습을 보인다(C)는 내용이다.

3 문장의 위치 파악하기 | 답 ④

❶ Currently, we cannot send humans / to other planets. ❷ One obstacle is / that such a trip would take
　　　　　　　　　　　　　　　　　　　　　　　　　　　　　　　　　명사절(보어)을 이끄는 접속사
years. ❸ A spacecraft would need to carry enough air, water, and other supplies / needed for survival on
　　과거분사(수동)
the long journey. ❹ Another obstacle is the harsh conditions on other planets, / such as extreme heat and
　　　　　　　　　　　　　　　　　　　　　　　　　　　　　　　　　　　　　　～와 같은
cold. ❺ Some planets do not even have surfaces to land on. ❻ Because of these obstacles, / most research
　　　　　　　　　　　　　　　　　　　　　　to부정사의 형용사적 용법　　　　　　　　　　　　　　S
missions in space are accomplished / through the use of spacecraft without crews aboard. ❼ These
　　　　　　　　　V(수동태)　　　　　　　　　　　　　　　　　　　　　　　　　　　　　　　　　S
explorations pose no risk to human life / and are less expensive than ones involving astronauts. ❽ The
　　　　　　V1　　　　　　　　　　　　　V2　비교급＋than: ～보다 …한　　　현재분사(능동)
spacecraft carry instruments / that test the compositions and characteristics of planets.
　　　　　　　　　　　　　　　주격 관계대명사

해석 ❶ 현재, 우리는 인간을 다른 행성으로 보낼 수 없다. ❷ 한 가지 장애물은 그러한 여행이 수년이 걸릴 것이라는 점이다. ❸ 우주선은 긴 여행에서 생존에 필요한 충분한 공기, 물, 그리고 다른 물자를 운반할 필요가 있을 것이다. ❹ 또 다른 장애물은 극심한 열과 추위 같은, 다른 행성들의 혹독한 환경이다. ❺ 어떤 행성들은 착륙할 표면조차 가지고 있지 않다. ❻ 이러한 장애물들 때문에, 우주에서의 대부분의 연구 임무는 승무원이 탑승하지 않은 우주선을 사용해서 이루어진다. ❼ 이런 탐험들은 인간의 생명에 아무런 위험도 주지 않으며 우주 비행사들을 포함하는 탐험보다 비용이 덜 든다. ❽ 그 우주선은 행성의 구성 성분과 특성을 실험하는 기구들을 운반한다.

해설 주어진 문장은 이러한 장애물들 때문에 무인 우주선을 통해 연구 임무를 수행한다는 내용이므로, 두 가지 장애물에 대한 내용 다음인 ④에 들어가는 것이 적절하다.

주어진 문장 속의 대명사, 지칭어구, 연결어구 등을 잘 살펴봐.

4 요약문 완성하기 | 답 ①

❶ <u>Crows</u> <u>are</u> a <u>remarkably clever family of birds.</u> ❷ They <u>are capable of</u> solving many more complex
　　S　 V　　　　　　　　　　　S·C　　　　　　　　　　　　　　　　　　　～할 수 있다

problems / <u>compared to</u> other birds, <u>such as</u> chickens. ❸ After hatching, / chickens peck busily for their
　　　　　～와 비교하여　　　　　　　　～와 같은

own food / <u>much</u> faster than crows, / <u>which</u> rely on the parent bird / <u>to bring them food</u> in the nest. ❹
　　　　　비교급 강조　　　　　　　　관계대명사의 계속적 용법　　　　　　수여동사　 I·O　　D·O

However, <u>when</u> they become adults / chickens have very limited hunting skills. ❺ <u>On the other hand,</u>
　　　　시간의 부사절을 이끄는 접속사　　　　　　　　　　　　　　　　　　　　　　　　반면에

crows are <u>much</u> more flexible / in hunting for food. ❻ Crows also <u>end up with</u> bigger and more complex
　　　　　비교급 강조　　　　　　　　　　　　　　　　　　　　　　　결국 ～하게 되다

brains. ❼ <u>They</u> have an extended period / <u>between</u> hatching <u>and</u> flight from the nest, / <u>which</u> <u>enables</u>
　　　= Crows　　　　　　　　　　between A and B: A와 B 사이에　　　　관계대명사의 계속적 용법　　 V

<u>them to develop</u> their intelligence.
　O　 O·C(to부정사)

→ ❽ Crows are <u>more intelligent than</u> chickens / because crows have a longer period of dependency.
　　　　　　비교급+than

해석 ❶ 까마귀는 놀랄 만큼 영리한 조류이다. ❷ 그들은 닭과 같은 다른 새들과 비교하여 더 복잡한 많은 문제들을 해결할 수 있다. ❸ 부화한 후에 닭은, 둥지로 자신들에게 먹이를 가져다주는 어미새에게 의존하는 까마귀보다 훨씬 더 빨리 분주하게 자신의 먹이를 쪼아 먹는다. ❹ 하지만, 다 자랐을 때 닭은 매우 제한적인 먹이를 찾는 능력을 지닌다. ❺ 반면에, 까마귀는 먹이를 찾는 데 있어서 훨씬 더 유연하다. ❻ 까마귀는 또한 (결국) 더 크고 더 복잡한 뇌를 가지게 된다. ❼ 그들은 부화와 둥지를 떠나는 것 사이에 연장된 기간을 갖는데, 그것이 그들의 지능을 발달시킬 수 있게 된다.

→ ❽ 까마귀는 더 긴 의존의 기간을 가지기 때문에 닭보다 더 똑똑하다.

해설 까마귀는 닭과 같은 다른 새들보다 더 영리한 조류인데, 그것은 까마귀가 더 오랜 기간 동안 둥지에서 자라면서 지능이 더 발달하기 때문이라는 내용의 글이다.

① 똑똑한 – 의존 ② 수동적인 – 의존 ③ 이기적인 – 경쟁 ④ 똑똑한 – 경쟁
⑤ 수동적인 – 사냥

1일 개념 돌파 전략 2 BOOK 2 · 38～39쪽

1 ②　　**2** ①

1 글의 순서 배열하기 | 답 ②

❶ We make decisions / based on <u>what</u> we *think* / _∧we know. ❷ <u>It</u> wasn't too long ago / <u>that the majority of</u>
　　　　　　　　　　　　　관계대명사　　(that)　　　　가주어　　　　　　　　　　　진주어절

people believed / _∧the world was flat.
　　　　　　　　(that)

(B) ❸ <u>This perceived truth</u> <u>impacted</u> behavior. ❹ During this period, / there was very little exploration.
　　　　　　　S　　　　　　 V

❺ People feared <u>that</u> / if they traveled too far / they might fall off the edge of the earth. ❻ So for the most
　　　　　　　명사절(목적어)을 이끄는 접속사

part, / they didn't dare to travel.

(A) ❼ <u>It wasn't until</u> that minor detail was revealed — the world is round — / <u>that</u> behaviors changed on
└──────────── It is not until ~ that ...: ~하고 나서야 비로소 ···하다 ───────────┘

a massive scale. ❽ Upon this discovery, / societies began to travel across the planet. ❾ Trade routes <u>were</u>
수동태

<u>established</u>; / spices <u>were traded</u>.
　　　　　　　　　　　수동태

(C) ❿ New ideas, <u>like mathematics</u>, / <u>were shared</u> between societies / <u>which</u> allowed for all kinds of
　　　　　　　　삽입어구　　　　　　　　수동태　　　　　　　　　　　주격 관계대명사

innovations and advancements. ⓫ <u>The correction of a simple false assumption</u> / <u>moved</u> the human race
　　　　　　　　　　　　　　　　　　　　　　　　　S　　　　　　　　　　　　　V

forward.

해석　❶ 우리는 우리가 안다고 '생각하는' 것에 기초하여 결정을 한다. ❷ 대다수의 사람들이 세상이 편평하다고 믿었던 것은 그다지 오래되지 않았다. (B) ❸ 이렇게 인지된 사실은 행동에 영향을 미쳤다. ❹ 이 기간 동안에는 탐험이 거의 없었다. ❺ 사람들은 만약 그들이 너무 멀리 가면, 지구의 가장자리에서 떨어질까 봐 두려워했다. ❻ 그래서 대체로 그들은 감히 이동하지 않았다. (A) ❼ 그런 사소한 사항, 즉 세상은 둥글다는 것이 드러나고 나서야 비로소 대대적으로 행동이 변화했다. ❽ 이것이 발견된 후 곧, 사람들은 세상을 돌아다니기 시작했다. ❾ 무역 경로가 만들어졌으며, 향신료가 거래되었다. (C) ❿ 모든 종류의 혁신과 진보를 허용했던 사회들 사이에 수학과 같은 새로운 개념이 공유되었다. ⓫ 단순한 잘못된 가정의 수정이 인류를 앞으로 나아

가게 했다.

해설　우리는 안다고 생각하는 것을 바탕으로 행동을 하는데, 세상이 편평하다고 믿었던 기간에 사람들은 너무 멀리 가면 지구의 가장자리에서 떨어질까 봐 이동하지 않았다(B). 그 생각이 잘못된 것을 알게 된 후 사람들의 행동이 변화했고(A), 이런 잘못된 가정의 수정이 인류를 발전하게 했다(C)는 내용이다.

> 글의 순서를 알려주는 지시어나 연결어에 유의해서 글의 순서를 정해 봐.

---

2 요약문 완성하기 | 답 ①

❶ We cannot predict / the outcomes of sporting contests, / <u>which</u> vary from week to week. ❷ <u>It is</u> the
　　　　　　　　　　　　　　　　　　　　　　　　관계대명사의 계속적 용법　　　　　　　It is ... that 강조 구문

uncertainty of the result and the quality of the contest / <u>that</u> consumers find attractive. ❸ For the sport

marketers, / this is problematic, / <u>as</u> the quality of the contest <u>cannot be guaranteed</u>, / <u>no promises</u> <u>can be</u>
　　　　　　　　　　　　　　　　이유를 나타내는 접속사　S1　　　　　　　　V1(조동사의 수동태)　　　　S2

<u>made</u> / in relations to the result / and <u>no assurances</u> <u>can be given</u> / in respect of the performance of star
V2(조동사의 수동태)　　　　　　　　　　　　　S3　　　　V3(조동사 수동태)

players. ❹ Unlike consumer products, / <u>sport</u> cannot and does not display consistency / as a key feature
　　　　　　　　　　　　　　　　　　　S

of marketing strategies. ❺ The sport marketers therefore / <u>must</u> avoid marketing strategies / based solely
　　　　　　　　　　　　　　　　　　　　　　　　　　　　　　　의무를 나타내는 조동사

on winning. ❻ Instead, they must focus on <u>developing</u> product extensions / <u>such as</u> the facility, parking,
　　　　　　　　　　　　　　　　　　　　　　동명사　　　　　　　　　　　~와 같은

merchandise, souvenirs, food and beverages / <u>rather than</u> on the core product (<u>that is</u>, the game itself).
　　　　　　　　　　　　　　　　　　　　　　　~보다는　　　　　　　　　　　즉

→ ❼ Sport has the essential nature of being unreliable, / <u>which</u> requires / <u>that</u> its marketing strategies /
　　　　　　　　　　　　　　　　　　　　　　　　　　관계대명사의 계속적 용법　명사절(목적어)을 이끄는 접속사

feature products and services / more than just the sports match.

해석 ❶ 우리는 스포츠 경기의 결과를 예측할 수 없고, 이것은 매주 달라진다. ❷ 바로 그 결과의 불확실성과 경기의 수준을 소비자들은 매력적으로 여긴다. ❸ 스포츠 마케팅 담당자에게 있어, 이것은 문제가 되는데 왜냐하면 이는 경기의 수준이 보장될 수 없고, (경기의) 결과와 관련하여 어떠한 약속도 할 수 없으며 스타 선수의 경기력에 대해 어떠한 확신도 주어질 수 없기 때문이다. ❹ 소비재와 다르게, 스포츠는 마케팅 전략의 중요한 특징인 일관성을 보여 줄 수도 없고 보여 주지도 않는다. ❺ 따라서 스포츠 마케팅 담당자는 순전히 승리에만 기반한 마케팅 전략을 피해야 한다. ❻ 대신에 그들은 핵심 제품(즉, 시합 그 자체)보다는 시설, 주차, 상품, 기념품, 식음료와 같은 제품 확장 개발에 집중해야만 한다.

→ ❼ 스포츠는 불확실하다는 본질적 속성을 갖고 있으며, 이것은 그것의 마케팅 전략이 단지 스포츠 경기보다는 상품과 서비스를 <u>특징으로 삼도록</u> 요구한다.

해설 스포츠 마케팅 전략은 스포츠 경기 결과의 불확실성 때문에 스포츠 경기 자체보다 그 외의 상품과 서비스 같은 제품 확장 개발에 집중해야 한다고 했다.

요약문과 선택지의 내용을 먼저 보고 글의 전반적인 흐름과 필요한 정보를 파악해.

2일 필수 체크 전략 **1**

BOOK 2 · 40~43쪽

1 ⑤   **2** ④   **3** ⑤   **4** dark, bright, bright-colored

---

1 글의 순서 배열하기 | 🔖 ⑤

❶ <u>When</u> we compare human and animal desire / <u>we</u> <u>find</u> many differences. ❷ Animals tend to eat with
　　~할 때(부사절 접속사)　　　　　　　　　　　　　 S　 V

their stomachs, / and humans ∧with their brains.
　　　　　　　　　　　　　(tend to eat)

(C) ❸ When animals' stomachs are full, / they <u>stop eating</u>, / but humans are never sure / <u>when to stop</u>. ❹
　　　　　　　　　　　　　　　　　동명사를 목적어로 가지는 동사　　　　　　　 when+to부정사: 언제 ~할지

When <u>they</u> <u>have eaten</u> / <u>as much as</u> their bellies can take, / they still feel empty, / they still feel an urge for
　　 = humans　현재완료　　　 ~만큼

further gratification.

(B) ❺ This is largely <u>due to</u> anxiety, / to the knowledge / <u>that</u> a constant supply of food is uncertain. ❻
　　　　　　　　　 ~ 때문에　　　　　　　　　　　 동격의 명사절을 이끄는 접속사

Therefore, they eat <u>as much as possible</u> / while they can∧.
　　　　　　　　　가능한 한 많이　　　　　　　 (eat)

(A) ❼ It is due, also, to the knowledge / <u>that</u> pleasure is uncertain in an insecure world. ❽ Therefore, <u>the</u>
　　　　　　　　　　　　　　　　　 동격의 명사절을 이끄는 접속사

<u>immediate pleasure of eating</u> <u>must be exploited</u> to the full, / <u>even though</u> it does violence to the digestion.
　　　　　　 S　　　　　　　　　 V(수동태)　　　　　　　　 비록 ~일지라도

해석 ❶ 인간과 동물의 욕망을 비교할 때 우리는 많은 차이점을 발견한다. ❷ 동물은 위장으로, 사람은 뇌로 먹는 경향이 있다. ❸ (C) 동물은 배가 부르면 먹는 것을 멈추지만, 인간은 언제 멈춰야 할지 결코 확신하지 못한다. ❹ 인간은 배에 담을 수 있는 만큼 먹었을 때, 그들은 여전히 허전함을 느끼고 여전히 추가적인 만족감에 대한 충동을 느낀다. (B) ❺ 이것은 주로 지속적인 식량 공급이 불확실하다는 인식에 따른 불안감 때문이다. ❻ 그러므로 그들은 먹을 수 있을 때 가능한 한 최대로 많이 먹는다. (A) ❼ 또한, 그것은 불안정한 세상에서 즐거움이 불확실하다는 인식 때문이다. ❽ 따라서 즉각적인 먹는 즐거움은 소화에 무리가 되더라도 충분히 이용되어야 한다.

해설 인간과 동물의 욕망의 차이점에 대한 내용으로, 동물은 배가 부르면 먹는 것을 멈추지만 인간은 언제 멈춰야 할지 확신하지 못하는데, 그 이유로 두 가지를 설명하고 있다. (A)의 It is due, also, to ~, (B)의 This is largely due to ~에서 글의 순서를 짐작할 수 있다.

2 무관한 문장 찾기 | 답 ④

❶ <u>Given</u> the widespread use of emoticons / in electronic communication, / an important question is /
　～을 고려할 때

whether they <u>help</u> Internet users to <u>understand</u> emotions / in online communication. ❷ Emoticons are
명사절(보어)을　　　　help+목적어+(to) 동사원형
이끄는 접속사

<u>much</u> more ambiguous / relative to face-to-face cues / and may end up <u>being interpreted</u> very differently
비교급 강조　　　　　　　　　　　　　　　　　　　　　　　　　　　　　　수동태

by different users. ❸ Nonetheless, research indicates / <u>that</u> they are useful tools / in online text-based
　　　　　　　　　　　　　　　　　　　　　　명사절(목적어)을 이끄는 접속사

communication. ❹ One study of 137 instant messaging users <u>revealed</u> / <u>that</u> emoticons allowed <u>users</u> to
　　　　　　　　　　　　　　　　S　　　　　　　　　　　　V　목적어절을 이끄는 접속사 1　V　　O　O·C

correctly <u>understand</u> / the level and direction of emotion, attitude, and attention expression / and <u>that</u>
　　　　　　　　　　　　　　　　　　　　　　　　　　　　　　　　　　　　　　　목적어절을 이끄는 접속사 2

emoticons were a definite advantage / in nonverbal communication. ❺ In fact, there <u>have been</u> few studies
　　　　　　　　　　　　　　　　　　　　　　　　　　　　　　　　　　　　　현재완료

/ on the relationships <u>between</u> verbal <u>and</u> nonverbal communication. ❻ Similarly, another study showed /
　　　　　　　　　　between A and B: A와 B 사이에

<u>that</u> emoticons were useful / in <u>strengthening</u> the intensity of a verbal message.
명사절(목적어)을 이끄는 접속사　　　동명사(전치사의 목적어)

해석 ❶ 전자 통신에서 이모티콘이 널리 사용되고 있다는 점을 고려할 때, 중요한 문제는 인터넷 사용자들이 온라인상의 의사소통에서 감정을 이해하는 데 그것들이 도움을 주는가의 여부이다. ❷ 이모티콘은 면대면을 통한 단서에 비해 훨씬 더 모호하며 결국 다른 사용자들에 의해 매우 다르게 해석될 수 있다. ❸ 그럼에도 불구하고, 연구는 그것들이 온라인상의 텍스트 기반 의사소통에서 유용한 도구라는 것을 보여 준다. ❹ 137명의 인스턴트 메시지(실시간 텍스트 통신) 사용자들을 대상으로 한 연구는 이모티콘이 사용자들로 하여금 감정, 태도, 주의력 표현의 정도와 방향을 정확하게 이해할 수 있게 해 주고 이모티콘이 비언어적 의사소통에서 확실한 장점이라는 것을 밝혀냈다. ❺ (사실, 언어적 의사소통과 비언어적 의사소통 간의 관계에 관한 연구는 거의 없었다.) ❻ 마찬가지로, 또 다른 연구는 이모티콘이 언어적 메시지의 강도를 강화하는 데 유용하다는 것을 보여 주었다.

해설 이모티콘이 온라인상의 텍스트 기반 의사소통에서 감정이나 메시지를 이해하는 데 도움을 준다는 내용의 글로, ④ 언어적 의사소통과 비언어적 의사소통 간의 관계에 관한 연구가 거의 없었다는 진술은 글의 흐름과 무관하다.

> 선택지의 내용을 차례대로 읽으면서 글의 주제에서 벗어나는 내용을 찾아 봐.

3~4 글의 순서 배열하기 / 요약문 완성하기 | 답 3 ⑤　4 dark, bright, bright-colored

❶ Color can impact / <u>how</u> you perceive weight. ❷ Dark colors look heavy, / and bright colors look less so.
　　　　　　　　　　　　관계부사

❸ Interior designers often paint darker colors below brighter colors / <u>to put</u> the viewer at ease.
　　　　　　　　　　　　　　　　　　　　　　　　　　　　　　　　　　to부정사의 부사적 용법(목적)

(C) ❹ Product displays / work the same way. ❺ <u>Place</u> bright-colored products higher / and dark-colored
　　　　　　　　　　　　　　　　　　　　　동사원형으로 시작하는 명령문

products lower, / <u>given that</u> they are of similar size. ❻ This will look more stable / and allow customers to
　　　　　　　～을 고려하면

comfortably browse the products / from top to bottom.

(B) ❼ In contrast, <u>shelving dark-colored products on top</u> / <u>can create</u> the illusion <u>that</u> they might fall over,
　　　그에 반해서　　　　　　S(동명사구)　　　　　　　　　　　　　　V　　　동격의 명사절을 이끄는 접속사

/ <u>which</u> can be a source of anxiety for some shoppers. ❸ <u>Black and white</u>, / <u>which</u> have a brightness of 0%
관계대명사의 계속적 용법　　　　　　　　　　　　　S　　　　　관계대명사의 계속적 용법

and 100%, respectively, / <u>show</u> the most dramatic difference in perceived weight.
　　　　　　　　　　　　　　V

(A) ❾ In fact, black <u>is perceived</u> / to be <u>twice as heavy as</u> white. ❿ <u>Carrying the same product in a black</u>
　　　　　　　　　수동태　　　　　　배수사+as+원급+as: ~보다 몇 배 더 …한　　　　　S(동명사구)

<u>shopping bag, versus a white one,</u> / <u>feels</u> heavier. ⓫ So, <u>small but expensive products like neckties and</u>
　　　　　　　　　　　　　　　　　V　　　　　　　　　　　　　　　　　　S

<u>accessories</u> are often <u>sold</u> / in dark-colored shopping bags or cases.
　　　　　　　└─ V(수동태) ─┘

[해석] ❶ 색상은 여러분이 무게를 인식하는 방식에 영향을 줄 수 있다. ❷ 어두운 색은 무거워 보이고, 밝은 색은 덜 그렇게 보인다. ❸ 실내 디자이너들은 보는 사람을 편안하게 해 주기 위해 종종 더 밝은 색 아래에 더 어두운 색을 칠한다. (C) ❹ 상품 전시도 같은 방식으로 작동한다. ❺ 상품들이 비슷한 크기라면, 밝은 색의 상품을 더 높이, 어두운 색의 상품을 더 낮게 배치하라. ❻ 이것은 더 안정적으로 보이고 고객이 편안하게 상품들을 위에서 아래로 훑어볼 수 있도록 해 준다. (B) ❼ 반대로 어두운 색의 상품을 선반 맨 위에 두는 것은 상품들이 떨어질 수 있다는 착각을 불러일으킬 수 있으며, 이것은 일부 구매자들에게 불안감의 원인이 될 수 있다. ❽ 명도가 각각 0%와 100%인 검은색과 흰색은 인식된 무게의 가장 극적인 차이를 보여준다. (A) ❾ 사실, 검은색은 흰색보다 두 배 무겁게 인식된다. ❿ 같은 상품을 흰색 쇼핑백보다 검은색 쇼핑백에 담아 드는 것이 더 무겁게 느껴진다. ⓫ 따라서 넥타이와 액세서리와 같이 작지만 값비싼 상품들은 대체로 어두운 색의 쇼핑백 또는 케이스에 담겨 판매된다.

[해설] 3 어두운 색은 무거워 보이고 밝은 색은 덜 무거워 보여서 실내 디자이너들은 밝은 색을 위쪽에, 어두운 색을 아래쪽에 칠하는데, 상품 전시에서도 같은 방식을 적용하며(C), 반대로 어두운 색을 위쪽에 두면 일부 구매자들에게 불안감을 줄 수 있으며(B), 검은색이 흰색보다 더 무겁게 인식되기 때문에 작지만 비싼 상품들은 대체로 어두운 색의 쇼핑백이나 케이스에 담겨 판매된다(A)는 내용이다.

4 주어진 글의 두 번째 문장과 (C) 단락의 두 번째 문장을 통해 빈칸에 들어갈 말을 유추할 수 있다.

어두운 색은 무거워 보이고 밝은 색은 가벼워 보이기 때문에 상품을 진열할 때 어두운 색의 상품은 선반의 아래쪽에, 밝은 색의 상품은 선반의 위쪽에 진열하는 것이 권장된다.

2일 필수 체크 전략 2　BOOK 2 · 44~45쪽

1 ③　　**2** ③

1 무관한 문장 찾기 | 답 ③

❶ <u>Paying attention to some people and not others</u> / <u>doesn't mean</u> you're being dismissive. ❷ It just reflects
　　　　S(동명사구)　　　　　　　　　　　　　　V　　(that)

a hard fact: / <u>there are limits</u> on the number of people / <u>that</u> we can possibly <u>pay attention to</u> / or develop a
　　　　　there are+복수명사　　　　　　목적격 관계대명사　　~에 주의를 기울이다

relationship with. ❸ Some scientists even believe / <u>that</u> the number of people / <u>with whom</u> we can continue
　　　　　　　　　　　　　　　　　　명사절(목적어)을 이끄는 접속사　전치사+관계대명사

stable social relationships / <u>might be limited</u> naturally by our brains. ❹ <u>The more</u> people you know of
　　　　　　　　　　　조동사의 수동태　　　　　　the+비교급 ~, the+비교급 …: ~하면 할수록 더 …하다

different backgrounds, / <u>the more colorful</u> your life becomes. ❺ Professor Robin Dunbar <u>has explained</u> /
　　　　　　　　　　　　　　　　　　　　　　　현재완료

that our minds are only really capable of forming meaningful relationships / with a maximum of about a

명사절(목적어)을 이끄는 접속사   동명사(전치사의 목적어)

hundred and fifty people. ❻ Whether that's true or not, / it's safe to assume / that we can't be real friends

⎿ ~이든 아니든 ⏌   명사절(목적어)을 이끄는 접속사

with everyone.

해석 ❶ 일부 사람들에게 주의를 기울이고 다른 사람들에게 그렇게 하지 않는 것이 여러분이 남을 무시하고 있다는 것을 의미하지는 않는다. ❷ 그것은 단지 명백한 사실을 나타낼 뿐인데, 우리가 아마 주의를 기울이거나 관계를 발전시킬 수 있는 사람의 수에 한계가 있다는 것이다. ❸ 일부 과학자는 우리가 안정된 사회적 관계를 지속할 수 있는 사람의 수가 우리의 뇌에 의해 자연스럽게 제한되는 것일지도 모른다고까지 믿는다. ❹ (여러분이 다른 배경의 사람들을 더 많이 알수록, 여러분의 삶은 더 다채로워진다.) ❺ Robin

Dunbar 교수는 우리의 마음은 정말로 최대 약 150명의 사람과 의미 있는 관계를 형성할 수 있을 뿐이라고 설명했다. ❻ 그것이 사실이든 아니든, 우리가 모든 사람과 진정한 친구가 될 수 있는 것은 아니라고 가정하는 것이 안전하다.

해설 우리가 주의를 기울이거나 관계를 발전시킬 수 있는 사람의 수에 한계가 있다는 내용의 글로, ③ 다른 배경의 사람을 많이 알수록 삶이 더 다채로워진다는 내용은 글의 흐름과 관계가 없다.

2 글의 순서 배열하기 | 답 ③

❶ The scientific study of the physical characteristics of colors / can be traced back to Isaac Newton.

S   V(조동사의 수동태)

(B) ❷ One day, he spotted a set of prisms / at a big county fair. ❸ He took them home / and began to

= Isaac Newton   to부정사·동명사 모두를 목적어로 취하는 동사

experiment with them. ❹ In a darkened room / he allowed a thin ray of sunlight to fall / on a triangular

V   O   O·C(to부정사)

glass prism.

(C) ❺ As soon as the white ray hit the prism, / it separated into the familiar colors of the rainbow. ❻ This

~하자마자

finding was not new, / as humans had observed the rainbow / since the beginning of time.

이유의 부사절을 이끄는 접속사   과거완료   ~ 이래로

(A) ❼ It was only when Newton placed a second prism / in the path of the spectrum / that he found

It is/was ~ that 강조 구문

something new. ❽ The composite colors / produced a white beam. ❾ Thus he concluded / that white light

형용사가 뒤에서 수식   명사절(목적어)을 이끄는 접속사

can be produced / by combining the spectral colors.

조동사의 수동태   동명사(전치사의 목적어)

해석 ❶ 색의 물리적 특성에 관한 과학적 연구는 Isaac Newton에게로 거슬러 갈 수 있다. (B) ❷ 어느 날, 그는 큰 장터에서 프리즘 한 세트를 발견했다. ❸ 그는 그것들을 집으로 가져와서 실험하기 시작했다. ❹ 그는 암실에서 가느다란 태양광 한 줄기가 삼각 유리 프리즘 위에 떨어지게 하였다. (C) ❺ 그 백색광은 프리즘에 부딪치자마자 친숙한 무지개 색으로 분리되었다. ❻ 사람들은 태초 이래로 무지개를 관찰해 왔기 때문에, 이 발견은 새로운 것이 아니었다. (A) ❼ Newton이 새로운 것을 발견한 것은 스펙트럼의 경로에 두 번째 프리즘을 놓았을 때였다. ❽ 합성된 색은 흰 빛줄기를 만들어냈다. ❾ 그래서 그는 스펙트럼 색을 혼합함으로써 백색광이 만들어질 수 있다고 결론 내렸다.

해설 어느 날, Isaac Newton이 프리즘을 구입하여 실험을 했는데(B), 첫 번째 프리즘으로 백색광이 무지개 색으로 분리되는 것을 확인했지만 그것은 새로운 것이 아니었고(C), 스펙트럼의 경로에 두 번째 프리즘을 놓았을 때 분리된 색이 혼합되어 백색광을 만들어낼 수 있다는 것을 새롭게 발견하였다(A)는 내용이다.

주어진 글을 먼저 읽고 글의 소재를 파악한 후, 각 단락의 첫 문장에 나오는 대명사나 연결어를 유의해서 봐.

3일 필수 체크 전략 1

1 ③   **2** ②   **3** ④   **4** ①

1 문장의 위치 파악하기 | 답 ③

❶ Our brains <u>are</u> constantly <u>solving</u> problems. [현재진행형] ❷ Every time / we learn, or remember, or make sense of something, / we solve a problem. ❸ Some psychologists <u>have characterized</u> [현재완료] / all infant language-learning as problem-solving, / <u>extending to children</u> [분사구문] / such scientific procedures as "learning by experiment," or "hypothesis-testing. ❹ "Grown-ups <u>rarely</u> [거의 ~ 않다] explain / the meaning of new words to children, / <u>let alone</u> [~는 커녕] <u>how grammatical rules work</u>. [간접의문문(의문사+주어+동사)] ❺ Instead <u>they</u> [= grown-ups] use the words or the rules in conversation / and leave it to children / to figure out <u>what is going on</u>. [간접의문문] ❻ <u>In order to</u> [~하기 위해] learn language, / an infant must make sense of the contexts <u>in which</u> [전치사+관계대명사] language occurs; / problems <u>must be solved</u>. [조동사의 수동태] ❼ We <u>have</u> all <u>been solving</u> [현재완료 진행] problems of this kind <u>since</u> [~부터] childhood, / usually without awareness of <u>what we are doing</u>. [간접의문문]

characterize A as B: A를 B로 특징짓다

해석 ❶ 우리의 뇌는 끊임없이 문제를 해결하고 있다. ❷ 우리가 무언가를 배우거나, 기억하거나, 이해할 때마다, 우리는 문제를 해결한다. ❸ 일부 심리학자들은 모든 유아 언어 학습을 문제 해결이라고 규정하였고, 이를 어린이에게 확장하여 그러한 과학적 절차들을 '실험을 통한 학습' 혹은 '가설 검증'으로 보았다. ❹ 어른들은 아이들에게 문법적인 규칙이 어떻게 작용하는지는 말할 것도 없고, 새로운 단어의 의미를 거의 설명하지 않는다. ❺ 대신에 그들은 대화에서 단어나 규칙을 사용하고, 무슨 말인지 알아내는 일을 아이들에게 맡긴다. ❻ 언어를 배우려면, 유아는 언어를 사용하는 맥락을 파악해야 한다. 즉, 문제는 반드시 해결돼야 한다는 것이다. ❼ 우리 모두는 보통 우리가 무엇을 하고 있는지에 대한 인식 없이 어린 시절부터 이런 종류의 문제들을 해결해 왔다.

해설 주어진 문장은 어른들이 아이들에게 문법 규칙뿐만 아니라 새로운 단어의 의미에 대해 거의 설명하지 않는다는 내용으로, 그 대신에 대화에서 단어나 규칙을 사용하고 아이들이 그 의미를 직접 알아내게 한다는 내용으로 전개되는 것이 자연스럽다. 그리고 주어진 문장의 new words, grammatical rules는 ③ 뒤 문장에서 the words or the rules로 이어지고 있다.

2 요약문 완성하기 | 답 ②

❶ <u>Recent studies</u> [S] <u>point</u> [V] to the importance of warm physical contact / for healthy relationships with others.

❷ In one study, / <u>participants</u> [S] who briefly held a cup of hot (versus iced) coffee [주격 관계대명사] / <u>judged</u> [V] a target person <u>as</u> [~로] having a "warmer" personality (generous, caring). ❸ In another study, / participants <u>holding</u> a hot (versus [현재분사(능동)] cold) pack / <u>were</u> more <u>likely</u> to choose a gift for a friend [be likely to: ~하기 쉽다, ~할 것 같다] / <u>instead of</u> something for themselves. [~ 대신에] ❹ These findings illustrate / <u>that</u> [명사절(목적어)을 이끄는 접속사] mere contact experiences of physical warmth [S] / <u>activate</u> [V] feelings of interpersonal

warmth. ❺ Moreover, <u>this temporarily increased activation of interpersonal warmth feelings</u> / then
S

<u>influences</u> judgments / toward other people / in an unintentional manner. ❻ <u>Such feelings</u> activated in
V S ⌐ 과거분사(수동)

one context / <u>last</u> for a while thereafter / and <u>have</u> influence on judgment and behavior / in later contexts
V1 V2

/ without the person's awareness.

→ ❼ <u>Experiencing physical warmth</u> promotes interpersonal warmth, / <u>which</u> happens in an automatic
S(동명사구) 관계대명사의 계속적 용법

way.

해석 ❶ 최근의 연구는 다른 사람들과의 건강한 관계를 위한 따뜻한 신체적 접촉의 중요성을 지적한다. ❷ 한 연구에서는 잠시 따뜻한 커피가 든 컵을 들고 있던 참가자들이 (차가운 커피에 비해) 상대방을 '더 따뜻한' 성격(관대하고 친절한)을 지닌 것으로 판단했다. ❸ 다른 연구에서는 뜨거운 팩을 들고 있는 참가자들이 (차가운 팩에 비해) 자신들을 위한 어떤 것 대신 친구들을 위한 선물을 고르는 경향이 있었다. ❹ 이러한 발견들은 단지 신체적인 따뜻함의 접촉 경험이 대인 간의 따뜻한 감정을 활성화한다는 것을 보여 준다. ❺ 게다가, 이렇게 일시적으로 증가된 대인 간의 따뜻한 감정의 활성화는 의도하지 않은 방식으로 다른 사람들에 대한 판단에 영향을 미친다. ❻ 한 상황에서 활성화된 그러한 감정들은 그 이후로 한동안 지속되며, 그 사람이 인식하지 못한 채 이후의 상황에서 판단과 행동에 영향을 미친다.

→ ❼ 신체적 따뜻함을 경험하는 것은 대인 간의 따뜻함을 증진시키며 이는

자동적인 방식으로 발생한다.

해설 신체적인 따뜻함의 접촉 경험이 대인 간의 따뜻한 감정을 활성화한다는 것을 연구를 통해 알게 되었다고 했으며, unintentional manner, without the person's awareness 등의 어구로 보아 신체적인 따뜻함을 경험하는 것이 다른 사람을 대하는 방식에 영향을 미치는 것은 자동적인 방식으로 발생한다는 것을 알 수 있다.

첫 번째 문장과 마지막 문장의 내용을 잘 살펴보도록 해.

3~4 문장의 위치 파악하기 | 答 3 ④ 4 ①

❶ There are some cultures that <u>can be referred</u> to / as "people <u>who</u> live outside of time." ❷ The Amondawa
주격 관계대명사 조동사의 수동태 주격 관계대명사

tribe, <u>living</u> in Brazil, / does not have a concept of time / that <u>can be measured</u> or <u>counted</u>. ❸ Rather
⌐ 현재분사(능동) 주격 관계대명사 조동사의 수동태

they live in a world of serial events, / <u>rather than</u> seeing events as being rooted in time. ❹ Researchers
~보다는

also found / <u>that</u> no one had an age. ❺ Instead, they change their names / <u>to reflect</u> their stage of life and
명사절(목적어)을 이끄는 접속사 to부정사의 부사적 용법(목적)

position within their society. ❻ So a little child <u>will give up</u> their name to a newborn sibling / and <u>take</u> on
V1 V2

a new <u>one</u>. ❼ In the U.S. we have <u>so</u> many metaphors for time and its passing / <u>that</u> we think of time as
= name so ~ that(너무 ~해서 …하다) 구문

"a thing." ❽ For example, we say, "the weekend is almost gone," / or "I haven't got the time." ❾ We think
(that)

such statements are objective, / but <u>they</u> aren't. ❿ We create these metaphors, / but the Amondawa don't
= such statements

talk or think / in metaphors for time.

해설 ❶ '시간 밖에서 사는 사람들'이라고 부를 수 있는 일부 문화가 있다. ❷ 브라질에 사는 Amondawa 부족에게는 측정되거나 셀 수 있는 시간이라는 개념이 없다. ❸ 오히려 그들은 사건이 시간에 뿌리를 두고 있다고 간주하기보다는 연속되는 사건의 세상에서 산다. ❹ 연구자들은 또한 나이가 있는 사람이 아무도 없다는 것을 알아냈다. ❺ 대신에 그들은 자신들의 생애 단계와 사회 내 위치를 반영하기 위해 이름을 바꾼다. ❻ 그래서 어린아이는 자신의 이름을 갓 태어난 형제자매에게 넘겨주고 새로운 이름을 갖는다. ❼ 미국에는 시간과 시간의 흐름에 관한 매우 많은 은유가 있어서 우리는 시간을 '물건'으로 간주한다. ❽ 예를 들어, 우리는 "주말이 거의 다 지나갔다."라거나 "나는 시간이 없다."라고 말한다. ❾ 우리는 그러한 말들이 객관적이라고 생각하지만, 그렇지 않다. ❿ 우리는 이런 은유를 만들어 내지만, Amondawa 사람들은 시간에 대한 은유로 말하거나 생각하지 않는다.

해설 3 시간의 개념이 없는 Amondawa 부족에 대한 내용이 이어지다가 ④ 뒤에서 시간에 대한 표현의 예가 나오고 있어 글의 흐름이 어색하다. ④ 뒤 문장에 나오는 예는 시간을 '물건'으로 간주하여 은유적으로 표현한 것이므로 주어진 문장은 ④에 들어가는 것이 적절하다.

4 (A) 앞에 선행사 cultures가 있으므로 주격 관계대명사 that이 적절하다. (B) '살고 있는'이라는 능동 · 진행의 의미로 앞의 명사를 수식하므로 현재분사 living이 적절하다. (C) found의 목적어절을 이끄는 접속사 that이 적절하다.

3일 필수 체크 전략 *2*

1 ①   **2** ⑤

1 요약문 완성하기 | 답 ①

❶ While there are many reasons for cooperation, / the eyes are one of the most important means of
〜이긴 하지만   one of the+최상급+복수명사: 가장 〜한 … 중 하나

cooperation, / and eye contact may be the most powerful human force / we lose in traffic. ❷ It is, arguably,
(that)

the reason why humans, / normally a quite cooperative species, / can become so noncooperative on the
관계부사   삽입어구

road. ❸ Most of the time / we are moving too fast / — we begin to lose the ability to keep eye contact /
to부정사의 형용사적 용법

around 20 miles per hour — / or it is not safe to look. ❹ Maybe our view is blocked. ❺ Often other drivers
가주어   진주어   수동태

are wearing sunglasses, / or their car may have tinted windows. ❻ (And do you really want to make eye
과거분사(수동)

contact / with those drivers?) ❼ Sometimes we make eye contact / through the rearview mirror, / but it

feels weak, / not quite believable at first, / as it is not "face-to-face."
〜 때문에 (접속사)

→ ❽ While driving, people become uncooperative, / because they make little eye contact.
〜하는 동안

해설 ❶ 협동을 하는 많은 이유가 있지만, 눈은 가장 중요한 협동 수단 중 하나이고, 시선의 마주침은 우리가 차량 운행 중에 잃는 가장 강력한 인간의 힘일지도 모른다. ❷ 그것은 보통은 꽤 협동적인 종인 인간이 도로에서 그렇게 비협조적이 될 수 있는 이유라고 주장할 수 있다. ❸ 대부분의 시간에 우리가 너무 빨리 움직이고 있어서, 우리는 시속 20마일 정도에서 시선을 마주치는 능력을 잃기 시작하거나, 혹은 (서로를) 보는 것이 안전하지 않다. ❹ 어쩌면 우리의 시야가 차단되어 있을 수도 있다. ❺ 흔히 다른 운전자들이 선글라스를 끼고 있거나 그들의 차는 색이 옅게 들어간 창문이 있을 수 있다. ❻ (그리고 당신은 정말로 그러한 운전자들과 시선을 마주치고 싶은가?) ❼ 때로는 우리는 백미러를 통해 시선을 마주치지만, '얼굴을 마주 하고 있는 것'이 아니기 때문에 약하게, 처음에는 전혀 믿을 수 없게, 느껴진다.

→ ❽ 운전하는 동안, 사람들은 비협조적이 되는데, 왜냐하면 그들이 거의 시선을 마주치지 않기 때문이다.

① 비협조적인 – 거의 없는 ② 주의하는 – 직접적인 ③ 자신이 있는 – 정기적인 ④ 비협조적인 – 직접적인 ⑤ 주의하는 – 거의 없는

해설 눈은 중요한 협동 수단 중 하나인데 우리가 차량을 운행하는 동안에는 서로 시선을 마주치지 못하기 때문에 사람들이 도로에서 비협조적이 된다는 내용이다.

> 주제문인 첫 번째 문장과 요약문의
> 내용을 잘 비교해 봐.

2 문장의 위치 파악하기 | 답 ⑤

❶ Concerns about sound in school libraries / are much more important and complex today / than they were
  S   V   비교급 강조   ~보다

in the past. ❷ Years ago, before electronic resources were / such a vital part of the library environment, /
                            시간의 부사절을 이끄는 접속사   such a+형용사+명사: 매우 ~한 …

we had only to deal with noise produced by people. ❸ Today, the widespread use of computers, printers,
   have to+동사원형   과거분사(수동)

and other equipment / has added machine noise. ❹ People noise has also increased, / because group work
                       현재완료   현재완료

and instruction are / essential parts of the learning process. ❺ So, the modern school library is no longer
                                                                                                더 이상 ~ 않다

the quiet zone / it once was. ❻ Yet libraries must still provide quietness / for study and reading, / because
              = the school library   의무를 나타내는 조동사

many of our students want a quiet study environment. ❼ Considering this need for library surroundings, /
                                                        분사구문

it is important to design spaces / where unwanted noise can be eliminated / or at least kept to a minimum.
  가주어   진주어   관계부사   조동사의 수동태

해석 ❶ 학교 도서관에서 소리에 대한 염려는 과거보다 오늘날 훨씬 더 중요하고 복잡하다. ❷ 오래 전, 전자 장비들이 도서관 환경의 아주 중요한 일부가 되기 전에는 사람들이 만들어 내는 소음을 처리하기만 하면 되었다. ❸ 오늘날에는, 컴퓨터, 프린터 그리고 다른 장비들의 폭넓은 사용이 기계 소음을 더했다. ❹ 집단 활동과 교사의 설명이 학습 과정의 필수적인 부분이기 때문에, 사람의 소음도 또한 증가했다. ❺ 그래서 현대의 학교 도서관은 더는 예전처럼 조용한 구역이 아니다. ❻ 그러나 많은 학생들이 조용한 학습 환경을 원하기 때문에, 도서관은 공부와 독서를 위해 여전히 조용함을 제공해야 한다. ❼ 도서관 환경에 대한 이러한 요구를 고려해 볼 때, 원치 않는 소음이

제거되거나 적어도 최소한으로 유지될 수 있는 공간을 만드는 것이 중요하다.
해설 마지막 문장의 this need는 주어진 문장에서 언급된 조용한 학습 환경에 대한 학생들의 요구를 의미하므로 ⑤에 들어가는 것이 적절하다.

누구나 합격 전략

BOOK 2 52~55쪽

1 ④   2 ①   3 ④   4 ③

1 무관한 문장 찾기 | 답 ④

해석 만약 여러분이 고객의 손을 잡고 그들에게 구매를 고려하도록 하고 싶은 모든 훌륭한 제품들을 가리키면서 여러분의 상점 안 여기저기로 각각의 고객을 안내할 수 있다면 좋을 것이다. 그러나 대부분의 사람은 특히 낯선 사람이 그들의 손을 잡고 상점 안 여기저기로 끌고 다니도록 하는 것을 좋아하지 않을 것이다. 차라리 여러분을 위해 상점이 그것을 하게 하라. 고객들을

상점 안 여기저기로 이끄는 중앙 통로를 만들어 고객들이 많은 다양한 매장 또는 상품이 있는 곳을 볼 수 있도록 해라. (여러분은 상점에서 음악을 트는 것으로 소비 행동에 대한 음악의 이러한 효과를 활용할 수 있다.) 이 길은 여러분의 고객들을 그들이 걸었으면 하고 여러분이 바라는 경로로 상점 안 여기저기를 통해 입구에서부터 계산대까지 내내 이끈다.

해설 상점 안에서 고객들을 여기저기로 이끄는 중앙 통로를 만들어 고객들이 다양한 상품을 볼 수 있도록 하고 입구에서부터 계산대까지 고객들을 이끌 수 있도록 하라는 내용의 글로, ④ 상점에서 음악을 트는 것의 효과에 대한 내용은 글의 흐름과 관계가 없다.

2 글의 순서 배열하기 | 답 ①

해석 학생들은 공부에 관심이 없을 때에도 좋은 성적을 얻기 위해 공부한다. 사람들은 심지어 이미 가지고 있는 직업에 행복할 때조차도 더 나은 직업을 추구한다. (A) 그것은 마치 사람들로 붐비는 축구 경기장에서 중요한 경기를 관람하는 것과 같다. 몇 줄 앞에 있는 한 관중이 더 잘 보기 위해 일어서고, 뒤이어 연쇄 반응이 일어난다. (C) 단지 이전처럼 잘 보기 위해 곧 모든 사람들이 일어서게 된다. 모두가 앉기보다는 일어서지만, 그 누구의 위치도 나아지지 않았다. (B) 그리고 만약 누군가가 일어서기를 거부한다면, 그는 경기에 있지 않는 것이 나을 것이다. 사람들이 위치에 관련된 재화(이익)를 추구할 때, 그들은 치열하고 무의미한 경쟁을 하지 않을 수 없다. 뛰지 않기로 선택하는 것은 지는 것이다.

해설 (A)의 It은 주어진 글의 내용을 가리킨다. 붐비는 축구장에서 앞줄의 관중이 일어서면 연쇄 반응이 일어나고(A), 곧 모든 사람이 일어서게 되어 어느 누구의 위치도 나아지지 않으며(C), 만약 일어서기를 거부한다면 경기에 있지 않는 것이 낫다(B)는 순서로 이어지는 것이 자연스럽다.

3 문장의 위치 파악하기 | 답 ④

해석 철학자 G. A. Cohen은 이상적인 사회에 대한 비유로 캠핑 여행을 예로 제공한다. 캠핑 여행에서, 어떤 사람이 "내가 저녁 식사를 준비했으니 나의 뛰어난 요리 솜씨에 대해 네가 나에게 돈을 지불하지 않으면 저녁을 먹을 수 없어."라고 말하는 것은 상상할 수 없다고 그는 주장한다. 오히려, 한 사람은 저녁 식사를 준비하고, 다른 사람은 텐트를 치고, 또 다른 사람은 물을 정화하는 등, 각자 자신의 능력에 맞추어 일한다. 이 모든 재화들은 공유되며, 공동체 의식은 모든 참여자들을 더 행복하게 만든다. 각자 자신의 재능을 사용하는 대가로 캠핑하는 다른 사람들로부터 최대의 보상을 얻으려고 하는 캠핑 여행은 곧 재앙과 불행으로 끝날 것이다. 게다가 사람들이 그런 식으로 행동한다면 캠핑 경험은 망쳐질 것이다. 그래서 더 평등하고 협력하는 사회에서 우리는 더 나은 삶을 살게 될 것이다.

해설 글의 후반부 Moreover, ~부터 앞 부분과의 내용 연결이 자연스럽지 않고, 갑작스럽게 논리적 비약이 일어나고 있다. ④ 뒤 문장의 behave in such a way는 주어진 문장의 attempted to gain ~ his or her talents의 내용을 가리킨다.

4 요약문 완성하기 | 답 ③

해석 어떤 코치들은 선수들에게서 최상의 결과를 이끌어내는 반면 다른 코치들은 그렇지 않다는 것을 알아챘는가? 서투른 코치는 당신이 무엇을 잘못했는지 알려주고 나서 다시는 그러지 말라고 말할 것이다: "공을 떨어뜨리지 마라!" 그 다음에 무슨 일이 일어날까? 당신이 머릿속에서 보게 되는 이미지는 당신이 공을 떨어뜨리는 이미지이다! 당연히, 당신의 마음은 그것이 들은 것을 바탕으로 방금 "본" 것을 재현한다. 놀랄 것도 없이, 당신은 코트에 걸어가서 공을 떨어뜨린다. 좋은 코치는 무엇을 하는가? 그 사람은 개선될 수 있는 것을 지적하지만, 그 후에 어떻게 할 수 있는지 또는 어떻게 해야 하는지에 대해 말할 것이다: "이번에는 네가 공을 완벽하게 잡을 거라는 걸 알아." 아니나 다를까, 다음으로 당신의 마음속에 떠오르는 이미지는 당신이 공을 '잡고' '득점하는' 것이다. 다시 한 번, 당신의 마음은 당신의 마지막 생각을 현실의 일부로 만들지만, 이번에는, 그 '현실'이 부정적이지 않고, 긍정적이다.

→ 선수의 실수에 초점을 맞추는 유능하지 않은 코치와 달리, 유능한 코치는 선수들이 성공적인 경기를 상상하도록 격려함으로써 그들이 향상되도록 돕는다.

해설 서투른 코치는 선수에게 실수한 것을 지적해서 선수가 부정적인 이미지를 떠올리게 되어 또 실수를 하게 되는 반면에, 좋은 코치는 선수에게 긍정적인 이야기를 해줘서 선수가 좋은 경기를 하는 모습을 떠올리도록 하여 실력이 향상되도록 돕는다는 내용이다.

① 득점 – 끝마치다 ② 득점 – 기억하다 ③ 실수 – 상상하다 ④ 실수 – 무시하다 ⑤ 장점 – 성취하다

창의·융합·코딩 전략 1·2   BOOK 2 56~59쪽

1 (1) F (2) F (3) T   **2** (1) English (2) English speakers (3) identify (4) infancy
3 (1) F (2) T (3) F   **4** (1) light (2) blood (3) red (4) red-eye

1~2 내용 일치 | 답 1 (1) F (2) F (3) T 2 (1) English (2) English speakers (3) identify (4) infancy

해석 2007년에 있었던 연구에서 Katherine Kinzler와 그녀의 하버드 동료들은 내(內)집단과 동일시하려는 우리의 경향이 상당 부분 유아기에 시작되고 선천적일 수 있음을 보여 주었다. Kinzler와 그녀의 팀은 가족들이 영어만을 말하는 한 무리의 5개월 된 아이들을 골라 그 아기들에게 두 개의 영상을 보여 주었다. 한 영상에서는 한 여성이 영어를 말하고 있었다. 다른 영상에서는 한 여성이 스페인어를 말하고 있었다. 그리고 나서 그들에게 두 여성 모두 말없이 나란히 있는 화면을 보여 주었다. 유아 심리학 연구에서 관심의 표준 척도는 주목인데, 아기들은 분명 그들이 더 좋아하는 것을 더 오래 쳐다볼 것이다. Kinzler의 연구에서 아기들은 영어 사용자들을 더 오래 쳐다보았다. 다른 연구들에서 연구자들은 유아들이 자신들과 같은 언어를 사용하는 사람이 제공하는 장난감을 받을 가능성이 더 높다는 점을 발견했다. 심리학자들은 '우리와 같은 종류'에 대한 우리의 내재된 선호에 대한 증거로 이것들과 다른 실험들을 반복해서 인용한다.

해설 1 (1) 스페인어가 아니라 영어만을 말하는 한 무리의 5개월 된 아이들을 골랐다. (2) Kinzler의 연구에서 아기들은 영어 사용자들을 더 오래 쳐다보았다. (3) 다른 연구들에서 유아들이 자신들과 같은 언어를 사용하는 사람이 제공하는 장난감을 받을 가능성이 더 높다는 점이 발견됐다고 했다.

(1) Kinzler와 그녀의 팀은 가족들이 스페인어만을 말하는 한 무리의 5개월 된 아이들을 골랐다. (2) Kinzler의 연구에서 아기들은 스페인어 사용자들을 더 오래 쳐다보았다. (3) 유아들은 자신들과 같은 언어를 사용하는 사람이 제공하는 장난감을 받을 가능성이 더 높다.

2 [2007년에 있었던 Katherine Kinzler와 그녀의 동료들의 연구]

| 가족들이 영어만을 말하는 한 무리의 5개월 된 아이들에게 두 개의 영상을 보여 주었다. | ➡ | 한 영상에서는 한 여성이 영어를 말하고 있었다. |
| | ➡ | 다른 영상에서는 한 여성이 스페인어를 말하고 있었다. |

⬇

두 여성 모두 말없이 나란히 있는 화면을 보여 주었을 때, 아기들은 영어 사용자들을 더 오래 쳐다보았다.

⬇

연구의 결과
내(內)집단과 동일시하려는 우리의 경향이 상당 부분 유아기에 시작되고 선천적일 수 있다.

3~4 내용 일치 | 답 3 (1) F (2) T (3) F 4 (1) light (2) blood (3) red (4) red-eye

해석 파티에 있는 자신을 상상해 보라. 어두운데 한 무리의 친구들이 당신에게 사진을 찍어 달라고 요청한다. 당신은 카메라를 잡고 친구들을 향해 촬영을 한다. 정확한 노출을 만들어 내기 위해 사용할 수 있는 빛이 충분하지 않기 때문에 카메라는 자동으로 플래시를 켠다. 그 결과 친구들 중 절반은 눈 대신 두 개의 밝은 빨간색 원과 함께 사진에 나온다. 이것은 '적목(赤目) 현상'이라고 불리는 흔한 문제이다. 그것은 플래시에서 나오는 빛이 동공을 통해 눈을 통과한 뒤, 다량의 피가 있는 눈 뒤쪽으로부터 카메라로 반사되기 때문에 발생한다. 이 피가 사진에서 눈이 빨갛게 보이는 이유이다. 이 현상은 주위에 빛이 많지 않을 때 더욱 두드러진다. 이는 어두울 때 동공이 팽창하여, 더 많은 빛이 눈 안쪽으로 들어오게 하면서 더 큰 적목 현상을 일으키기 때문이다.

해설 3 (1) 빛이 충분하지 않기 때문에 카메라가 자동으로 플래시를 켠다는 내용은 있지만 반드시 플래시를 켜야 한다는 내용은 언급되어 있지 않다. (2) 다섯 번째 문장 The result is ~에서 내용과 일치함을 알 수 있다. (3) 적목 현상은 주위에 빛이 많지 않을 때 더욱 두드러진다고 했다.

(1) 어두운 곳에서 사진을 찍을 때 반드시 플래시를 켜야 한다. (2) 어두운 곳에서 친구들의 사진을 찍으면, 그들 중 절반은 눈 대신 두 개의 밝은 빨간색 원과 함께 사진에 나온다. (3) 적목 현상은 주위에 빛이 너무 많을 때 더욱 두드러진다.

4 [어두운 곳에서 사진을 찍을 때 일어나는 현상]

| 빛이 충분하지 않아서 카메라는 자동으로 플래시를 켠다. |

⬇

| 플래시에서 나오는 빛이 동공을 통해 눈을 통과한 뒤, 다량의 피가 있는 눈 뒤쪽으로부터 카메라로 반사된다. |

⬇

| 그 결과로 사진에서 눈이 빨갛게 보인다. 이것은 적목 현상이라고 불린다. |

신유형 · 신경향 · 서술형 전략

BOOK 2 62~65쪽

1 wishful, excited **2** She felt as though the thunderstorm was a present. **3** ③ **4** appreciate, trust

1~2 심경 파악하기 / 어법 | 정답 1 wishful, excited 2 She felt as though the thunderstorm was a present.

해석 Garnet은 촛불들을 불어서 끄고 침대에 누웠다. 심지어 홑이불 한 장조차 너무 더운 날이었다. 그녀는 마치 두꺼운 담요를 덮은 것처럼 더위를 느끼고 땀을 흘리면서 그곳에 누워 있었다. 비를 가져오지 않는 공허한 천둥소리를 들으면서 "나는 이 가뭄이 끝났으면 좋겠어."라고 속삭였다. 그날 밤늦게, Garnet은 그녀가 기다려 온 무언가가 곧 일어날 것 같은 기분이 들었다. 그녀는 창밖에서 나는 소리에 귀를 기울이며 가만히 누워 있었다. 그 천둥은 더 큰 소리를 내면서 다시 우르르 울렸다. 그러고 나서 천천히, 하나하나씩, 마치 누군가가 지붕에 동전을 떨어뜨리는 것처럼 빗방울이 떨어졌다. Garnet은 희망에 차서 숨죽였다. 그 소리가 잠시 멈췄다. "멈추지 마! 제발!" 그녀는 속삭였다. 그런 다음 그 비는 세차고 요란하게 세상에 쏟아졌다. Garnet은 침대 밖으로 뛰쳐나와 창문으로 달려갔다. 그녀는 기쁨에 차서 소리쳤다. "비가 쏟아진다!" 그녀는 그 뇌우가 선물처럼 느껴졌다.

해설 1 처음에는 더운 날에 땀을 흘리면서 가뭄이 끝났으면 좋겠다고 속삭이며 비를 바라는(wishful) 심경이었다가 지붕에 빗방울이 떨어지는 소리를 듣고 비가 세차게 쏟아지자 창문으로 달려가 기쁨에 차서 소리쳤다고 했으므로 흥분한(excited) 심경으로 변화한 것을 알 수 있다.

2 「as though+가정법 과거(주어+동사의 과거형)」로 '(마치) ~인 것처럼'의 뜻을 나타내므로 be동사는 was를 써야 한다.

3~4 글의 순서 배열하기 / 요약문 완성하기 | 정답 3 ③ 4 appreciate, trust

해석 여러분이 어느 날 프로젝트를 하느라 바빠서 점심식사를 살 시간이 없다고 가정해 보자. 갑자기 가장 친한 친구가 여러분이 가장 좋아하는 샌드위치를 들고 나타난다. (B) 그는 여러분이 바쁘다는 것을 알고 있으며, 여러분에게 샌드위치를 사 주는 것으로 돕고 싶다고 말한다. 이런 경우에, 여러분은 친구의 도움에 고마워할 가능성이 높다. (C) 그러나 만약 낯선 사람이 같은 샌드위치를 들고 나타나 그것을 여러분에게 준다면, 여러분은 그것을 고마워하지 않을 것이다. 대신에, 혼란스러울 것이다. 여러분은 "당신은 누군데, 제가 어떤 종류의 샌드위치를 먹고 싶은지 어떻게 아세요?"라고 생각하기가 쉽다. (A) 이 두 경우의 주요 차이점은 신뢰 수준이다. 여러분은 가장 친한 친구를 아주 많이 믿어서 그 친구가 여러분을 너무 잘 알고 있다는 것에 대해 걱정하지 않겠지만, 낯선 사람에게는 분명히 같은 수준의 신뢰를 주지 않을 것이다.

해설 3 (B) 첫 문장의 He는 주어진 글의 your best friend를 가리키며, (B)의 상황과 반대되는 상황의 내용인 (C)가 이어지고, 이 두 상황의 차이점에 대한 결론의 내용이 (A)에 이어진다.

4 친한 친구가 샌드위치를 사다 주면 고마워하겠지만 낯선 사람이 샌드위치를 사다 주면 고마워하지 않고 혼란스러울 것이라고 했으며, 이 두 경우의 주요 차이점은 신뢰 수준이라고 했다.

여러분이 바쁠 때 친한 친구가 여러분에게 샌드위치를 사 준다면 그것을 고마워하겠지만, 낯선 사람이 여러분에게 샌드위치를 준다면 고마워하지 않을 것이다. 그 이유는 신뢰 수준의 차이 때문이다.

고난도 해결 전략 1회
BOOK 2 · 66~69쪽

1 ③   2 ④   3 ⑤   4 ④   5 ③   6 ①

1 심경 파악하기 | 정답 ③

해석 Annemarie와 그녀의 가장 친한 친구 Ellen은 집에 빨리 가려고 인도를 따라 달리고 있었다. Annemarie는 이웃의 작은 가게들을 지나 거리를 질주하면서 친구를 훨씬 앞질러 달렸다. Annemarie는 모퉁이에 도착했을 때 숨을 몰아쉬며 올려다보았다. 그녀는 매우 긴장했다. "Halte(정지)!" 단호한 목소리로 그 군인이 명령했다. 그 독일어 단어는 무서운 만큼이나 익숙한 것이었다. Annemarie는 전에 그 말을 충분히 자주 들어왔지만 지금까지는 그 말이 자신을 향했던 적은 없었다. 그녀 뒤에서 Ellen 또한 서서히 멈추었다. Annemarie는 위를 응시했다. 그녀 앞에 두 명의 군인이 있었다. 그것은 두 개의 헬멧, 그녀를 노려보는 두 쌍의 차가운 눈, 그리고 집으로 가는 그녀의 길을 막으며 보도를 확고하게 딛고 있는 네 개의 높고 반짝거리는 부츠를 의미했다. 그리고 그것은 군인들의 손 안에 꽉 쥐어진 두 개의 총을 의미했다. 그녀는 그 총을 보고는 움직일 수 없었다.

해설 집에 가기 위해 친구와 달리고 있던 중 군인들이 그들을 막아서고 멈추라고 명령한 상황에서 그 독일어 단어가 무서웠다고 했고 노려보는 눈, 길을 막으며 확고하게 딛고 있는 부츠 등의 군인에 대한 묘사와 군인이 들고 있는 총을 보고 움직일 수 없었다는 내용 등을 통해 '긴장하고 겁먹은' 심경임을 알 수 있다.

① 자랑스럽고 만족한 ② 부럽고 몹시 화가 난 ③ 긴장하고 겁먹은 ④ 지루하고 무관심한 ⑤ 안심하고 자신 있는

2 빈칸 추론하기 | 답 ④

해석 만약 당신이 10층 건물 꼭대기에서 구슬이 떨어지는 데 시간이 얼마나 걸리는지 물리학자에게 묻는다면, 그는 진공상태에서 구슬이 떨어지는 것을 가정하고 그 질문에 답할 것 같다. 실제로 건물은 공기로 둘러싸여 있는데, 그것이 떨어지는 구슬에 마찰을 가하며 속도를 떨어뜨린다. 그러나 그 구슬에 가해지는 마찰이 너무 작아서 그것의 효과는 무시할 수 있다. 구슬이 진공상태에서 떨어진다고 가정하는 것은 그 답에 큰 영향을 주지 않고 그 문제를 단순화한다. 경제학자들도 같은 이유로 가정을 한다: 가정은 복잡한 세상을 단순화하고 이해하는 것을 더 쉽게 만들 수 있다. 예를 들어, 국제 무역의 효과를 연구하기 위해 우리는 세상이 단 두 국가로만 구성되어 있고, 각각의 국가들이 두 가지 상품만 생산한다고 가정할 수 있다. 그렇게 함으로써, 우리는 문제의 본질에 우리의 사고를 집중할 수 있다. 그래서 우리는 실제의 복잡한 세상에서 국제 무역을 이해하는 더 나은 위치에 있게 된다.

해설 구슬이 떨어지는 시간을 물리학자에게 물으면 진공상태로 가정하여 문제를 단순화하여 답하는 것과 같이 경제학자들도 복잡한 세상을 단순화하여 가정함으로써 이해를 더 쉽게 할 수 있다고 했으므로 빈칸에 들어갈 말로 가장 적절한 것은 ④이다.

① 소비자 권리의 침해를 방지하다
② 문화적 다양성의 가치를 이해하다
③ 실험실에서 실험자의 안전을 보장하다
④ 문제의 본질에 우리의 사고를 집중하다
⑤ 물리학과 경제학의 차이를 깨닫다

3~4 지칭 추론하기 / 빈칸 추론하기 | 답 3 ⑤   4 ④

해석 나이 많은 어느 목수가 은퇴를 앞두고 있었다. 그는 자신의 사장에게 가족과 함께 더 여유로운 삶을 살기 위해 주택 건축업을 그만두겠다는 계획을 이야기했다. 그는 매주 받던 급여는 못 받겠지만 지금이 은퇴할 적당한 시기라고 생각했다. 사장은 훌륭한 직원이 그만두는 것이 아쉬워서 개인적인 부탁으로 그가 은퇴하기 전에 집을 한 채만 더 지어줄 수 있는지 물어보았다. 목수는 그러겠다고 대답했지만 시간이 지날수록 자신의 일에 그의 진심을 다하고 있지 않다는 것을 쉽게 알 수 있었다. 그는 형편없는 건축자재를 사용했고 그의 마지막 작업에 그다지 많은 시간이나 노력을 쏟지 않았다. 그것은 그가 평생 해 온 일을 마무리하는 방식으로는 바람직하지 않았다. 그가 작업을 마무리했을 때, 그의 사장은 집을 확인하러 왔다. 그 후 그는 현관 열쇠를 목수에게 주며 "이 집은 당신에게 주는 선물입니다"라고 말했다. 그 목수는 너무 놀랐다. 만약 그가 자신의 집을 짓고 있다는 것을 알았다면 그는 최선을 다해 일했을 것이다.

해설 3 ⑤는 boss(사장)를 가리키고, 나머지는 모두 carpenter(목수)를 가리킨다.

4 목수가 은퇴하기 전 마지막으로 집을 한 채 지으며 진심과 노력을 다하지 않고 있었는데, 사장이 그것을 자신에게 주는 선물이라고 하자 놀란 상황에서 마지막 문장은 그 일에 최선을 다하지 않았던 것을 후회하는 내용이 되어야 자연스럽다. 「If+주어+had+과거분사, 주어+would have+과거분사」 형태의 가정법 과거완료 문장으로 표현한다.

① 그는 은퇴하지 않았을 것이다
② 그는 다른 직업을 찾았을 것이다
③ 그는 그 선물을 받았을 것이다
④ 그는 최선을 다해 일했을 것이다
⑤ 그는 최선을 다해 일하지 않았을 것이다

5~6 문장의 위치 파악하기 / 빈칸 추론하기 | 답 5 ③   6 ①

해석 화석은 동물과 식물이 과거에 어떻게 살았는지에 대한 정보를 우리에게 준다. 그러나 우리가 화석을 조사하며 알 수 있는 것만큼이나 그것들이 좀처럼 완전한 이야기를 전달하지 않는다는 것을 기억하는 것이 중요하다. 생물들은 일련의 특정 조건하에서만 화석화된다. 현대 곤충 군집들은 열대 우림 지역에서 매우 다양하지만, 최근 화석 기록은 그 다양성을 거의 담아내지 않는다. 많은 생명체는 죽을 때 완전히 먹히거나 급속히 부패돼서 중요한 집단에 관한 화석 기록이 전혀 존재하지 않을 수도 있다. 즉, 화석 기록에 공백이 생긴다. 그것은 가족 사진첩과도 약간 비슷하다. 아마도 여러분이 태어났을 때 여러분의 부모님은 사진을 많이 찍었겠지만, 시간이 흐르면서 그들은 가끔 사진을 찍었고, 때로는 바빠져서 사진 찍는 것을 아예 잊어버렸을지도 모른다. 우리 중 우리 인생의 완전한 사진 기록을 가진 사람은 거의 없다. 화석이 바로 그것과 같다. 때때로 여러분은 과거에 대한 매우 명확한 사진을 가지지만, 다른 때에는 큰 공백들이 존재하고, 여러분은 그것들이 무엇인지를 인지할 필요가 있다.

해설 5 ③ 뒤 문장부터 화제가 전환되어 가족 사진에 대한 내용이 나오며, 주어진 문장의 It이 가리키는 것은 ③ 앞 문장의 내용인 '화석 기록에 공백이 생긴다'는 것이므로 주어진 문장은 ③에 들어가는 것이 적절하다.

6 생물은 특정한 조건 하에서만 화석화되기 때문에 많은 생명체의 중요한 집단에 관한 화석 기록이 전혀 존재하지 않을 수 있다고 했으며 가족 사진첩에서 어떤 시기의 사진이 빠져 있는 것과 비슷하다고 했다. 따라서 화석이 '완전한 이야기를 전달하지 않는다'는 내용이 되어야 자연스럽다.

① 완전한 이야기를 전달하다
② 한층 더 연구할 필요가 있다
③ 우리에게 잘못된 교훈을 주다
④ 그들 본래의 성질을 바꾸다
⑤ 상상의 여지를 만들다

1 무관한 문장 찾기 | 답 ④

해석 태양은 인간에게 아주 중요한 에너지의 원천이다. 단 한 주 만에, 태양은 '모든 인간의 역사'에 걸쳐 인간이 석탄, 석유, 그리고 천연가스의 연소를 통해 사용해 온 것보다 더 많은 에너지를 지구에 전달한다. 그리고 태양은 수십억 년 동안, 계속하여 지구를 비출 것이다. 우리의 당면 과제는 우리의 에너지가 고갈되고 있다는 것이 아니다. 그것은 우리가 잘못된 원천 즉, 우리가 고갈시키고 있는 (양이) 적고 한정적인 것에 집중하고 있다는 것이다. 사실, 우리가 오늘날 사용하고 있는 모든 석탄, 천연가스, 그리고 석유는 수백만 년 전에 온 태양 에너지일 뿐이며, 그것의 극히 일부분만이 지하 깊은 곳에 보존되어 있었다. (화석 연료를 사용하는 기술을 개발하기 위한 우리의 노력은 의미 있는 결과를 거둬왔다.) 우리의 기회이자 당면 과제는 태양으로부터 매일 지구에 도달하는 새로운 에너지인 '훨씬 더 풍부한' 원천을 효율적으로 그리고 저비용으로 사용하는 것을 배우는 것이다.

해설 우리의 당면 과제는 석탄, 천연가스, 석유와 같은 한정적인 에너지(잘못된 원천)에 집중하지 말고, 태양으로부터 매일 지구에 도달하는 새롭고 풍부한 원천을 효율적으로 사용하는 것을 배우는 것이라는 내용의 글이다. ④ 화석 연료를 사용하는 기술 개발의 의미 있는 결과에 관한 내용은 글의 전체 흐름과 관계가 없다.

2 요약문 완성하기 | 답 ①

해석 독일의 Leipzig Zoo에서 침팬지와 오랑우탄을 대상으로 한 연구가 진행되었다. 그 연구에 참여하고 있는 34마리의 침팬지와 오랑우탄은 한 마리씩 방에서 실험의 대상이 되었는데, 그 방에 그들 앞에 두 개의 상자가 놓여 있었다. 한 실험자가 하나의 상자 안에 한 물건을 놓고 방을 떠났다. 또 다른 실험자는 그 방에 들어와 그 물건을 다른 상자 안에 옮기고 떠났다. 첫 번째 실험자가 돌아와 처음 상자에서 그 물건을 다시 꺼내려고 했을 때, 그 유인원은 실험자가 두 번째 상자, 즉 물건이 옮겨져 있다고 자신이 알고 있던 상자를 열도록 도와주었다. 하지만 이 실험에서 대부분의 유인원들은 첫 번째 실험자가 방에 계속 있어서 두 번째 실험자가 물건을 옮기는 것을 본 경우에는 첫 번째 실험자가 두 번째 상자를 열도록 돕지 않았다. 이 연구 결과는 첫 번째 실험자가 자신이 물건을 마지막으로 둔 장소에 그것이 있다고 여전히 생

각하는 때(상황)를 유인원이 이해했다는 것을 보여 준다.

→ 이 연구에 따르면 유인원들은 사람들이 현실에 대해 잘못된 신념을 가지고 있는지 아닌지를 구분할 수 있고, 이 지식을 사람들을 돕기 위해 사용할 수 있다.

해설 연구에서 유인원들은 사람들이 물건의 위치가 옮겨진 것을 모르고 잘못된 상자를 열려고 할 때는 올바른 상자를 열도록 도와주었고, 물건이 옮겨진 것을 사람들이 알고 있을 때는 돕지 않았다는 내용으로, 사람들이 잘못된 생각을 하고 있는지 아닌지를 유인원들이 구분하고, 그것을 바탕으로 사람들을 도울 수 있다는 내용이다.

① 틀린 - 돕다 ② 윤리적인 - (명령 등을) 따르다 ③ 과학적인 - 모방하다 ④ 비이성적인 - 속이다 ⑤ 널리 퍼진 - 바로잡다

3~4 글의 순서 배열하기 / 내용 일치 | 답 3 ⑤ 4 ⑤

해석 Moinee라는 신이 하늘 위 별에서 벌어진 끔찍한 전투에서 Dromerdeener라는 경쟁하는 신에게 패배했다. Moinee는 별에서 Tasmania로 떨어져 죽었다. (C) 죽기 전에 그는 최후의 안식처에 마지막 축복을 해 주고 싶어서 인간을 창조하기로 결심했다. 그러나 그는 자신이 죽어가고 있다는 것을 알고 매우 서둘러서 그들에게 무릎을 만들어 주는 것을 잊었고, 아무 생각 없이 캥거루처럼 큰 꼬리를 만들어 주었는데, 그것은 그들이 앉을 수 없다는 것을 의미했다. (B) 그러고 나서 그는 죽었다. 사람들은 캥거루 같은 꼬리가 있고 무릎이 없는 것을 싫어했고, 도움을 얻고자 하늘에 외쳤다. Dromerdeener는 그들의 외침을 듣고 무엇이 문제인지 보려고 Tasmania로 내려왔다. (A) 그는 사람들을 불쌍히 여겨서 그들에게 구부러지

는 무릎을 만들어 주고, 마침내 그들이 앉을 수 있도록 불편한 캥거루 같은 꼬리를 잘라 냈다. 그 후 그들은 영원히 행복하게 살았다.

해설 3 각 단락의 시작 부분에 나오는 지시어나 연결어를 통해 글의 순서를 파악할 수 있다. Moinee라는 신이 전투에서 패배하고 죽기 전에 인간을 창조했는데 너무 서두르는 바람에 인간에게 무릎을 만들어 주지 않고, 큰 꼬리를 만들어 주었다(C). 사람들은 꼬리가 있고 무릎이 없는 것 때문에 하늘에 도움을 요청했고(B), 이 외침을 들은 다른 신이 사람들에게 무릎을 만들어 주고 꼬리를 없애 주어 사람들이 행복해졌다(A)는 내용이다.

4 ⑤ 사람들의 외침을 듣고 사람들에게 무릎을 만들어 주고 꼬리를 없애 준 신은 Dromerdeener이다.

5~6 문장의 위치 파악하기 / 어법 | 답 5 ③ 6 ⑤

해석 (햇빛이) 있을 때는 비록 그것이 중요하고 우선되는 신호지만, 햇빛은 뇌가 생체 시계 재설정을 목적으로 사용할 수 있는 유일한 신호는 아니다. 확실하게 반복되는 한, 뇌는 음식, 운동 그리고 심지어는 정기적인 사회적 상호작용과 같은 다른 외부적인 신호를 사용할 수도 있다. 이 모든 경우는 생체 시계를 재설정하는 능력이 있어 정확한 24시간 음을 치도록 한다. <u>그것이 어떤 유형의 시력 상실을 가진 개인도 24시간 주기의 리듬을 완전히 잃지 않는 이유이다.</u> 그들의 시력 상실 때문에 빛 신호를 받지 않음에도 불구하고, 다른 현상들이 재설정의 유인 역할을 한다. 뇌가 시계 재설정을 목적으로 이용하는 모든 신호는 '시간 제공자' 또는 '동기화 장치'라는 독일어에서 유래한 자연 시계라고 불린다. <u>그렇지 않으면(→ 따라서)</u>, 빛이 가장 신뢰할 수 있어서 주된 자연 시계인 반면, 햇빛과 함께 혹은 햇빛이 없을 때 사용될 수 있는 많은 요인이 있다.

해설 5 뇌는 햇빛 외에도 다른 외부적인 신호를 사용하여 생체 시계를 재설정하는 능력이 있기 때문에 시력을 상실한 개인도 24시간 주기의 리듬을 완전히 잃지 않는다는 내용으로 연결되는 것이 자연스럽다. ③ 뒤 문장의 their blindness에서 their은 주어진 문장의 individuals with certain forms of blindness를 가리킨다.

6 ⓔ 글의 결론에 대한 내용이 이어지므로 Otherwise(그렇지 않으면)가 아니라 Thus(따라서), Therefore(그러므로)와 같은 연결어가 들어가야 자연스럽다.

정답은
이안에
있어!